Doc Childre
Bruce Cryer

**Vom Chaos zur Kohärenz**

**Herzintelligenz im Unternehmen**

Reihe: HEARTMATH – HERZINTELLIGENZ

Doc Childre
Bruce Cryer

# Vom Chaos zur Kohärenz

## Herzintelligenz im Unternehmen

Reihe: HeartMath – HerzIntelligenz

VAK

VAK Verlags GmbH
Kirchzarten bei Freiburg

Titel der amerikanischen Originalausgabe:
From Chaos to Coherence. Advancing Emotional and Organizational Intelligence Through Inner Quality Management

Erschienen bei: Butterworth-Heinemann, Woburn, MA, USA
ISBN 0-7506-7007-X



Die Deutsche Bibliothek – CIP-Einheitsaufnahme
**Childre, Doc:**
Vom Chaos zur Kohärenz: Herzintelligenz im Unternehmen / Doc Childre [Übers.: Isolde Seidel]. – Kirchzarten bei Freiburg : VAK Verlags GmbH, 2000
(Heartmath, Herzintelligenz)
Einheitssacht.: From chaos to coherence <dt.>
ISBN 3-932098-65-X


Übersetzung: Isolde Seidel
Lektorat: Monika Radecki

Umschlag: Hugo Waschkowski
Herstellung: J. P. Himmer, Augsburg
Printed in Germany
ISBN 3-932098-65-X

# Inhalt

Stimmen zur Originalausgabe ........ 10
Vorwort ........ 14
Einführung und Danksagung ........ 17

**Kapitel 1: Vom Chaos zur Kohärenz gelangen: das Modell des Inner Quality Management®** ........ 23
Die vier dynamischen Elemente des Inner Quality Management (IQM) ........ 26

**Kapitel 2: Warum Unternehmen Kohärenz brauchen** ........ 31
Harmonie (Entrainment) ........ 34
Ein Fallbeispiel für die Steigerung der Unternehmenskohärenz ........ 36
Steigerung von Produktivität, Teamarbeit, Gesundheit und Empowerment ... 37
Das sich wandelnde Gesicht von Unternehmen ........ 39
Die Auswirkungen von Veränderungen ........ 40
Streß ........ 41
Streß tritt weltweit auf ........ 41
„Nur die Toten haben genug getan" ........ 42

**1. Dynamik: Psychisches Selbstmanagement** ........ 46

**Kapitel 3: Ein neues Modell menschlicher Intelligenz** ........ 47
Verteilte Intelligenz ........ 48
Intelligenz ist überall ........ 50
Das Gehirn im Herzen ........ 51
Die Geographie der Emotionen ........ 52
Widerstandsfähigkeit ........ 52
Emotionale Intelligenz ........ 53
Evolution, Intelligenz und Streß ........ 56
Wahrnehmung und Streß ........ 58
Emotionaler Streß und das Gehirn ........ 59
Die Physiologie von Streß ........ 60

Kommunikation zwischen Herz und Gehirn aus anatomisch-physiologischer Sicht ... 63
Mit jedem Herzschlag ... ... 63
Kardiale Kohärenz ... 65
Die Bedeutung der Amygdala beim Lernen ... 66
Kohärenz und Lernen ... 66
Emotionales Kaufen ... 69
Herzintelligenz ... 70
Frequenzen der Intelligenz ... 71
Intuitive Intelligenz ... 73
Selbstfürsorge ... 75

**Kapitel 4: Streß und Anpassungsfähigkeit: wie es ist, am Hudson River aufzuwachsen** ... 79
Fehlanpassung ... 80
Hormonelle Fehlanpassung ... 83
Emotionen und ein gesundes Immunsystem ... 84
Ein Beispiel: Burnout im *Wall Street Journal* ... 85
Emotionen und Streß beeinflussen das Überleben nach einem Herzgeschehen ... 86
Den emotionalen Energieverlust stoppen ... 87
Mehren Sie Ihre Energie, vergeuden Sie sie nicht ... 88

**Kapitel 5: Die Freeze-Frame®-Übung entdecken: das Sofortprogramm in fünf Schritten** ... 90
Die fünf Schritte der Freeze-Frame-Herzintelligenzübung ... 91
Warum das Freeze-Frame-Sofortprogramm funktioniert ... 92
Der neutrale Zustand ... 94
Die Kraft, neutral zu sein ... 96
Vorbeugung gegen Streß ... 97
Auslöser ... 98
Energiesparen ... 98
Das Arbeitsblatt zum Ausgleich von Positiva und Negativa ... 99
Bessere Geschäfte und mehr Wohlbefinden ... 101

**Kapitel 6: Zeit, Erwartungen und andere Schwierigkeiten** ... 104
Experten im Umgang mit der Zeit ... 107
Zeit und Wohlgefühl ... 107
Erwartungen ... 109
Verkaufserwartungen und Erfolgsquoten ... 110
Bewertungen ... 112
Dynamisches Gleichgewicht ... 114

**2. Dynamik: Kohärente Kommunikation** ........ 116

**Kapitel 7: Authentische Kommunikation** ........ 117
Bioelektrische Kommunikation ........ 119
Die Elektrizität der Berührung ........ 120
Konzentriertes Zuhören ........ 122
Was effektive Kommunikation behindert ........ 123
Intuitives Zuhören ........ 124
Betriebliche Anwendungsmöglichkeiten ........ 130

**Kapitel 8: Technologie, innere Technologie und die Meßbarkeit von Humankapital** ........ 133
Herzintelligenz und Informationstechnologie ........ 136
Mit der Herz- und Informationstechnologie die menschliche Produktivität steigern ........ 139
Herz und Humankapital ........ 140
Mit intuitiver Intelligenz den Informationsaustausch fördern ........ 143
Das Freeze-Frame-Sofortprogramm und innere Technologie ........ 144
Eine kreative Vision für die Informationstechnologie der Zukunft ........ 145

**3. Dynamik: Das Betriebsklima verbessern** ........ 150

**Kapitel 9: Das Betriebsklima und emotionale Viren** ........ 151
Die Studie von Brown und Leigh ........ 153
Wenn das Betriebsklima ignoriert wird ........ 155
Den emotionalen Virus aufspüren und bekämpfen ........ 155
Was ist der Virus? ........ 158
Wer ist schuld? ........ 160
Das Immunsystem des Unternehmens stärken ........ 161
Den emotionalen Virus ausfindig machen ........ 163
Die Kohärenz des Unternehmens einschätzen: der Fragebogen zur betrieblichen Kohärenz ........ 164
Der Inhalt des Fragebogens ........ 165

**Kapitel 10: Grundwerte: die Basis dauerhaften Bestehens** ........ 170
Grundwerte als Basis ........ 171
Noch einmal: Anpassungsfähigkeit ........ 172
Auf die Bedeutung kommt es an ........ 173
Fürsorge und Anteilnahme ........ 175
Das ‚Herz' des Unternehmens beleben ........ 175
Aufrichtige Anteilnahme ........ 176
Energieverlust durch übertriebene Anteilnahme ........ 178
Übertriebene Fürsorge erkennen ........ 179

Noch einmal: Selbstfürsorge ........ 182
Die Heart Lock-In®-Herzübung ........ 183

**Kapitel 11: Kohärenz bei geschlechtsspezifischen Themen** ........ 187
Biologie und Geschlecht ........ 188
Das Gehirn von Männern und Frauen ........ 188
Geschlechtsspezifische Sprachunterschiede ........ 189
Emotionen und Geschlecht ........ 190
Hormonelle Körperbereiche ........ 191
Emotionale Intelligenz bei Frauen und Männern ........ 192
Kommunikationsstile ........ 193
Die geschlechtsspezifischen Unterschiede global betrachtet ........ 194
Was Frauen tun können ........ 195
Das Gleichgewicht des Herzens anstreben ........ 197
Der Standpunkt des Herzens ........ 197
Das innere Gleichgewicht zwischen männlichen und weiblichen Anteilen ........ 198
Den Wettbewerb zwischen Männern und Frauen verringern ........ 200
Die nächsten Schritte ........ 201

**4. Dynamik: Strategien und Erneuerung** ........ 204

**Kapitel 12: Ein kohärentes Unternehmen leiten** ........ 205
Die Service-Gewinn-Kette ........ 206
Führungsqualitäten ........ 209
Energie für Teams ........ 212
Wertschätzung ........ 213
Das große und das kleine Bild ........ 215
Leistungserwartungen überprüfen ........ 216
Service mit Herz ........ 217
Coaching ........ 217
Kohärenz in der Armee ........ 220
Heart Mapping® ........ 221
Heart Mapping verbessert Teamarbeit ........ 223
Die Anwendung von Heart Mapping ........ 227

**Kapitel 13: Eine Quantum-Zukunft erschaffen** ........ 229
Die Zukunft erschaffen ........ 230
Quantum-Management ........ 232
Erstellen Sie Ihren eigenen Plan ........ 234
Präsenz ........ 236
Eine Geschichte über Einstein ........ 237

**Anhang** ........ 239
**Fallstudien aus Unternehmen** ........ 239
Eine weltweit tätige Ölfirma (europäisches Leitungsteam) ........ 239
Eine weltweit tätige Technologiefirma ........ 243
Kalifornische Behörde (1. Beispiel) ........ 245
Kalifornische Behörde (2. Beispiel) ........ 246
Eine Consultingfirma, die die US-Regierung berät ........ 250
Die Ergebnisse eines Fragebogens zur organisationellen Kohärenz in einer großen US-Regierungsbehörde ........ 254

**Glossar** ........ 260
**Ausgewählte Bibliographie** ........ 269
**Über die Autoren** ........ 273

# Stimmen zur Originalausgabe

„Für weltweite Unternehmen sind die Zeiten sehr turbulent (...) die Aktionäre haben hohe Erwartungen, ebenso die Kunden und die Angestellten. *Vom Chaos zur Kohärenz* zielt eindeutig darauf ab, Organisationen beim Brillieren zu unterstützen, damit sie nicht unter diesem Druck zusammenbrechen. (...) Es behandelt die Gesundheit von Individuen und von Organisationen." (Susan Mandl, *Newcourt Communications Finance*)

„(Das Buch) untermauert unwiderlegbar und wissenschaftlich das, was uns unser Herz schon immer über Führung und Organisationsentwicklung gesagt hat: Intuition, Unterstützung für den einzelnen und die einzelne, Klarheit, Ausgeglichenheit und die Kontrolle über das emotionale Umfeld tragen dazu bei, daß Unternehmen produktiv sind (...) und sie tragen zu einem erfüllten Leben bei." (James A. Autry, Autor)

„Dieses Buch ist ein Handbuch für jeden, der mit Hilfe der intuitiven Intelligenz seine Wettbewerbsvorteile vergrößern (...) und sich effektiv und gelassen auf recht herausfordernde Zeiten einstellen will." (Vivian Wright, *Hewlett-Packard*)

„Der physiologische Hintergrund und die wissenschaftliche Untermauerung dieser Technik sind absolut solide." (Dr. Graham Bridgewood, Leitender Betriebsarzt, *Shell International*, Großbritannien)

„Die meisten Bemühungen, Firmen zu transformieren, konzentrieren sich auf Faktoren wie: eine Vision, eine neuartige Strategie und ein Betriebsklima für hohe Leistungen zu entwickeln, auf crossfunktionales Teamwork, darauf, Prozesse für ständige Verbesserung in die Wege zu leiten etc. Doch diese wichtigen Faktoren beziehen sich nur auf die Umgebung. Das heißt, sie sind alle ‚außerhalb' der Menschen, die immer im Zentrum der unternehmerischen Veränderung stehen müssen. Für eine echte und ständigen Verhaltensänderung ist eine innere Veränderung absolut entscheidend. Doch dieser Aspekt wird bei einer ständigen Verbesserung der wirtschaftlichen Effektivität oft übersehen. (...) Das HEARTMATH – HERZINTELLIGENZ-System ist eine Methode zum Inner Quality Management und hat sich als ideale und einfache Technik für den inneren Umwandlungsprozeß unserer Angestellten erwiesen. Die Ergebnisse sprechen für sich." (Peter Buecking, Verkaufs- und Marketingchef der *Cathay Pacific Airways Ltd.*, Hongkong)

„(Das Buch) bietet bewährte Techniken für Unternehmen an, die sich in einer chaotischen Zeit radikalen Veränderungen unterziehen. (...) Doc Childre und Bruce Cryer stellen uns Techniken vor, die in dieser Echtzeit-Veränderung erforderlich sind, damit der und die einzelne sowie Firmen am Beginn dieses Jahrtausends florieren können." (William M. Ulrich, Berater und Autor)

„Es ist sehr anstrengend, im Zentrum der High-Tech-Industrie zu stehen. Indem ich die in diesem Buch beschriebenen Techniken nutze, habe ich buchstäblich zehn Lebensjahre geschenkt bekommen." (Patricia B. Seybold, *Patricia Seybold Group* und Autorin)

„(Das Buch identifiziert) die wirklichen Formen von Leadership, die in Firmen heutzutage zu dauerhaften Resultaten führen: emotionale Intelligenz, intuitive Führung und Ausgeglichenheit." (Michael K. Takagawa, Consulting für Führungskräfte)

„(...) ein wunderbarer und effektiver Weg zur Gelassenheit für verrückte und vielbeschäftigte Führungskräfte. Das Programm wirkt nicht nur als ‚Problemlöser', sondern es bereichert das eigene Leben – was noch wichtiger ist. (...) Es vermittelt nicht nur das Rüstzeug, um mit dem ganzen Streß des Lebens fertigzuwerden, sondern geht noch weit darüber hinaus und führt zu dauerhaften positiven Veränderungen." (Bob Morgan, Präsident des *Council of Growing Companies*)

„Herausfordernd, erkenntnisreich, provozierend, praktisch, inspirierend (...) und eine neue und aufregende Perspektive für Leistungssteigerung." (Warner Woodley, Vorsitzender und CEO der *Mainstream Access Corp.*, Kanada)

„Zum Jahrtausendwechsel mit der wachsenden Unsicherheit über die Zukunft der Welt wie wir sie kennen stellt dieses Werk ein großes Versprechen für eine gesunde Evolution unserer Spezies dar." (Richard Perl, Anwalt und Geschäftsmann, New York City)

„(...) beginnt damit, wie man mit Streß und Chaos umgeht und führt uns schließlich zu einer universellen Quelle inneren Friedens und innerer Klarheit (...) und es entspricht der Führung beim *HeartMath-Institute*." (James E. Warren jr., *Warren Financial Review, Inc.*)

„Dieses Buch präsentiert komplexe medizinische Forschung über die Herzintelligenz so, daß sie für Nicht-Mediziner verständlich ist. (...) [Es] liefert sinnvolle Daten und Informationen gespickt mit praktischen Methoden, die die Lösungen für die Herausforderungen des Lebens vereinfachen." (Tim McGarvey, *CEO Eclipse 2000, Inc.*)

„Ein provokativer und höchst pragmatischer Ansatz, der für wirtschaftlichen und persönlichen Erfolg der Zukunft zentral ist. (...) beschreibt den wirkungsvollen, innovativen Prozeß des Inner Quality Management – eine wirkungsvolle Kombination wissenschaftlich erforschter und validierter biomedizinischer Erkenntnisse mit einer Technologie, die vom Herz ausgeht. Eine Pflichtlektüre für alle Geschäftsleute oder Führungskräfte, die betriebliche Fortschritte messen und ausbauen wollen." (Ken Blanchard, Autor)

„Die Tatsache, daß die in diesem Buch vorgestellten, ausgesprochen wirkungsvollen Techniken nur zwei Minuten

Konzentration erfordern, ist für jede beschäftigte Führungskraft höchst erfreulich. (...) Einfache Methoden beginnen, wenn sie konsequent angewandt werden, scheinbar von allein zu wachsen und werden zu einer stabilen Plattform für bedeutende dynamische persönliche und berufliche Leistungen." (James Grove, *Vizepräsident, Salomon Smith Barney*)

„(Als) Professor für Management und Motivation seit über 30 Jahren sage ich ganz ehrlich, daß all die Bücher, Texte und Aufsätze, die ich über effektives Management gelesen habe, keinen so positiven Eindruck auf mich gemacht haben wie dieses Buch.(...) Jeder Aspekt von effektiver Unternehmensführung betont vor allem den Umgang mit Chaos. (...) Bahnbrechend, erhellend und höchst lesenswert." (Jack H. Holland, emeritierter Professor für Management, *San Jose State University*)

„(...) ein ausgezeichneter Kommentar zu einem höchst kontroversen Thema – wie man auf dem Weg zu großartigen Ergebnissen Management analytisch und mit dem Herzen (emotional und aufrichtig) betrachten kann und wie man Menschen motiviert und sich ihr Einverständnis und ihr Vertrauen erwirbt." (Zur Feldman, *Packard Bell, NEC, Inc.*)

„HeartMath – HerzIntelligenz nimmt der Leistungssteigerung in Unternehmen das Geheimnisvolle. Erwarten Sie nicht nur, Ihr Geschäft zu verbessern, sondern auch Ihr persönliches Leben. Dieses Buch wird Ihr Leben enorm und tiefgreifend verändern." (Debbie Reichenbach, Managerin für Mitarbeiterfortbildung)

# Vorwort

Die Welt ist ein Phänomen, das wir in unserem Inneren erschaffen. Die Eindrücke, die uns unsere Sinne übermitteln, verarbeiten wir mit unserem Denken und mit unseren Emotionen – so erschaffen wir das, was jede und jeder von uns als „die Welt" erlebt.

Zwangsläufig erlebt jeder die Welt anders.

Die Qualität unserer persönlichen Welt hängt von unserer Fähigkeit ab, mit den einströmenden Daten umzugehen und sie zu nutzen: Je besser die Datenverarbeitungsebene Ihres Körpers funktioniert, desto genauer verstehen Sie die Welt. Je präziser Ihre Eindrücke von der Welt um Sie herum und von Ihrem Inneren sind, desto besser stehen Ihre Chancen, auf die Welt effektiv zu reagieren – effektiv für sich selbst und die Menschen, mit denen Sie zu tun haben.

Was aber sind unsere internalen Systeme? Wie funktionieren sie? Wo sind in uns die Kontrollschalter, und wie kommen wir an sie heran? An diesen Geheimnissen der Konstruktion des Menschen und seiner Reaktionen hat Doc Childre in den letzten 25 Jahren gearbeitet. In den frühen 70er Jahren entdeckte er, daß das menschliche Herz – ein Organ, das im Prinzip wie eine Pumpe wirkt – nachweislich eine Rolle spielt bei emotionalen Reaktionen und bei der Intelligenz eines Menschen. Liebende, Liedertexter, Dichter oder Eltern überrascht das kaum. Aber Doc Childre machte das nachweisbar, indem er eine Reihe tiefgehender mentaler und körperlicher Übungen entwickelte, die sich die emotionale Kraft des Herzmuskels zunutze machen, um Streß zu reduzieren, die Interaktion in Gruppen zu verbessern und andere positive Auswirkungen zu erzielen. Er nannte sie HEARTMATH® – HERZINTELLIGENZ.

Childre und seine Mitarbeiter – Sara Paddison, Rollin McCraty, Howard Martin, Deborah Rozman, Bruce Cryer und andere – stellten fest, daß die Linearität der menschlichen Gedanken und die Geschwindigkeit, mit der Körper und Verstand üblicherweise vom Erleben eines Augenblicks zum nächsten übergehen, weitere Mittel waren, die die grundlegende Entdeckung über die Rolle des Herzmuskels stützen konnten. Sie stellten auch fest, daß das HeartMath – HerzIntelligenz-Programm besonders wirksam ist, wenn es im Beisein von anderen ausgeführt wird – Kollegen beispielsweise.

Durch die Arbeit des gemeinnützigen HeartMath-Instituts in Boulder Creek, Kalifornien, und in jüngerer Zeit durch die Entwicklung von IQM-Techniken (IQM – Inner Quality Management®) wurden die HeartMath – HerzIntelligenz-Methoden zur Verbesserung der persönlichen Erfahrung auf den Bereich Teamentwicklung und Unternehmensführung übertragen. Die Herzintelligenz-Übungen und IQM werden in Amerika heute im Bereich Wirtschaft, Regierung und Militär eingesetzt. Mitarbeiter von *Motorola*, *Hewlett-Packard*, der *Canadian Imperial Bank of Commerce*, *Royal Dutch Shell* (Großbritannien) und *Cathay Pacific Airways* (Hongkong) sowie zahlreicher staatlicher Stellen der US-Kommunen, der einzelnen amerikanischen Bundesstaaten und von Washington haben immer wieder an Ausbildungen teilgenommen. IQM ist ein solcher Renner, daß Doc Childre, Bruce Cryer und das Managerteam der kürzlich gegründeten kommerziellen Beratungs- und Ausbildungsfirma *HeartMath LLC* rapide auf Expansionskurs sind, um den weltweiten Bedarf an Ausbildungskursen für Firmen, Einrichtungen und Organisationen decken zu können.

Eines Nachmittags 1992 erschien Bruce Cryer erstmals in meinem Büro der *Business Week* im 36. Stock des Rockefeller Centers im Herzen von Manhattan. Seine Aufgabe bestand darin, mich auf etwas aufmerksam zu machen, was mir als eindeutig skeptischem Herausgeber, der sich nur für Informationen über die praktische Anwendbarkeit für die Bedürfnisse großer Firmen interessiert, zuerst als Modepsychologie erschien. Cryer hatte keinerlei Firmenkunden, sondern zunächst nur ein paar Gefangene, ein Programm für jugendliche Straftäter, einige Schulbezirke und einen Standort der Armee.

Aber das HeartMath – HerzIntelligenz-Programm bewährt sich für jeden Skeptiker in Sekunden: Konzentrieren Sie Ihr Denken auf die Pumpe in Ihrer Brust. Der Körper wird sofort wärmer und die innere Verfassung löst und verändert sich. Genau dies entsprach dem, was Doc Childre mit seiner bemerkenswerten Entdeckung bewirken wollte. Es ist ein natürlich auftretender, transformierender Vorgang des menschlichen Körpers, der offensichtlich jahrhundertelang unentdeckt oder zumindest nicht entwickelt, weder aufgezeichnet noch überliefert war. Es war, als hätte Cryer mir den ersten Bericht über das Rad, das Telefon oder den Halbleiter gebracht. Ich erkannte, daß dies eine neue und außerordentlich nützliche ‚Technologie' war.

Die Herzintelligenz ist sowohl als Entdeckung als auch als Definition bedeutungsvoll: Dank dieses Buches und dank einiger früherer Bücher von Doc Childre, *Self-Empowerment* (1992; engl.), *Die Herzintelligenz entdecken. Das Sofortprogramm in fünf Schritten* (VAK 1999) und *Immer dem Herzen nach. Ein Ratgeber für Eltern* (VAK, 2000) ist es unwahrscheinlich, daß diese bemerkenswerte ‚innere Technologie' des menschlichen Körpers wieder vergessen wird. In dem Maß, in dem diese Technik bekannt wird, wird sie Teil des menschlichen Verhaltensrepertoires, Teil des Lebens von jedermann.

Für die Möglichkeiten, die Herzintelligenz zu nutzen, gibt es keine Grenzen, weil es im Grunde um einen einfachen, körperlichen Vorgang geht: Er entsteht im Gehirn und ist ein Gedanke mit körperlichen Auswirkungen. Es handelt sich weder um eine Philosophie noch um einen Glauben oder eine Überzeugung. Die durchaus körperliche Auswirkung der Übung ermöglicht ihre einfache Anwendung über alle Grenzen hinweg, die die Menschen üblicherweise trennen. Da ist nichts kulturell „amerikanisches" an dem HEARTMATH – HERZINTELLIGENZ-System. Es verstößt nicht gegen irgendwelche religiösen oder kulturellen Regeln. Es funktioniert in Indien, China oder Nigeria genauso wie in New York, Großbritannien, Deutschland oder Schweden.

In dieser möglichen Universalität liegt das ungeheure Potential des HEARTMATH – HERZINTELLIGENZ-Programms: Wenn jeder es anwenden würde, wie wunderbar wäre dann die Welt.

(Scott Shuster, *Business Week*)

# Einführung und Danksagung

Ich habe das HeartMath-Institut 1991 als gemeinnützige Denkfabrik für Forschung und Fortbildung gegründet, die auf innovative Ansätze zum Streßabbau und auf menschliche Qualität, Kreativität und Effektivität spezialisiert ist. Es war meine Absicht – und darauf richtete ich anfangs mein Augenmerk –, ein System zu entwickeln (das HEARTMATH – HERZINTELLIGENZ-System), das praktische Methoden für den einzelnen und die einzelne bietet. Ich war immer davon überzeugt, daß Konzepte und Theorien sich an der Anwendbarkeit orientieren müssen, wenn sie für die Gesellschaft von Bedeutung und Wert sein sollen. Meine vorangegangenen Bücher beschreiben, wie *Einzelpersonen* – Eltern, Teenager, Frauen, Menschen aus allen Schichten – lernen, sich selbst zu stärken, indem sie die wissenschaftlich erforschten Methoden lernen und anwenden. Auf diese Weise können sie *Herzintelligenz* entwickeln, wie ich sie nenne. Ich habe das HEARTMATH – HERZINTELLIGENZ-System auch so entwickelt, daß es für Verbesserungen in Unternehmen, Einrichtungen und Organisationen genutzt werden kann. Die Methode wurde mittlerweile in Hunderten von Unternehmen angewandt, die an der Ausbildung im Inner Quality Management (IQM) teilgenommen haben. Viele Menschen baten mich, ein Buch über IQM zu schreiben, deshalb freue ich mich, dieses Buch jetzt vorstellen zu können. Es beschreibt, wie die „HEARTMATH – HERZINTELLIGENZ-Technologie" Veränderungen in Unternehmen beschleunigen kann.

Jede und jeder ist in irgendeiner Art von Unternehmen tätig (der amerikanische Begriff „organization" bezeichnet Firmen, Organisationen, Stellen, Einrichtungen; im folgenden ist der Begriff meist mit „Unternehmen" übersetzt), ob ihr oder ihm das nun bewußt ist oder nicht. Wir werden von vielen Strukturen, die von Unternehmen und Organisationen ausgehen, beeinflußt und sind von ihnen abhängig. Man kann sich der Begegnung mit Unternehmen und Organisationen nicht einfach entziehen, ob man nun arbeitet, um seinen Lebensunterhalt zu bestreiten, ob man einkauft oder ob man seinen Ausweis an der entsprechenden Stelle verlängern läßt. Organisationen organisieren das Leben.

Es ist auch richtig, daß Organisationen und Unternehmen aus Menschen bestehen. Menschen haben Namen und bestimmte Funktionen; und die Kolleginnen und Kollegen beeinflussen sie in dem, wer und was sie sind. Aufgrund dieses einfachen Fakts müssen Veränderungen in erster Linie in den Menschen selbst stattfinden, aus denen die Unternehmen bestehen. Daran führt kein Weg vorbei. Wenn Menschen in Unternehmen neue Dimensionen im Umgang mit ihrem Denken und Fühlen entwickeln, werden die Unternehmen produktiver, vollständiger, fürsorglicher und kreativer. Unternehmen können in der heutigen Geschäftswelt kein langfristiges nachhaltiges Wachstum erwarten, wenn sie keine Umgebung schaffen, die das mentale und emotionale Gleichgewicht unterstützt und die die nötigen Informationen sowie Motivation bietet, um neue Fertigkeiten im Umgang mit sich selbst entwickeln zu können.

Um zu wachsen und Gewinne einzufahren, muß die Unternehmensführung meiner Meinung nach letztlich dem Wohlbefinden und der Entwicklung ihrer Angestellten ebensoviel Aufmerksamkeit schenken wie dem Jahresgewinn, ob es sich nun um einen riesigen multinationalen Konzern oder um eine kleine Firma handelt, die eben erst zu wirken begonnen hat. Dasselbe gilt für die staatlichen Stellen, auch wenn hier nicht Gewinne das erklärte Ziel sind. Viele Unternehmen beginnen dies zu bemerken, und ich schätze sie dafür. Sie werden im neuen Jahrtausend überleben, expandieren und prosperieren. Jetzt und vor allem in naher Zukunft werden Unternehmen wachsen oder untergehen, je nach der kollektiven inneren Qualität ihrer Belegschaft. Die Gesellschaft verändert sich und die Menschen verändern sich. Eine Geschäftsphilosophie nach der alten Schule wird Unternehmen nicht mehr länger am Leben erhalten. Das ist nicht so weit hergeholt, wie es sich zunächst anhören mag. Wenn Sie sich umsehen, werden Sie erkennen, daß viele Behörden, große Firmen und sogar manche der jüngeren, schnell wachsenden Technologiefirmen beginnen, an den Rändern auseinanderzufallen. Der alte Managementstil, eine rigide Firmenpolitik, neue Geschäftspraktiken, die rücksichtslos durchgesetzt werden, ein unrealistisches Arbeitspensum und eine übertriebenes Schielen auf den Götzen Geld fordern ihren Preis. Vor zwanzig Jahren konnte man, wenn man hart arbeitete, ein gutes Auskommen und eine Berufslaufbahn erreichen, die Sicherheit und Chancen boten. Heute kann man schwer arbeiten, aufgefordert werden, noch härter zu arbeiten, dies tun und dann ohne große Vorwarnung Feierschichten einlegen oder entlassen werden, weil die Firma bankrott geht oder einfach ihre Prioritäten geändert hat. Die Zeiten haben sich geändert. Viele Menschen fühlen sich nicht von der Firma, für die sie arbeiten, unterstützt oder geachtet; ihnen fehlen die Fertigkeiten, mit der wachsenden Komplexität des Lebens umzugehen; als Ergebnis davon ist die Zukunft vieler Firmen gefährdet. Es gibt heutzutage ein sehr einfaches Grundprinzip für Wachstum und Erfolg im Geschäftsleben: Wenn Sie Ihre Angestellten ohne ausgewogene Anteilnahme und ohne Interesse achtlos schinden, wird Ihre Firma zu gegebener Zeit ständig sinkende Gewinne erzielen (oder die Verwaltung wird zusammenbrechen) und in Vergessenheit geraten. Wenn Sie hingegen alles in Ihrer Macht Stehende tun, um Ihre Belegschaft darin zu unterstützen, neue Fertigkeiten zu entwickeln, um den Herausforderungen des modernen Privat- wie Berufslebens gewachsen zu sein, dann haben Sie eine enthusiastischere, widerstandsfähigere, innovativere und flexiblere Belegschaft. Dies überträgt sich auf die Firma, die wächst, Gewinne macht und Jahr für Jahr erfolgreich ist.

Das Inner Quality Management liefert das konzeptuelle Verständnis, die Methoden und Techniken und die nötigen empirischen Daten, um das Unternehmen voranzubringen. Denn es verbessert die mentalen und emotionalen Fähigkeiten des und der einzelnen. Der Schlüssel dafür liegt nicht darin, ein Unternehmensmodell von außen her mechanisch umzuformen, sondern darin, die natürliche Intelligenz zu aktivieren, die im Herzen aller Menschen vorhanden ist. Lassen Sie mich das erklären: Jahrhundertelang haben Philosophen, Schriftsteller und spirituelle Führer das Herz besonders beachtet. Sie bezeichneten es als die Quelle von Mut, Weisheit, Stärke und Intuition. Es kursieren unzählige Bücher, die uns nahelegen, wieder zu unserer Seele, unserem Herzen und unserer Leidenschaft zurückzukehren. In vielen Fällen jedoch wurden diese Konzepte im Geschäftsleben als deplaziert angesehen. Wirklich, ich mache Geschäftsleuten keinen Vorwurf, daß sie so empfinden. Warum auch? Denn meistens blieb diese Diskussion in der Luft (im „Himmel“) hängen, das Thema erschien abgehoben und eignete sich anscheinend nur für Menschen, die genug Zeit haben, sich über solche Fragen Gedanken zu machen. Wenig davon schaffte es bis auf den Boden der Tatsachen (die „Erde“, auf der Konzepte realisiert werden). Die Herzintelligenz verbindet Himmel und Erde auf intelligente Weise. Das HEARTMATH – HERZINTELLIGENZ-Programm befaßt sich mit dem Herz außerhalb des philosophischen, süßlichen und sentimentalen Kontextes in einem wissenschaftlichen, vernünftigen und unmittelbar anwendbaren Zusammenhang. HEARTMATH – HERZINTELLIGENZ ist ein grundlegendes System für ein effizientes persönliches und berufliches Leben. Es ist ein Abkommen zwischen dem Kopf und dem Herzen, zwischen einer Person mit sich selbst.

Ich glaube, daß der besondere Wert dieses Buches in seiner Verbindung aus persönlicher und betrieblicher Anwendbarkeit liegt. Hauptsächlich meinem Koautor, Bruce Cryer, sind die vielen Erfolge zuzuschreiben, die die Methode durch die Einführung in die Geschäftswelt erzielte. Wir haben die letzten zehn Jahre eng zusammengearbeitet, und jetzt bringt Bruce als Vizepräsident der Abteilung für weltweite Wirtschaftsentwicklung bei der *HeartMath LLC* eine breitgefächerte Firmenerfahrung mit der Herzintelligenz mit in die Arbeit ein. *Vom Chaos zur Kohärenz. Herzintelligenz im Unternehmen* stellt die gemeinsamen Erkenntnisse vom HeartMath-Institut, Bruce Cryer und mir über emotionale Intelligenz und intelligente Betriebsführung dar. Weil Bruce eine entscheidende Rolle dabei spielte, das HEARTMATH – HERZINTELLIGENZ-Programm in Firmen rund um die Welt einzuführen, werden Sie in den folgenden Beispielen und Fallstudien oft seine Stimme hören.

Ich gründete das Institut ursprünglich, um die Bereiche Wissenschaft, Gesundheit, Psychologie und Wirtschaft zusammenzubringen. Es wuchs sehr schnell; deshalb gründeten wir 1998 die Firma *HeartMath LLC*, um auf allen Märkten, die früher vom Institut betreut wurden, weltweit Ausbildungen und Beratungen anzubieten. Das Institut existiert weiterhin als eine führende, gemeinnützige Forschungsstätte. Viele Menschen in diesen beiden Unternehmen ebenso wie Klienten und Kollegen trugen maßgeblich zur Entstehung dieses Buches bei. Sara Paddison trug außerordentlich zur Kohärenz des Buches bei. Rollin McCraty beriet uns ausgezeichnet im Bereich Forschung; und Tom Beckman durchsuchte die letzten Jahre das Internet nach Daten zu den Themen Produktivität am Arbeitsplatz, Gesundheit, Anteilnahme, Streß und unternehmerische Effizienz. Unser besonderer Dank gilt Dr. Karl Pribram für seine Beiträge zum Kapitel über die menschliche Intelligenz. Tricia Hoffman, Christiana Bramlet, Jennifer Barr, Dana Tomasino und Veronika Yousoofian trugen enorm zur Forschung bei, Brandi Barchi und Sherye Woodley waren maßgeblich daran beteiligt, die einzelnen Bestandteile zu strukturieren. Unser Dank gilt auch J.J. McCraty für die ausgezeichneten Illustrationen. Joseph Sundrams Sichtweise war ein Gewinn für das letzte Kapitel, Sibyl Cryer für das ganze Buch. Als leitende Vizepräsidentin der *HeartMath LLC* war Deborah Rozman an jeder Entwicklungsphase des HEARTMATH – HERZINTELLIGENZ-Übungsprogramms maßgeblich beteiligt. Howard Martin, der Präsident des Verlags *Planetary LLC*, trug wesentlich zu diesem Buch bei und unterstützte und leitete die ganze Veröffentlichung. Besonderer Dank gilt Karen Speerstra vom Verlag *Butterworth-Heinemann*, die uns begeistert einlud, dieses Buch zu schreiben.

Wir danken auch Nancy Katz von *LifeScan*; Chris Sawicki und Dr. Alan Watkins von *Hunter-Kane Ltd.*; David Pendleton, Jenny King, Phil Smith und Sharon Lloyd von *Edgecumbe Consulting*; Vivian Wright von *Hewlett-Packard*; Susan Mandl von *Lucent Technologies*; Torrey Byles von *Granada Research*; Cassandra Pulig von *Silicon Graphics*; Peter

Buecking von *Cathay Pacific Airways*; Jim Warren von der *Warren Financial Group* und Wolfgang Hultner vom *Mandarin Oriental Hotel* in San Franzisko. Sie alle ermutigten uns und lieferten wertvolle Beiträge.

Ihnen wünschen wir viel Freude bei der Lektüre!

Kapitel 1

# Vom Chaos zur Kohärenz gelangen: das Modell des Inner Quality Management®

Der Dirigent betrat stolz und zuversichtlich das Podest und fühlte sich in seiner Rolle sichtlich wohl – trotz der seltsamen Safari-Kleidung, die er trug. Das Orchester, elegant gekleidet, schien erfreut, ihn zu sehen. Doch viele Zuhörer der 1000 CEOs[1] und ihre Begleiterinnen waren verdutzt über die offensichtliche Diskrepanz zwischen dem Orchester und dem Dirigenten. Der Dirigent legte seinen Taktstock auf das Podest und forderte das Orchester auf, den ersten Satz einer Beethoven-Symphonie zu spielen – ohne ihn. Verblüfft, aber professionell hob der Konzertmeister (die erste Geige) seinen Bogen und auf sein Kopfnicken hin begann das Orchester, fehlerlos zu spielen – ohne Dirigenten, in Übereinstimmung, harmonisch. Jegliche mögliche Nervosität darüber, ohne Dirigent vor Publikum zu spielen, verschwand rasch durch die Kohärenz ihres Spiels.

Der Dirigent wandte sich danach herausfordernd an die anwesenden Generaldirektoren. „Wie viele von Ihnen haben so viel Vertrauen in die Professionalität und die Fähigkeit Ihrer Leute? Schätzen Sie ihre Talente und Kreativität wirklich wert?“ Er war noch nicht fertig.

Als nächstes zeigte der Dirigent, wie man durch Anteilnahme und Intelligenz das Potential des Orchesters noch stärker aktivieren kann. Er ließ dann jedes Register des Orchesters (diese Gruppe von Berufsmusikern spielte nur einen Abend lang zusammen) dieselbe Symphonie proben, wobei er selbst Passagen sang, in denen winzige Nuancen Leben in die Symphonie brachten. Er förderte die Ausgewogenheit und die Kohärenz zwischen den einzelnen Registern und leitete die ganze Aufführung mit Intelligenz und Leidenschaft. Sie spielten die Symphonie noch einmal, diesmal noch brillanter, anmutiger und souveräner. Nach dem letzten Ton ernteten sie donnernden Applaus.

Viele Zuhörer waren sprachlos über das, was sie eben erlebt hatten. Die Generaldirektoren waren aufgefordert worden, ihr Unternehmen mehr wertzuschätzen, mehr Anteil zu nehmen, nicht nur im Kopf zu leben. Alle waren Zeuge geworden, wie vor den eigenen Augen eine Organisation Gestalt annahm. Die Generaldirektoren hatten eine neue Herausforderung: Wie läßt sich eine solche Inspiration praktisch anwenden, ohne daß die Realität im Geschäftsleben und in Organisationen unberücksichtigt bleibt?

*Vom Chaos zur Kohärenz. Herzintelligenz im Unternehmen* ist für Unternehmen der Zukunft und das künftige Potential von Menschen geschrieben. Es stellt ein neues System vor, wie man Unternehmen aufbauen kann, die auf Veränderungen, Krisen und Herausforderungen selbstsicher und ausgeglichen reagieren. Es beleuchtet Unternehmen, in denen Menschen arbeiten, die sich mental und emotional selbst managen können, denen ihre Firma am Herzen liegt und die motiviert sind, ihr Bestes zu geben. Dieses Buch stellt neue Wege vor, ein solches Unternehmen zu werden; diese neuen Wege sind wissenschaftlich bewiesen, praxisnah und beruhen auf der Intelligenz des Herzens *und* auf dem, was man gemeinhin Intellekt nennt. Das Buch will Wissen vermitteln, inspirieren und Ihnen zu neuen Einsichten verhelfen, die Ihr Leben und die Art beeinflussen, wie Sie Ihr Unternehmen führen.

Zunächst wollen wir uns mit der wirklichen Situation am Arbeitsplatz auseinandersetzen. Es würde die meisten Betriebe verwundern, wenn sie jede Woche einen Computerausdruck des betrieblichen ‚Lärmberichts' bekämen, der zeigt, wieviel Prozent der Arbeitszeit Menschen damit verbringen, über ihre Probleme nachzudenken und ihnen nachzuspüren. Wenn ein zweiter Computerausdruck die Menge der negativen Hormone angeben würde, die als Ergebnis dieser Denkgewohnheiten in den Körper ausgeschüttet werden, und die gesundheitlichen Folgen, würden Sie vielleicht im Rahmen eines klugen Geschäftsverhaltens Ihre Mitarbeiterinnen und Mitarbeiter darauf aufmerksam machen, einige mentale und emotionale Änderungen vorzunehmen. Wenn Sie eine Verbindung herstellen könnten zwischen ungünstigen Entscheidungen und versäumten Möglichkeiten aufgrund einer streßbedingten Unfähigkeit Ihrer Mitarbeiter, dann würden Sie unverzüglich handeln. Glücklicherweise können Computer all diese Daten noch nicht berechnen, so daß wir den Tatsachen nicht ins Auge sehen müssen. Doch die Realität von Inkohärenz in Unternehmen und Organisationen begegnet uns – überall.

*Vom Chaos zur Kohärenz. Herzintelligenz im Unternehmen* macht einen paradoxen Vorschlag: In vielen Firmen und in der Gesellschaft herrscht heute beträchtliches Chaos; ein neues Maß an Kohärenz ist ein mögliches Ziel. Wir sind der Ansicht, daß ein neues Maß an Effizienz, Synchronisation und Effektivität in Betrieben möglich ist, wenn wir uns mit neuen Informationen über die Intelligenz des menschlichen Systems befassen und sie anwenden. Unternehmen werden nur dann ihre Effektivität und Marktposition steigern und verbessern, wenn sie besser und einfühlsamer verstehen, daß menschliche Prozesse dem Funktionieren eines Unternehmens zugrunde liegen.

Als Doc Childre 1991 das HEARTMATH – HERZINTELLIGENZ-Konzept entwickelte, wußte er, daß Streß in diesem Jahrzehnt und auch anschließend noch dramatisch ansteigen würde. Die Globalisierung der Kommunikationstechnologie, der Märkte und die zunehmende kulturelle Vielfalt auf allen Kontinenten waren nur einige Bereiche, in denen die Regeln sich schneller änderten, als die Menschen mit den Veränderungen Schritt halten konnten. Es ist eine ausgesprochene Ironie, daß in den späten 90er Jahren viele der technologiegesteuerten Volkswirtschaften ein nie gekanntes Wachstum und Expansion genossen, daß aber die persönliche Erfüllung stark zurückging und Ängste Konjunktur hatten. Das Computerproblem mit dem Jahr 2000 war ein Beispiel für die Art von Chaos, der wir heute ausgesetzt sind. Die daraus resultierende Unsicherheit und Angst zwingt die Menschen, über sich selbst und die Organisationen, in denen sie arbeiten, neue Fragen zu stellen. Praktischerweise sind auch neue Antworten aufgetaucht. Die Forschung der letzten Dekade hat unser Wissen um die menschliche Intelligenz tief beeinflußt; so eröffnen sich überraschend neue Möglichkeiten. Die Tatsache, daß Intelligenz im menschlichen System *verteilt* ist, und die Tatsache, daß *das Herz ein intelligentes System ist, das die Gehirnprozesse tiefgreifend beeinflußt*, stellt ein aufregendes neues Modell dar, das Organisationen und Unternehmen helfen kann, intelligenter, anpassungsfähiger und menschlicher zu werden.

Unser HeartMath-Team machte sich selbst daran, eine kohärente Organisation aufzubauen, die all unserem Handeln Fürsorge und Effizienz zugrunde legt: Fürsorge für unsere Klienten und uns selbst, effizienten Service für unsere Kunden und innere Effizienz für uns selbst. Viele der circa 20 Personen, die das ursprüngliche Team hier bildeten, hatten in Firmen oder Behörden gearbeitet, die in Inkohärenz und Ineffektivität feststeckten. Menschliche Werte fehlten oft völlig, ebenso effizientes Arbeiten. Schon früh erkannte Doc Childre, daß eine Verbindung zwischen dem Herzen einer Person und dem Herz einer Organisation oder einer Firma besteht. Er wußte, daß Unternehmen die kollektiven Denkweisen und Einstellungen ihrer Belegschaft widerspiegeln. Er kannte bereits ein kohärenteres System, das auf die persönlichen Bedürfnisse einging – da war die Vitalität eines Unternehmens der nächste Schritt.

Diese jahrelange Arbeit hat zu enormen Erkenntnissen geführt. Sie resultieren aus der umfassenden physiologischen Forschung über die Folgen von Streß, der Forschung über unternehmerische Effektivität aus unserer unmittelbaren Arbeit mit Dutzenden von Organisationen im privaten und öffentlichen Bereich und aus unserer eigenen Erfahrung vom Aufbau dreier Unternehmen. Dadurch entwickelte sich das Inner Quality Management (IQM), eine Reihe wissenschaftlich fundierter Methoden, die Menschen und Unternehmen zu *Kohärenz* zu verhelfen.

## Die vier dynamischen Elemente des Inner Quality Management (IQM)

Die vier dynamischen Elemente des Inner Quality Management (siehe Abb. 1.1) sind in gesunden Unternehmen und Organisationen gegeben und wirken parallel. Sie umfassen eine Reihe gründlicher, wissenschaftlich bewiesener Methoden für folgende Aspekte:

- das Selbstmanagement
- kohärente Kommunikation
- ein besseres Betriebsklima
- Strategien und Erneuerung.

IQM beginnt mit dem *Selbstmanagement*, der Grundlage individueller Effektivität und Produktivität. Es zeigt, wie Streß Menschen negativ beeinflußt, und bietet das Hintergrundwissen und die Methoden, um seine schädlichen Auswirkungen zu neutralisieren. *Kohärent zu kommunizieren* in einer Welt mit zunehmendem „Lärm" ist das Hauptziel des zweiten dynamischen Elements. Eine wachsende Schar von Forschern zeigt, welche Rolle das *Betriebsklima* für die langfristige Gesundheit und Leistung eines Unternehmens spielt; dies ist das Ziel des dritten dynamischen Elements. Das vierte erinnert uns durch zusätzliche Methoden und Fallbeispiele an das ständige Bedürfnis nach *Erneuerung* der grundlegenden Prozesse. Das übergeordnete Gesamtziel ist mehr Kohärenz in allen Bereichen für Individuen und Unternehmen. (In Kapitel 2 werden die vier Elemente ausführlicher vorgestellt.)

Bedenken Sie, daß alle Organisationen und Unternehmen lebende Systeme sind, die aus Menschen bestehen, die denken *und* fühlen. Jedes Unternehmen ist in Wirklichkeit ein riesiger komplexer Organismus, dessen Gesundheit und Widerstandsfähigkeit von vielen Faktoren abhängt, die auch die Gesundheit und das Gleichgewicht eines Individuums bestimmen. Das IQM-Modell beschreibt einen dynamischen Prozeß, der die ganze Intelligenz erfordert, um die verschiedenen Elemente in Balance und im Auge zu behalten. Kluge Unternehmen, ebenso wie kluge Menschen, werden die funktionierenden Elemente erkennen und zu messen suchen – das gilt auch für diejenigen, die aus dem Gleichgewicht geraten sind. Jeder Faktor kann die Effektivität der anderen schwächen und verringern: Veränderungen des Marktes, Änderungen in der Führung, ein Regierungswechsel. Veränderungen jeglicher Art beeinflussen zunehmend die Widerstandsfähigkeit von Unternehmen, ihre Perspektiven und die Klarheit ihrer Ziele. Deshalb ist die 1. Dynamik für unternehmerische Kohärenz das *Selbstmanagement*. Beim Individuum fängt es an.

*Abbildung 1.1: Die vier dynamischen Elemente des Inner Quality Management (IQM).*

## 1. Dynamik: Psychisches Selbstmanagement

In Unternehmen wurde viel getan zur Qualitätsverbesserung, für strategisches Denken, dafür, Mitanbieter zu übertrumpfen oder Kunden zufriedenzustellen. In den meisten Firmen besteht ein ungeheures Bedürfnis, den Fokus weiterhin nach außen gerichtet zu halten, statt isoliert und egozentrisch zu sein. Doch immer mehr Unternehmen merken derzeit, daß die eigene Effektivität und erst recht die langfristige Überlebensfähigkeit ohne Methoden zur besseren Anpassungsfähigkeit, Kreativität und Intelligenz des einzelnen ernsthaft behindert sind. Das Militär hat in der Geschichte schon immer mehr Augenmerk darauf gerichtet als der Privatsektor. Das oberste Ziel muß dort immer die „Bereitschaft der Truppe“ sein.[2] Im Denken führender Militärs besteht kein Zweifel daran, daß der einzelne mental, emotional und körperlich bereit sein muß, sich mit allem auseinanderzusetzen – auch mit Situationen, in denen es um Leben und Tod geht. Zu oft vergißt die Wirtschaftsführung diese entscheidende Betonung, den einzelnen zu unterstützen, ihn zu hegen und auf Herausforderungen vorzubereiten. Wegen eines grundlegenden emotionalen Ungleichgewichts in den meisten Betrieben verwandeln sich alltägliche Probleme in Dramen um Bestehen und Untergang. Führungspersönlichkeiten, die die amerikanische Armee verlassen und in der US-Wirtschaft eine neue Karriere beginnen, äußerten sich schockiert darüber, über welche Themen in gewinnorientierten Unternehmen schlaflose Nächte verbracht werden. Einer unserer Klienten, der in der Armee und im Geheimdienst während des Golfkrieges tätig war, erzählte uns von seinem Schock darüber, wieviel Energie in amerikanischen Firmen mit alltäglichen Problemen verschwendet wird, die unvernünftig aufgebauscht werden.

Selbstmanagement beruht auf verschiedenen Grundthemen, die in den folgenden Kapiteln ausführlicher erklärt werden:

1. Verstehen Sie mentale, emotionale und körperliche Prozesse.
2. Der Druck auf den einzelnen wird sich in den folgenden Jahren verstärken.
3. Erkennen und stopfen Sie die Löcher in Ihrem persönlichen System.
4. Erhöhen Sie Ihre Intelligenz.

## 2. Dynamik: Kohärente Kommunikation

Der Erfolg der Selbstmanagementtechniken wird zuerst in Interaktionen mit anderen getestet; in einer zunehmend vernetzten Welt geschieht Kommunikation quantitativ häufiger und stellt höhere Anforderungen denn je. Erhebliche betriebliche und persönliche Ineffizienz vermischen sich, wenn die Kommunikation qualitativ schlecht ist, wenn ihre Bedeutung ignoriert wird oder wenn wir uns selbst sagen, etwas anderes sei jetzt dringender. Kohärente Kommunikation ist ein Modell für einen effektiven Informationsaustausch zwischen Kollegen, mit Kunden oder Auftraggebern und mit sich selbst. Kohärente Kommunikation beruht auf vier Prinzipien:

1. Stellen Sie sicher, daß Sie den Sachverhalt verstehen.
2. Hören Sie zu, ohne zu bewerten.
3. Hören Sie auf das Wesentliche.
4. Seien Sie authentisch.

### 3. Dynamik: Das Betriebsklima verbessern

Wichtige Forschungen zeigen – was die meisten Menschen aus ihrer persönlichen Erfahrung heraus bestätigen –, daß Effektivität ein positives Klima am Arbeitsplatz erfordert. Dieses Thema sollte nicht nur in den Bereich Humankapital gehören oder Angelegenheit der Personalabteilung sein, da jeder in der Firma zum Betriebsklima beiträgt; auch Faktoren von außerhalb tragen dazu bei. Dieses Element erzeugt die Faktoren der inneren Umgebung, die die 1. und 2. Dynamik unterstützen oder, wenn sie nicht berücksichtigt wird, unterminieren. Die entscheidenden Prinzipien hier sind:

1. Ein gesundes Betriebsklima umfaßt ein unterstützendes Management, den eigenen Beitrag, Selbstausdruck, Anerkennung, Klarheit und Herausforderung.
2. Ein „emotionaler Virus" plagt heute viele Unternehmen.
3. Menschliche Eigenschaften wie Anpassungsfähigkeit, Flexibilität, Fürsorge und Wertschätzung liegen einem unterstützenden Betriebsklima zugrunde.
4. Wir müssen den Unterschied zwischen Wissen und Weisheit verstehen.

### 4. Dynamik: Strategien und Erneuerung

Für eine anhaltende unternehmerische Kohärenz ist entscheidend, von der Theorie, von intelligenten Modellen und Fallbeispielen zur praktischen Anwendung überzugehen. Der springende Punkt ist, wie eine Firma das Gelernte anwendet. Dies ist auch das Element, mit dem das Unternehmen sich selbst strategisch erneuern kann, vorausgesetzt, das Selbstmanagement, die Kommunikation und das Klima sind ausgewogen und positiv. Die Prinzipien dieses dynamischen Elements sind:

1. Teamarbeit und harmonische Systeme

2. Komplexe Entscheidungsfindungen und Projektplanungen
3. Coaching als wichtige Fähigkeit des Managements
4. Führungsqualitäten, Kreativität und Innovation.

Dieses Buch bietet spezifische Methoden für die intelligente Orchestrierung jeder dieser dynamischen Elemente. Schwäche in einem Bereich bedeutet Streß für das ganze System und behindert die Leistung. Fortschritt in einem Bereich steigert die allgemeine Effizienz und Effektivität. Intelligente Unternehmen der Zukunft werden auf jede Dynamik genau achten und sie *wertschätzen*; sie werden sie mehr betonen und sich stärker auf sie konzentrieren, wenn veränderte Bedingungen dies erfordern.

## Anmerkungen

1. Dieses Konzert fand 1995 bei der YPO (*Young President's Organization*) an der *International University* in Washington, D.C. statt. Bruce Cryer stellte den Generaldirektoren (CEOs) in verschiedenen Workshops die HEARTMATH – HERZINTELLIGENZ-Techniken vor. Ben Zander, Dirigent der *Boston Philharmonic*, war der Dirigent.
2. Aufgrund der eingehenden Arbeit der *HeartMath LLC* mit Teams der US-Armee führten wir viele Gespräche mit Militärs. Verschiedene Stützpunkte, darunter der McClellan-Luftwaffenstützpunkt in Sacramento, haben die IQM-Programme in ihren Ausbildungsplan aufgenommen.

Kapitel 2

# Warum Unternehmen Kohärenz brauchen

Wissenschaftler, die das Verhalten von Licht untersuchen, und Forscher, die sich mit lebenden Systemen beschäftigen, verstehen das Konzept von *Kohärenz*. Der Unterschied zwischen einer normalen Glühbirne und einem Laser veranschaulicht dieses Konzept. Eine normale Glühbirne erzeugt Lichtwellen oder Teilchen, die sich von der Lichtquelle her ausbreiten, aneinanderstoßen und die Leistung schwächen. Wissenschaftler nennen dieses Licht *inkohärent*. Das ist nicht sonderlich effizient, aber so sind normale Glühbirnen nun einmal. Als Folge davon beleuchtet das Licht einer solchen Birne nur ein begrenztes Umfeld. Je stärker die Birne, desto größer ist ihre Reichweite und um so mehr Energie braucht sie. Aber aufgrund der Inkohärenz – oder Ineffizienz – der Lichtwellen braucht die Birne beträchtliche Energie, um helles Licht zu erzeugen. Dies schafft sie nur mit einem ziemlichen Energieaufwand. Auch brennen normale Glühbirnen relativ schnell durch.

Wenn diese Wellen jedoch in Kohärenz gebracht werden könnten – mit anderen Worten stärker gebündelt und organisiert werden könnten –, käme es zu deutlich mehr Leistung und Effektivität. Das ist das Prinzip, das Laser so leistungsstark macht. Ein Laser erzeugt kohärente Lichtwellen, die höchst *effizient* sind. Die Energie verhält sich geordnet; sie wird nicht verschwendet und zerstreut, weil Teilchen aufeinanderprallen. Als Folge davon haben kommerzielle Laser nur eine äußerst geringe Wattzahl; sie arbeiten sehr effizient. In einer wachsenden Zahl von chirurgischen Eingriffen und kommerziellen Anwendungen werden Laser mit unglaublicher Präzision eingesetzt; sie sind gebündelt, kohärent und durchdringend. Der Wechsel von Inkohärenz zu Kohärenz kann drastische Auswirkungen haben: Eine 60 Watt-Glühbirne, deren Lichtstrahlen so kohärent gemacht werden könnten wie ein Laser, hätte die Kraft, aus einer Entfernung von 150 Millionen Kilometern ein Loch in die Sonne zu brennen.[1]

Wir alle haben Augenblicke der Kohärenz erlebt, in denen die Dinge synchron zu sein schienen. Wir waren „im Fluß", unser Handeln und unsere Absichten stimmten überein, die Ergebnisse waren produktiv, effizient und erfüllend. Wie selten und zufällig mögen diese Momente vielen Menschen erscheinen! Stellen Sie sich vor, wir könnten ein neues Maß an Kohärenz, Fokus und Klarheit in unser Leben und unsere Unternehmen bringen. Das können wir, aber wir müssen uns stärker bewußt werden, was Kohärenz tatsächlich ist. Was ist, wenn ein Unternehmen wunderbar arbeitet, für seine Kunden einen anständigen Service, gute Produkte oder Leistungen anbietet, wie eine Haushaltsglühbirne, aber, ohne es zu merken, viel von seiner Effektivität durch innere Verzerrung, Stagnation und Streß zunichte macht? Glühbirnen brennen durch, ebenso Menschen und Unternehmen (Wortspiel im Englischen mit dem Verb „burn out", das sich auf die Glühbirnen und Menschen bezieht; Anm. d. Vlg.).

Wenn Angestellte ständig über negative Bemerkungen von Kollegen nachgrübeln oder an ein privates Problem denken, dann ist die Kohärenz dieser Menschen sicher eingeschränkt. Wie sollte es anders sein? Sie wollen sich vielleicht schon auf ihre Arbeit konzentrieren, aber ihre mentalen und emotionalen Prozesse zehren an ihrer Vitalität und verringern ihre Effektivität. Wie im Beispiel mit der normalen Glühbirne produzieren sie nur zufällig Licht, und viel Energie ist nötig, um überhaupt Licht zu erzeugen. Am Arbeitsplatz bringen Menschen zwar diese Leistung, indem sie von ihrer Substanz zehren oder in manchen Fällen aus Angst, den Erwartungen der Geschäftsleitung nicht zu genügen. Wenn sie dies auf Dauer aber nicht in den Griff bekommen, brennen sie aus, und die Produktivität kommt zum Erliegen.

Ein Mensch, der Wert darauf legt, zu lernen, wie er mit persönlichen Problemen und Problemen am Arbeitsplatz wirksam umgehen kann, wird kohärenter. Er kann sich länger konzentrieren, ist mental klarer und kreativer. Kohärenz ist Effizienz in Aktion. Kohärente Menschen blühen mental, emotional und körperlich auf. Kohärenz ist kein statischer, starrer Zustand. Ein kohärentes System verschwendet aufgrund seiner inneren Synchronisation praktisch keine Energie. Seine Leistung wird maximiert – und dazu seine Fähigkeit, sich anzupassen, flexibel und innovativ zu sein. Diese Kohärenz steigert die Effizienz und Effektivität beträchtlich.

Die innere Kohärenz eines Menschen kann biomedizinisch gemessen werden; sie wirkt sich erheblich auf die Produktivität, die mentale Klarheit, auf das Herz-Kreislauf-, das Immun- und das Hormonsystem sowie auf die allgemeine Zufriedenheit aus. Der Begriff *Kohärenz des Herzens* beschreibt das Herz-Kreislauf-System in einem Zustand, in dem die Reizleitung und die Pumpfunktion des Herzens wunderbar synchron und effizient zusammenarbeiten.[2] Innere Kohärenz läßt sich messen, indem man die Synchronisation der elektrischen Ströme von Herz und Gehirn überprüft und indem man feststellt, ob das Nervensystem voller „Lärm" ist oder störungsfrei. Eine höhere innere Kohärenz wirkt sich dahingehend aus, daß wir weniger Energie darauf verwenden müssen, gesund zu bleiben, weniger Energie durch ineffiziente Gedanken und Reaktionen verschwenden und daß unser Körper sich nicht anstrengen muß, konzentriert und produktiv zu sein.

Die Kohärenz nimmt zu – je mehr wir sie entwickeln, desto mehr haben wir in Reserve. Das Ziel besteht darin, verhältnismäßig immer mehr Zeit kohärent zu sein – und zwar als Person und als Unternehmen. Erhöhte persönliche Kohärenz führt zu mehr Flexibilität, Anpassungsfähigkeit, Kreativität und, was vielleicht am wichtigsten ist, zu der Selbstsicherheit, immer wieder Hoffnung schöpfen zu können. Das ist nicht nur eine schlaue Theorie oder Spekulation darüber, wie die Zukunft sein könnte. Sie beruht auf praxisbezogener Forschung und auf Methoden, die Sie heute anwenden können, um besser zu handeln und zu denken und um sich besser zu fühlen.

Unternehmen, die die Summe der gesamten Intelligenz, Kreativität, des Selbstmanagements und der Kohärenz ihrer Mitarbeiter darstellen, funktionieren genauso. Sobald die Kohärenz des einzelnen und der Teams steigt, ist auch ein höheres Maß an Kohärenz und Ausrichtung („Alignment") im Unternehmen möglich – Kohärenz zwischen der Botschaft eines Unternehmens, seiner Vision und seinen Handlungen. Kohärenz ist die *Übereinstimmung* zwischen den Erwartungen der Kunden und der Lieferung an sie. Kohärenz ist *Kontinuität* bei allen inneren Prozessen und im Kommunikationsstil. Kohärenz ist das *Gleichgewicht* im persönlichen Leben jedes Menschen, der an diesem Prozeß beteiligt ist. Impliziert oder erfordert Kohärenz ein unveränderliches äußeres Umfeld? Kaum. Wir vertreten schon lange – was sich jetzt durch die Forschung vieler anderer bestätigt –, daß das zunehmende Chaos und die Inkohärenz in allen Gegenden auf diesem Planeten äußerst flexible, anpassungsfähige und kohärente Reaktionen erfordern. *Kohärenz ist die Art, in einer chaotischen Welt Energie zu sparen.*

Auch die Kohärenz von Unternehmen ist meßbar. Man braucht nicht mehr länger raten, theoretisieren oder nette Anekdoten anbieten, die sich nur schwer auf ein bestimmtes Unternehmen und seine sich ständig wechselnden Bedürfnisse übertragen lassen. Die Forschungen, die in den Forschungsabteilungen des HeartMath-Instituts[3] durchgeführt wurden, wie auch von anderen in diesem Buch angeführten Wissenschaftlern, bestätigen, was viele Vordenker in Unternehmen und einzelne Geschäftsleute intuitiv schon seit Jahren wissen: Organisationssysteme müssen gleichzeitig auf die persönliche Dynamik *und* die Unternehmensstrukturen eingehen. In diesem Buch erfahren Sie von mehreren Unternehmen, die ganz genau wissen wollten, wie es um sie steht.

## Harmonie (Entrainment)

Durch unsere Arbeit mit Teams in vielen privaten Unternehmen und öffentlichen Einrichtungen wurde klar, daß die Menschen zuerst Methoden des Selbstmanagements lernen müssen. Das ist die Grundlage. Workshops und Seminare außerhalb der Unternehmen, die sich mit Teambildung befassen, werden in Hülle und Fülle angeboten, aber die meisten ignorieren die grundlegenden mentalen und emotionalen Prozesse *im* einzelnen. Wir fragten uns, ob Teams je effektiv sein können, wenn nicht die einzelnen Teammitglieder mit sich selbst stärker „in Übereinstimmung" gelangen. Wir begannen praktische Beispiele eines Phänomens zu sehen, das Wissenschaftlern zwar bekannt ist, aber in den meisten Unternehmen fehlt, nämlich das Phänomen der Frequenzkopplung oder Harmonie (Entrainment). *Frequenzkopplung* ist der wissenschaftliche Begriff für die Synchronisation von Systemen (siehe Abb. 2.1). Scharen von Vögeln, Fischschwärme, die Schrittmacherzellen im menschlichen Herzen – dies sind alles Beispiele für Frequenzkopplung. Solcherart harmonische Teams funktionieren reibungslos und profitieren von der Kreativität und Intelligenz der einzelnen Mitglieder mit nur minimaler Beeinträchtigung oder Störung. Um den Ausdruck von Faith Popcorn zu verwenden: Sie „klikken".[4] Sie sind in allem, was sie tun, kohärenter. Bei Herausforderungen oder Krisen gibt es weniger Beeinträchtigung und innere Konflikte sowie mehr Widerstandfähigkeit und Flexibilität.

Kohärente Individuen sind die Grundvoraussetzung für harmonische Teams. Kohärente Menschen genießen mehr Ausgeglichenheit bei ihrer Arbeit und im Privatleben; es fällt ihnen leichter, Entscheidungen zu treffen. Für sie sind die Herausforderungen des Verstandes und die Herzenswünsche stärker im Einklang miteinander; ihre Chancen, Erfüllung und Spaß zu erleben, sind größer.

Es gibt zahlreiche Beispiele für Harmonie und für mangelnde Harmonie: Firmen, die zu rasch wuchsen und unglaublich auseinanderfielen; Sportler, deren Leistungen „im grünen Bereich" waren, die dann aber nachließen und den Mut verloren; Musikgruppen, Sportmannschaften und Tanzgruppen, die ein hohes Maß an Harmonie erreichten und sich mühelos als kohärentes Ganzes bewegten, ohne die Exzellenz und Einzigartigkeit des einzelnen zu opfern.

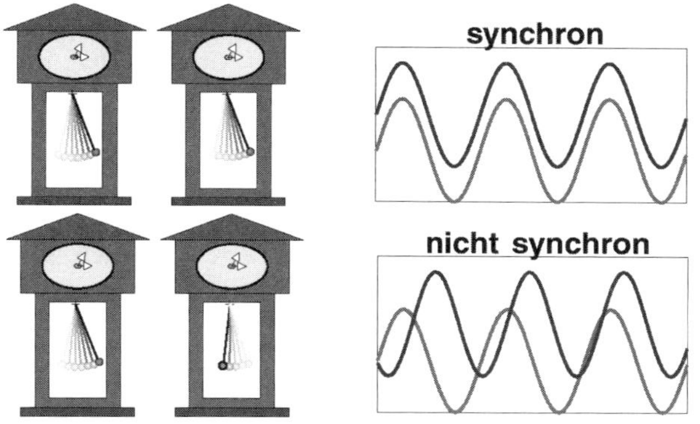


*Abbildung 2.1: Harmonie (Entrainment; Frequenzkopplung). Das Konzept der Frequenzkopplung wurde erstmals 1665 von dem holländischen Uhrmacher Christiaan Huyggens beschrieben. Er beobachtete, daß Standuhren ihren Rhythmus synchronisierten, wenn ihre Pendel gleich lang waren. Selbst wenn der Rhythmus unterbrochen wurde, liefen sie anschließend wieder synchron. Für diese „angeborene" Tendenz, Energie sparsam einzusetzen, gibt es in der belebten Welt zahlreiche Beispiele.*

Ein gemeinsames Element bei all diesen Beispielen schien immer das Herz zu sein. Waren die einzelnen mit „ganzem Herzen" bei dem, was sie taten? Handelten sie aus einer tiefen, intuitiven Intelligenz heraus, oder hatten persönliche Differenzen die gemeinsamen Ziele, Werte und die gemeinsame Mission außer Kraft gesetzt? War ihr Handeln von Liebe und Wertschätzung geprägt? Die beruflichen Entwicklungen der einzelnen Mitglieder unseres HeartMath-Teams waren äußerst unterschiedlich – Handwerk, Musik, Wirtschaft, Biotechnologie, Verlagswesen –,und jetzt boten wir Beratungen für persönliche und betriebliche Effektivität an. Zu Bestleistungen kam es, wenn wir „von ganzem Herzen" bei dem waren, was wir gerade taten. Dann eröffneten sich uns immer kreative Einsichten und effiziente Lösungen.

## Ein Fallbeispiel für die Steigerung der Unternehmenskohärenz

Als Forschungszentrum war es ein wichtiges Ziel des HeartMath-Instituts, führende Vertreter aus Wissenschaft und Wirtschaft über seine Entdeckungen zu informieren und unsere vorangegangene Arbeit für umfangreichere Projekte klug zu nutzen. Dabei stand auf unserer Prioritätenliste hoch oben, die Vorstellungen des Instituts zur Kohärenz in Organisationen in einem Weltklasse-Unternehmen zu belegen. 1994 trat der Direktor für Zukunftstechnologien aus einem Unternehmen der *Fortune 50* mit einem Hauptziel der Firma an Bruce Cryer heran: Die persönliche Leistung seiner Angestellten sollte gesteigert werden. Die Firma war weltweit schon für ihre Produktneuheiten und ihren ungewöhnlich starken Fokus auf die Angestellten bekannt. Sie gelangte auf Märkte, auf denen sie keine Sachkenntnis hatte, und spielte dort rasch eine führende Rolle. Als entscheidend für seine Position als Marktführer bezeichnete das Unternehmen den organisationsweiten Fokus auf Fortbildung.[5]

Dann aber änderten sich die Schwerpunkte der Firma. Die technologische Entwicklung in ihren Schlüsselindustrien verlief so schnell, daß die führende Position nicht mehr gewährleistet war. Der Streß für die Leute wuchs, teilweise aufgrund der Größe des Unternehmens und der Herausforderung, weiterhin ein gesundes Wachstum zu erzielen, teilweise aufgrund von gesellschaftlichen und familiären Problemen, die mit dem Unternehmen nichts zu tun hatten. Das HeartMath-Team wurde gebeten, eine Reihe von Seminaren für Angestellte in sehr unterschiedlichen Positionen abzuhalten, die verschiedene Themen ansprechen und messen sollten, darunter Produktivität, Teamarbeit, Effektivität der Kommunikation, Gesundheit und Streß, Kreativität und Innovation.

Es wurde geplant, drei Teams von Angestellten für die Pilotprogramme zu bilden, die an zwei verschiedenen Orten in den Vereinigten Staaten abgehalten wurden. Die Pilotgruppen bestanden aus einer Gruppe von Führungskräften, Leuten aus dem mittleren Management und aus der Verwaltung, einem intakten Team von Software-Ingenieuren und einem Team von Fließbandarbeitern. Das war für das HeartMath-Institut die erste bedeutende, wissenschaftlich untersuchte Firmenintervention[6] und die erste, bei der es die Gültigkeit seiner Konzepte überprüfen konnte; deshalb war das Projekt schon etwas beängstigend.

# Steigerung von Produktivität, Teamarbeit, Gesundheit und Empowerment

Die Studie wurde über einen Zeitraum von sechs Monaten durchgeführt. Bei der Produktivität der Fließbandarbeiter wurde eine drastische Steigerung der Produktivität ermittelt (siehe Abb. 2.2):

- 93 % zeigten gesteigerte Produktivität
- 90 % zeigten bessere Teamarbeit
- 93 % bemerkten ein stärkeres Gefühl von Empowerment
- 93 % fühlten sich gesünder, hatten beträchtlich mehr Energie und waren vitaler, waren weniger angespannt, hatten weniger körperliche Probleme, weniger Bedarf an Medikamenten und empfanden mehr Erfüllung in ihrem Privatleben und im Beruf
- Diese Gruppe fühlte sich nicht nur besser, auch ihre Beiträge wurden gut aufgenommen: mehr als 20 Empfehlungen von diesen Arbeitern zur Steigerung der Produktivität wurden von der Geschäftsleitung umgesetzt.

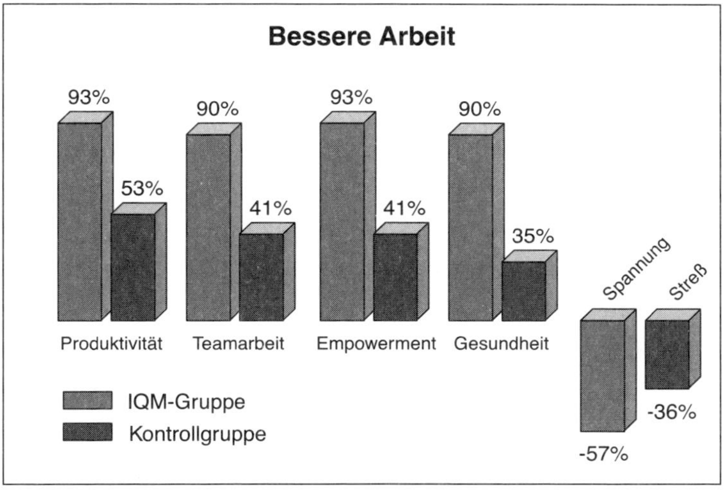


*Abbildung 2.2: Die Graphik zeigt die Veränderungen in der Produktivität, Teamarbeit, im Empowerment und in der Gesundheit im Vergleich zu einer Kontrollgruppe von Arbeitern, die die gleiche Arbeit ausführten, aber keine Schulung erhielten.*

Hauptanliegen der Firma war die Gesundheit und Leistungsfähigkeit des Herz-Kreislauf-Systems jedes einzelnen. 28 % der arbeitenden Bevölkerung in den USA leiden an zu hohem Blutdruck.[7] Die Zahlen in Europa sind ähnlich. Hoher Blutdruck (oder Hypertonie) ist der stärkste Risikofaktor für Herzinfarkt und Schlaganfall[8] und kann die persönliche *Leistung* und *Produktivität* drastisch beeinträchtigen. Diese Intervention war zwar nicht als Wellness-Programm ausgegeben – die Absicht war die *Produktivität der Firma zu steigern* –, aber unsere Kursteilnehmer stellten den Zusammenhang zwischen ihrer persönlichen Gesundheit und der des Unternehmens fest:

- 26 % der Führungskräfte, Verwaltungsangestellten und Ingenieure hatten zu Beginn der Studie Bluthochdruck – ganz entsprechend dem nationalen Durchschnitt.
- Nach sechs Monaten hatten alle Teilnehmer wieder einen normalen Blutdruck. Sie hatten auch gelernt, ihren Blutdruck in äußerst stressigen Situationen zu senken.

Es kam auch zu erheblichen Verbesserungen anderer Faktoren im Zusammenhang mit der Produktivität:

- 18 % weniger Angst
- 26 % weniger das Gefühl von ‚Ausgebranntsein'
- 20 % weniger Feindseligkeit
- 32 % mehr Zufriedenheit.

Die allgemeinen Streßsymptome mit unter anderem den folgenden Faktoren gingen um 36 % zurück:

- 56 % weniger Schlaflosigkeit
- 31 % weniger Herzrasen
- 27 % weniger Kopfschmerzen
- 33 % weniger Sodbrennen
- 30 % weniger Zittern aufgrund von Streß.

Bruce Cryer notierte viele Bemerkungen, in denen eine stärkere Kohärenz von einzelnen und Teams zum Ausdruck kamen:

- „In den letzten sechs Monaten wurden mehr Erfindungen bekanntgegeben."
- „Da ich jetzt weniger Streß erlebe, bin ich entspannter und kann klarer denken. Ich kann besser verhandeln."
- „Meine Anzahl an Patenten pro Monat hat sich buchstäblich verdoppelt."
- „Ich komme mit mir selbst besser zurecht. Ich leiste mehr an meinem Arbeitsplatz. Ich kommuniziere mehr – ohne Angst zu haben."

- „Ich komme mit dem Familienleben besser zurecht, mache mir weniger Sorgen, und ich habe viele aufgeschobene Probleme gelöst. Ich kann anderen zuhören, bin aufgeschlossener, bereit, Kollegen einzuarbeiten, und komme arbeitsbereit und zufrieden zur Arbeit."

In der Wirtschaftssprache „zogen wir das große Los": großartige Daten, großer persönlicher Enthusiasmus, Pläne, das Programm auf mindestens eine ganze Fabrik auszudehnen. Die Tatsache, daß es sich bei der Firma um *Motorola* handelte, erhöhte unsere Glaubwürdigkeit und unseren Einsatz enorm, um mit anderen Unternehmen über die möglichen Vorteile der HEARTMATH – HERZINTELLIGENZ-Verfahren zu reden. Wir wurden sogar bei einem firmeninternen Wettbewerb mit einem besonderen Preis ausgezeichnet.

Am Ende einer solchen Geschichte könnten Sie vielleicht etwas Negatives erwarten, zum Beispiel „das Programm brach später zusammen, weil die Verwaltung befürchtete, daß etwas so Einfaches nicht so wirksam sein konnte". Aber in dieser Geschichte gibt es kein negatives Ende. Mittlerweile haben mehr als 1000 Mitarbeiter des Unternehmens das IQM-Programm absolviert, die Kohärenz steigt, die Moral ist gut. Die erste Abteilung, in der diese Methoden angewandt wurden, hat ein Rekordwachstum erlebt, und das Ausbildungszentrum des Unternehmens bietet in der Geschäftszentrale IQM an. Deshalb erzählen wir die Geschichte gern als Beispiel dafür, wie es laufen kann. In einer Zeit, in der in Unternehmen Anspannung und Unsicherheit vorherrschen, in der unsere produktivsten Stunden und Jahre Unternehmen gewidmet sind, die sich uns gegenüber wenig loyal oder sogar illoyal verhalten, gibt es zwingende Gründe, anders zu handeln. Und dies kann sich in meßbaren Verbesserungen äußern, die Unternehmen – und die Menschen in ihnen – brauchen.

## Das sich wandelnde Gesicht von Unternehmen

Wir leben zweifellos in einer Zeit nie gekannter Veränderungen. Für Unternehmen führte das gesteigerte Bewußtsein der Kunden zu höheren Erwartungen und Anforderungen. Mehr Wettbewerb hat den inneren Druck erhöht und die Gewinnmargen verringert. Ein komplexerer Markt erfordert immer raffiniertere Verkaufs- und Marketingtechniken. Die rapide Verbreitung von Informationstechnologien hat zu einem Berg von Informationen geführt, mit dem man zurechtkommen und auf den man reagieren muß. Die öffentliche Hand hat viele dieser grundlegenden

Veränderungen ebenfalls erlebt; erschwerend kommt für sie hinzu, daß die Wähler staatlichen Institutionen und der Regierungspolitik gegenüber äußerst zynisch eingestellt sind. Der „totale Stau" ist ein Begriff, der heute die politischen Sackgassen ebenso wie den Verkehr auf Autobahnen beschreibt. Der Stellenabbau hat jeden Gesellschaftsbereich erreicht. Reengineering (ein radikales Neugestalten von Prozessen) und Outsourcing (Produktionsverlagerungen nach außen) wurden entwickelt, um die innere Effizienz zu erhöhen, doch neue Fertigkeiten, um mit diesen Veränderungen umzugehen, fehlen noch. Ermüden Sie diese Infos?

## Die Auswirkungen von Veränderungen

Viele Firmen wurden schlanker, und der Abbau der Bürokratie hatte zur Folge, daß Menschen wesentlich flexibler sein müssen, vielfältige Fähigkeiten brauchen und mit Rollen zu kämpfen haben, die oft nicht eindeutig definiert sind. Sogar die wissenschaftliche Welt hat diese schmerzliche und vielversprechende Veränderung zu spüren bekommen. In den Vereinigten Staaten hat sich zum Beispiel die organisierte medizinische Pflege komplett in der Art geändert, wie Krankheit behandelt wird. Davon ist auch das bereits angespannte Verhältnis zwischen Arzt und Patient betroffen. Gleichzeitig erlebt die Fragmentierung der Wissenschaft in Tausende von Spezialdisziplinen eine Gegenreaktion in Form von integrierten Ansätzen, die auf interdisziplinäre Stärke bauen, wie die Psychoneuroimmunologie (die Wissenschaft der Interaktionen zwischen Geist und Körper).[9]

Eine Studie des amerikanischen Amtes für Arbeitsstatistik ermittelte, daß die derzeitigen Veränderungen die Produktivität der Arbeitnehmer und ihr Verhalten stark beeinflußt.[10] Als unmittelbare Folge einer Organisationsänderung – egal, ob aufgrund des sich ändernden Marktes, aufgrund von Entlassungen, einem Führungswechsel oder schlicht einer Reihe von ungünstigen Entscheidungen

- sank die Produktivität von 4,8 Stunden pro Tag auf 1,2 Stunden pro Tag (ein Rückgang um 75 %)
- stiegen die Privatgespräche und das Schwatzen von 1,5 auf 3,2 Stunden pro Tag (eine Steigerung um mehr als 100 %)
- stieg die Zeit für Umschulung von 0 auf 1,8 Stunden pro Tag (und nimmt dann fast 25 % der Zeit des Arbeitnehmers in Anspruch).

## Streß

Dem US-Arbeitsministerium zufolge ist der Arbeitsplatz der größte einzelne Streßfaktor, unabhängig davon, was jemand arbeitet und wieviel er verdient.[11] Streß ist mittlerweile die Ursache für 75–90 % aller Arztbesuche, wie das *American Institute of Stress* mitteilt.[12] Der Preis, den amerikanische Firmen für Streß bezahlen, beläuft sich auf mindestens 200 Milliarden US-Dollar pro Jahr. In einer kürzlich durchgeführten Studie waren 44 % der befragten Arbeiter der Ansicht, daß ihr Arbeitspensum zu groß ist, 46 % machten sich Sorgen, entlassen zu werden, 55 % waren beunruhigt wegen der Zukunft ihrer Firma und 50 % hatten das Gefühl, ihr Arbeitsplatz sei nicht sicher. Das entspricht Millionen von Menschen, die tagtäglich versuchen, sich durch ihre Sorge und Unsicherheit hindurchzuarbeiten. Eine andere Studie stellte fest, daß 42 % der Amerikaner sich nach einem neuen Arbeitsplatz umgesehen hatte, in dem Bemühen, ihr Privat- und Berufsleben im Gleichgewicht zu halten.[13]

## Streß tritt weltweit auf

Amerika hat keine exklusive Lizenz für Streß am Arbeitsplatz. Ein Artikel, der kürzlich in der *New York Times* erschien, bemerkte, daß das Wort „Streß" mittlerweile so universell sei, daß es nicht in die verschiedenen Sprachen übersetzt werden müsse.[14] Sie können in praktisch jedem Land der Erde „Streß" sagen und die Einheimischen wissen, was Sie meinen. Ein Bericht der Vereinten Nationen aus dem Jahr 1992 nannte Streß am Arbeitsplatz „*die* Krankheit des 20. Jahrhunderts".[15]

In Großbritannien wird bereits 10 % des Bruttosozialprodukts für Kosten im Zusammenhang mit Streß ausgegeben. Eine Studie, die kürzlich in Großbritannien durchgeführt wurde, zeigt, daß 60 % der Manager mehr als die normale Wochenarbeitszeit arbeiten und 52 % angeben, unter der Menge der Arbeit zu leiden; im Jahr 1993 waren es 40 %.[16] Außerdem hatten 40 % der männlichen Scheidungsbeklagten das Gefühl, sie seien nicht genug zu Hause gewesen. Über 50 % bezeichneten es als stressig, das Gleichgewicht zwischen zu Hause und dem Arbeitsplatz herzustellen. Dieselbe Studie stellte auch fest, daß 47 % der Interviewten den Eindruck hatten, ihr Arbeitspensum sei in diesem Jahr „enorm gestiegen". In Kanada werden jährlich mindestens 12 Millionen Dollar für Kosten ausgegeben, die sich auf Streß zurückführen lassen; 46 % der kanadischen Frauen und 36 % der Männer geben „zu viel zu tun" als Hauptursache für Streß am Arbeitsplatz an.[17]

Ihre Kollegen in Japan, Hongkong und in den Schwellenländern Asiens haben ähnliche Probleme. Asiatische Manager kennen viele Streßverhaltensweisen und -folgen ihrer Kollegen in Europa und Nordamerika.[18] In Japan bedeutet das Wort *karoshi* wörtlich „am Schreibtisch sterben"; *karoshi* stellt dort ein massives Gesundheitsproblem dar, dem jährlich Zehntausende zum Opfer fallen. Nach Aussagen der Polizei gab es in Japan 1996 ungefähr 23.000 Suizidfälle, mehr als doppelt so viele wie Verkehrstote. „Das Ende des Systems, einen Arbeitsplatz ein Leben lang zu behalten, trifft besonders die japanischen Gehaltsempfänger, deren soziale Stellung von ihrer Firma und ihrer Position bestimmt wird", berichtete das *Time magazine* in einer Titelstory im Februar 1998.[19] Mindestens 200 Prozesse wurden dort registriert, die von Angehörigen der Angestellten geführt wurden, die nach zu vielen durchgearbeiteten Nächten tot umfielen.[20]

Diese Statistiken spiegeln einen Berg innerer Unruhe und Inkohärenz weltweit wider. Wie sollte sich dies nicht auf die Produktivität und die Erfüllung am Arbeitsplatz auswirken?

Üblicherweise versuchen Unternehmen diese Fragen zu Streß am Arbeitsplatz zu beantworten, indem sie zu Recht auf systemische Probleme schauen und der „Kultur" oder der Art, wie Entscheidungen getroffen werden, dem Führungsstil des Vorstandes oder der Führungsspitze die sogenannte Schuld geben. All diese Faktoren tragen maßgeblich zu den Problemen bei, aber die Forschung am Institut weist darauf hin, daß sich der Streß und „Lärm" in Unternehmen verstärken wird, bis jeder einzelne über Lösungen und Methoden verfügt, damit umzugehen. Zu viele Modeerscheinungen im Management haben die systemischen Probleme im großen Rahmen angesprochen, aber den *Kern* jedes menschlichen Systems außer acht gelassen – den einzelnen.

## „Nur die Toten haben genug getan"

Heute gibt es wahrlich genug zu fürchten. Die Inkohärenz regiert die Welt. Es gibt auch viel wertzuschätzen. Dabei entsteht Kohärenz. Worauf kommt es uns persönlich an? Worauf richten wir unsere Aufmerksamkeit? Wenn wir nur das Gute wertschätzen, ignorieren wir da nicht die wirklichen Probleme und Themen, die nach Beachtung schreien? Bei einer Besprechung in der Chefetage einer weltweiten Telekommunikationsfirma änderte sich kürzlich der Kurs, als ein erschöpfter Manager sagte: „Nur die Toten haben genug getan.“ War diese Aussage auch zynisch und verzweifelt, fand sie doch bei den anderen überarbeiteten und nicht genügend wertgeschätzten Managern und Führungskräften im Raum vollstes Verständnis und Wohlwollen.

Es ist erstaunlich, heute die Ambivalenz in Unternehmen zu sehen. Wir hören aufgeregte Unterhaltungen über phantastische technologische Durchbrüche, die unerhörte Annehmlichkeiten und unverzügliche Informationsübertragung versprechen. Und wir sehen die krasse Realität einer Belegschaft, die auf allen Organisationsebenen ein ständig neues Maß an Streß und persönlichem Ungleichgewicht erlebt. Wir werten dieses Dilemma in unserem eigenen Unternehmen als Notwendigkeit, Schritt zu halten und technologisch innovativ zu sein und gleichzeitig darauf zu achten, wie es den *Menschen* geht.

Viele beginnen wie Margaret Wheatley (1992) zu fragen: „Wie schaffen wir Unternehmen, in denen zielorientiert gehandelt wird? Wie schaffen wir Strukturen, die sich mit der Veränderung bewegen, die flexibel und anpassungsfähig sind, ja grenzenlos, die uns Möglichkeiten geben, statt uns einzuschränken? Wie können wir Dinge vereinfachen, ohne die Kontrolle und die Unterscheidungsfähigkeit zu verlieren? Wie lösen wir das Spannungsverhältnis zwischen dem persönlichen Bedürfnis nach Freiheit und Autonomie und dem Bedürfnis des Unternehmens nach Vorhersagbarkeit und Kontrolle? (...) Gibt es eine magnetische Kraft (ein Sammelbecken für Aktivitäten), die so attraktiv ist, daß sie alle Verhaltensweisen anzieht und Kohärenz erzeugt?“[21] Darauf würden wir mit Ja antworten. Diese Kraft existiert. Sie kann und muß angezapft werden, um unserer eigenen Zukunft und der Zukunft von Organisationen willen. Die Wahrnehmung (als die Linse, durch die wir das Leben betrachten) bildet die Grundlage dafür, wie wir mit allem umgehen. Viktor Frankl, ein Überlebender des Holocaust und Autor, beschreibt es so: „Alles kann man einem Menschen wegnehmen außer eines: seine letzte Freiheit – in jeder beliebigen Situation seine Einstellung zu wählen, seinen eigenen Weg zu wählen.“[22] Doc Childre hat Jahre damit zugebracht zu zeigen, daß die eigenen Einstellungen jedem Aspekt der persönlichen und betrieblichen Kohärenz zugrunde liegen. Zu oft ist es die Nullachtfünfzehn-Denkweise, die wir von den Generationen oder von den Managern vor uns übernommen haben, die die Starre und Inflexibilität der Unternehmen verstärkt. Wenn wir uns von diesen Einstellungen befreien, wird Kohärenz möglich, besonders in einer Zeit, in der sich alle Regeln geändert haben.[23] Albert Einstein sagte: „Die Welt, die wir geschaffen haben, ist ein Produkt unserer Denkweise.“[24] Wir brauchen eine neue Denkweise. Wir brauchen eine neue Intelligenz.

# Anmerkungen


1. William A. Tiller, *Science and Human Transformation: Subtle Energies, Intentionality and Consciousness*. Walnut Creek, USA: Pavior Publishing, 1997, S. 196.
2. William A. Tiller, Rollin McCraty und Mike Atkinson, „Cardiac Coherence: A New Noninvasive Measure of Autonomic Nervous System Order", in: *Alternative Therapies* 2, Nr. 1 (Januar 1996).
3. Das HeartMath-Institut hat zahlreiche Fallstudien in Unternehmen durchgeführt, die IQM-Methoden anwenden. Eine Zusammenfassung verschiedener dieser Studien finden Sie im Anhang. Außerdem sind die *Forschungsberichte zur HerzIntelligenz-Methode* erschienen (direkt bei VAK, 1999).
4. Faith Popcorn und Lys Marigold, *Clicking: Sixteen Trends to Future Fit Your Life, Your Work and Your Business*. New York: HarperCollins, 1996; dt. *„Clicking": der neue Popcorn-Report; Trends für unsere Zukunft; von claming bis cyberpools; neue Ideen für das Jahr 2000*. München: Heyne, 1997.
5. Robert W. Galvin, *The Idea of Ideas*. Schaumburg, IL, USA: Motorola University Press, 1991, S. 109–111.
6. Bob Barrios-Choplin, Rollin McCraty und Bruce Cryer, „An Inner Quality Approach to Reducing Stress and Improving Physical and Emotional Wellbeing at Work", in: *Stress Medicine* 13 (1997), S. 193–201.
7. „Common Sense About Feeling Tense", in: *Heart at Work Program*. Dallas, TX, USA: American Heart Association, 1995.
8. Ibid.
9. Alan Watkins (Hrsg.), *Mind-Body Medicine: A Clinician's Guide to Psychoneuroimmunology*. London: Churchill Livingstone, 1997; ein ausgezeichneter Überblick über das wachsende Gebiet der Seele-Körper-Medizin, herausgegeben von Dr. Alan Watkins. In diesem Buch wird mehrmals auf Forschungen hingewiesen, die am HeartMath-Institut durchgeführt wurden.
10. *U. S. Bureau of Labor Statistics* (amerikanisches Amt für Arbeitsstatistik), 20. März 1997.
11. „Taking the Stress Out of Being Stressed Out", in: *Business Week Health Wire* (20. März 1997).
12. Paul J. Rosch, „Job Stress: America's Leading Adult Health Problem", in: *USA Magazine* (Mai 1991).
13. Info über Streß: B. L. Seaward, *Stress Management*. Boston: Jones and Bartlett, National Safety Council, 1995. Studie über Streß: www.job-stresshelp.-com, Juni 1998. Studie zum Berufswechsel der *International Survey Research LLC*, in: *Weekend Report* (30. Mai 1998), Chicago, IL, USA.
14. Richard A. Shweder, „America's Latest Export: A Stressed-Out World", in: *New York Times* (25. Januar 1997).

15. Zitiert nach Seaward, *Stress Management* (a.a. O.).
16. Karen Charlesworth, „Are Managers Under Stress? A Survey of Management Morale“, *Institute of Management* [London] (September 1996).
17. Die Quellen dieser kanadischen Statistiken gehen zurück auf *Statistics Canada*, *Carleton University* und *Conference Board of Canada*.
18. Neben zwei Reuters-Studien, die in Kapitel 8 angeführt sind, ergab unsere Arbeit in Asien, daß viele Manager dort, vor allem seit dem Zusammenbruch einiger Volkswirtschaften im Herbst 1997, ein besonderes Maß an Verzweiflung und Angst erleben. Die gemeinsame Kultur vieler dieser Länder bot ihnen keinerlei Vorbereitung auf den jähen wirtschaftlichen Rückgang in diesem Teil der Welt.
19. Irene M. Kunii, „Caving Under Pressure“, in: *Time* (16. Februar 1998).
20. Sandy Sugawara, „Japan Eases Its Killer Work Ethic“, in: *Washington Post* (20. April 1997).
21. Margaret Wheatley, *Leadership and the New Science: Learning about Organization from an Orderly Universe*. San Franzisko: Berrett-Koehler, 1992, S. 8; dt. *Quantensprung der Führungskunst: leadership and the new science; die neuen Denkmodelle der Naturwissenschaften revolutionieren die Management-Praxis.* Reinbek bei Hamburg: Rowohlt, 1997.
22. Viktor Frankl, *Man's Search for Meaning*. New York: Simon and Schuster, 1970.
23. Einige von Doc Childres früheren Büchern behandeln dieses Thema ausführlich. Besonders interessant sind: *Self-Empowerment: The Heart Approach to Stress Management* und FREEZE-FRAME®: *One-Minute-Stress Management;* dt. *Die Herzintelligenz entdecken. Das Sofortprogramm in fünf Schritten.* Kirchzarten bei Freiburg: VAK, 1999.
24. Zitiert in Joseph Jarowski, *Synchronicity: The Inner Path of Leadership.* San Franzisko: Berrett Koehler, 1996, S. 9.

## 1. Dynamik

# Psychisches Selbstmanagement

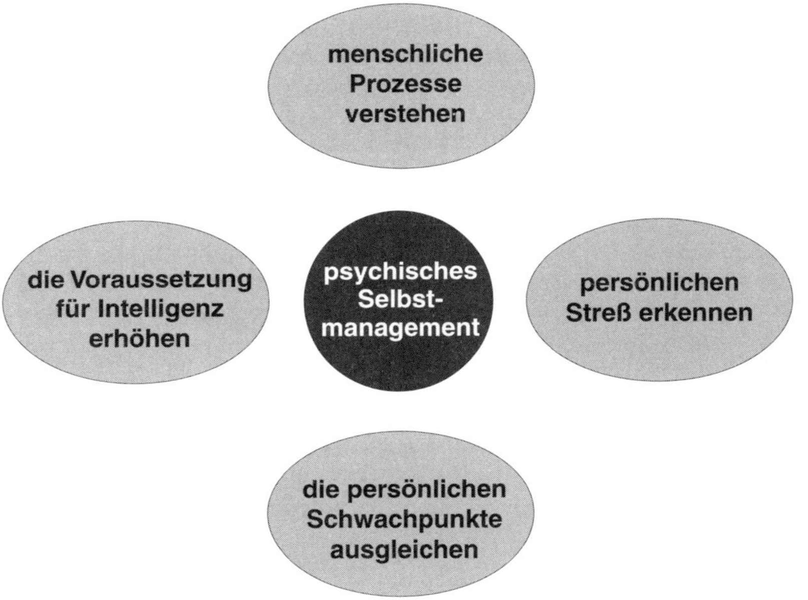


1. Um eine nachhaltige Transformation in Unternehmen herbeizuführen, ist es notwendig, menschliche Prozesse – mentale, emotionale und körperliche – zu verstehen. Ein neues Modell menschlicher Intelligenz gibt Hinweise dafür.
2. Der Druck auf den einzelnen wird in den kommenden Jahren zunehmen, wenn der gesellschaftliche, familiäre und persönliche Streß wächst und Veänderungen noch schneller geschehen.
3. Wenn jeder einzelne lernt, seine individuellen Schwachpunkte zu identifizieren und auszugleichen, dann hört der persönliche und betriebliche Energie- und Effektivitätsverlust auf.
4. Jeder einzelne kann lernen, seine Voraussetzung für Intelligenz zu erhöhen, was zu effektiveren Entscheidungen, größerer Widerstandsfähigkeit und gesteigertem Wohlbefinden führt. Dies ist für jedes Unternehmen von enormem Wert.

## Kapitel 3

# Ein neues Modell menschlicher Intelligenz

Der menschliche Körper ist ein unglaubliches System – ungefähr sieben Billionen Zellen werden mit einem unfaßbaren Ausmaß physikalisch und biochemisch koordiniert, wenn Sie auch nur eine Seite dieses Buches umblättern, wenn Sie husten oder Auto fahren. Wenn Sie sich überlegen, wie wenig Sie darüber nachdenken müssen, wird das noch erstaunlicher. Wann haben Sie Ihr Herz zum letzten Mal daran erinnert, zu schlagen, Ihre Lungen daran, sich auszudehnen und zusammenzuziehen, oder Ihre Verdauungsorgane, die richtigen Stoffe zur richtigen Zeit abzusondern? Diese und unzählige andere Prozesse laufen jeden Moment unseres Lebens unbewußt ab. Das ganze System wird intelligent kontrolliert, vieles davon ist uns nicht bewußt. Was aber auch zunehmend offenkundiger wird, ist, daß dieselben Prozesse tiefgehend von dem beeinflußt werden, was *wir* bewußt tun und was uns bewußt ist: was wir denken, was wir fühlen, wie wir reagieren. Die Forschung kann heute zeigen, daß *die Unfähigkeit, sich selbst gut zu managen und gut mit sich umzugehen, zu frühzeitigem Altern und verringerter mentaler Klarheit führt und sogar den Zugang zu unserer angeborenen Intelligenz blockiert.* Auch die Umkehrung ist zutreffend: Zunehmende innere Kohärenz führt in allen Körpersystemen zu mehr Effizienz, größerer Kreativität, Anpassungsfähigkeit und Flexibilität.

Dies ist der Hintergrund des ersten Themas in der Dynamik zum psychischen Selbstmanagement:

Um eine nachhaltige Transformation in Unternehmen herbeizuführen, *ist es notwendig, menschliche Prozesse – mentale, emotionale und körperliche – zu verstehen.* Ein neues Modell menschlicher Intelligenz gibt Hinweise dafür.

Die Wissenschaft beginnt heute, Intelligenz auf andere Weise zu betrachten. Früher wurde *Intelligenz* einfach als mentale Fähigkeit definiert. Es wurde sogar behauptet, sie sei unveränderlich, begrenzt und genetisch vorprogrammiert. Jetzt erscheint es so, daß Intelligenz auch noch andere Dimensionen umfaßt: physiologische und emotionale. Wir verfügen alle über beträchtlich mehr Intelligenz als wir dachten; wir haben nur nicht gelernt, unsere Voraussetzung für diese Intelligenz in Kohärenz zu bringen.

Die Parallelen zwischen der Entwicklung in der Computerwissenschaft und unserem Verständnis der Evolution der menschlichen Intelligenz ist bemerkenswert. Vor dreißig Jahren wurden Großrechner und das menschliche Gehirn in ihrem jeweiligen Bereich als die höchste Quelle aller Intelligenz bewertet: Man sprach von einem schlauen Computer und ebenso von einem dummen Terminal; von intelligenter grauer Substanz und ebenso von Organen, die einfach Befehle ausführen. Die explosionsartig gesteigerte Leistungsfähigkeit von Mikroprozessoren ermöglichte, daß schlaue Computer sich mit anderen Computern verbinden konnten. Bald wurde das Netzwerk zum Computer, und diese Verbindung bedeutete erhöhte Intelligenz oder zumindest besseren Zugang zu Informationen. Gleichzeitig begannen Wissenschaftler festzustellen, daß die Menschen Informationen an viel mehr Stellen verarbeiten als man bislang annahm. Sie entdeckten redundante Systeme im Gehirn, die eine Sicherung darstellten, falls bestimmte Funktionen beeinträchtigt sein sollten. Sie ermittelten Milliarden von Neuronen, die in Schaltkreisen verbunden sind und sich ‚erinnern', wie man spricht, sich bewegt, handelt und so weiter. Doch die vielleicht größte Herausforderung für unsere Vorstellung von zentralisierter Intelligenz war die Entdeckung, daß sich Intelligenz nicht auf die graue Substanz im menschlichen Schädel beschränkt.

## Verteilte Intelligenz

Neurale Schaltkreise in unserem Gehirn sind Bahnen, die entstehen, wenn wir neue Verhaltensweisen und Fertigkeiten lernen. Sie wachsen und entwickeln sich genau wie wir. Bei unserer Geburt existieren 100 Milliarden Neuronen in unserem Gehirn.[1] Wie sie sich miteinander verbinden, wird hauptsächlich durch unsere Erlebnisse sowie durch die menschlichen und sozialen Faktoren in unserer Umgebung bestimmt. Ihre Verbindungen mit anderen Neuronen bilden die neuralen Schaltkreise – ein Netz, das die Wahrnehmung und das gelernte Verhalten stark beeinflußt. Sie sind die Schatzkammer unseres Gedächtnisses. Doch neurale Netzwerke gibt es auch in anderen Teilen des Körpers, was die Frage aufwirft: Wo existiert noch Intelligenz?

Viele Wissenschaftler sprechen heute von zellulärer Intelligenz, der Intelligenz des Nervensystems, des Immunsystems und der Fähigkeit der DNS, Informationen zu verarbeiten.[2] Die DNS ist ein komplexes Molekül, das in jeder Zelle unseres Körpers zu finden ist. Sie enthält den genetischen Bauplan der Zellen und unseres Körperbaus. Während der fetalen Entwicklung ist die DNS in jeder Zelle identisch, doch irgendwie wissen manche Zellen, wie sie zu Hautzellen werden. Andere hingegen wissen, wie sie Herzzellen werden. Ein intelligentes System steuert diesen ganzen Prozeß, der schon lange am Werk ist, bevor sich Gehirnzellen überhaupt entwickeln. In der DNS ist auch das Grundmuster für die Entwicklung des Gehirns angelegt. Doch die DNS bestimmt nicht die neuralen Bahnen (Schaltkreise) und die entstehenden Verbindungen oder die Stärke dieser Verbindungen. Diese bilden sich durch unsere wiederholten Erlebnisse und durch den Einfluß der Umgebung, in der wir leben und an die wir uns anpassen. Stellen Sie sich einen Computerchip vor, dessen Schaltungen sich durch seine „Erfahrungen“ bilden würden, als der Benutzer den Computer bediente, nicht nur durch sein ursprüngliches Design. Jeder Computer wäre für seinen Benutzer völlig einzigartig.

Wesentlich ist, daß uns die DNS zwar eine Grundstruktur für die Gehirnentwicklung gibt, daß sich aber die Muster, die die Neuronen bilden, und die Stärke der Verbindungen als Ergebnis unseres Inputs und unserer Erlebnisse entwickeln. Im Kleinkindalter bilden unsere Neuronen schnell neue Schaltkreise; dies geschieht als Reaktion auf das Lernen einer neuen Fertigkeit wie Laufen, Körperkoordination oder Anpassung an die Umwelt. Wenn Kinder oft gestreßt sind, bilden sich Schaltkreise, die auf Streß im späteren Leben außerordentlich empfindlich reagieren; die Anpassungsfähigkeit dieser Menschen ist eingeschränkt. Die Pubertät ist charakterisiert durch die beginnende Produktion von Sexualhormonen, was zu einer Vielzahl physiologischer Veränderungen führt; dabei geht auch die Formbarkeit der neuralen Schaltkreise zurück. Das Lernen einer zweiten Sprache ist, neurologisch gesprochen, beispielsweise nach der Pubertät erheblich schwieriger als vorher. Es erfordert mehr Aufmerksamkeit und Energie, die neuralen Schaltkreise neu zu konfigurieren, wenn das Grundmuster erst einmal gelegt ist. Das heißt nicht, daß das Gehirn nicht neu verschaltet werden kann oder daß wir nach der Pubertät keine neue Sprache mehr lernen können; es erfordert nur mehr Energie. Wenn ein Gedankenmuster erst einmal fest verankert ist, sprechen wir von einem „Denkmuster“, das heißt, unsere Wahrnehmungen und Reaktionen sind durch dieses Muster gebunden. Dies beschränkt unsere Auswahl an Möglichkeiten und unsere Anpassungsfähigkeit. Wenn Sie sich schon einmal gewundert haben, warum es so entmutigend sein kann, ein Denkmuster zu ändern, dann realisieren Sie folgendes: Haben Sie schon einmal probiert, ein Neuron aus seinem Verband loszulösen?

Seit dieses Wissen über vernetzte Intelligenz bekannt ist, muß das herkömmliche Konzept der Intelligenz aktualisiert werden. Die Erfahrung, Mensch zu sein, geht über das reine Überleben hinaus. Unsere Definition von Intelligenz auf die mentalen Fähigkeiten zu beschränken, dürfte einem neuen Verständnis vom Menschen als durch und durch intelligentes System im Wege stehen. Wenn wir unser System als ein System betrachten, das absorbiert, reagiert, Feedback gibt und sich anpaßt, dann könnte Intelligenz all unserem Handeln zugrunde liegen. Intelligenz an sich hat viele Dimensionen.

## Intelligenz ist überall

Es ist bekannt, daß nicht nur im Gehirn komplexe neurale Strukturen existieren, sondern selbst in den Eingeweiden und im Herzen des Menschen. Auch hier werden in großen Mengen neurochemische Substanzen, die Träger der Informationen im Nervensystem, produziert. Diese Stoffe wiederum beeinflussen die Vorgänge im Gehirn und in praktisch jedem anderen Organ des Körpers.

Haben Sie je Schmetterlinge im Bauch gehabt oder dort einen Knoten vor lauter Sorgen gespürt? Natürlich, das haben wir alle. Jahrelang haben Forscher das Nervensystem des Darms untersucht; im Verdauungstrakt existiert eine komplexe Ansammlung von Nerven. Dieses ausgeklügelte Netzwerk von Neuronen und neurochemischen Stoffen ist von derart komplexem und weitreichendem Einfluß, daß es mittlerweile *Bauchgehirn* (englisch „gut brain“) genannt wird. Seine Aktivität ist direkt an die Gehirnfunktion gekoppelt. Dieses System scheint stark von unseren Emotionen beeinflußt zu werden und könnte die Ursache für Krankheiten wie Darmentzündung und Störungen im Magen-Darm-Trakt sein. Im Darm existieren mehr Neuronen als in der gesamten Wirbelsäule – ungefähr 100 Millionen.[3]

Das spontane Gefühl aus dem Bauch heraus, dem manche Menschen vertrauen, hat körperliche Wurzeln. Nach einem Artikel in der *New York Times*[4] gilt das sogenannte Bauchgehirn als Einheit und ist ein Netzwerk von Neuronen, Neurotransmittern und Proteinen, die blitzschnell Botschaften zwischen Neuronen, Zellen zur Neuronen-Unterstützung (die auch im eigentlichen Gehirn gefunden wurden) und einer komplexen Verschaltung hin- und herschicken. So kann das Bauchgehirn unabhängig handeln, lernen, sich erinnern und, wie man so sagt, die Gefühle aus dem Bauch heraus produzieren. In vielen Kampfkunsttraditionen wird dieser Bereich unseres Körpers, der manchmal *Solarplexus* genannt wird, als die Quelle von Kraft und Intelligenz betrachtet. Hier, so lehren uns Kampfkunstlehrer, müssen wir uns zentrieren und Kraft schöpfen.[5]

## Das Gehirn im Herzen

Ein komplexes intrinsisches Nervensystem existiert auch im menschlichen Herzen. Diese Entdeckung wird vielleicht unser Verständnis von menschlicher Intelligenz völlig umkrempeln. Ein führender Forscher, der daran arbeitet, die Rolle und den Einfluß dieses intrinsischen Nervensystems des Herzens zu verstehen, ist der in der Forschung tätige Kardiologe J.A. Armour (*Dalhousie University* in Nova Scotia, USA). Er nennt es *das kleine Gehirn im Herzen.*[6] Es ist äußerst leistungsfähig, kann höchst komplexe Verarbeitungsvorgänge durchführen und beeinflußt sowohl das Herz als auch die Gehirnfunktion tiefgreifend. Neurochemische Substanzen wie Norepinephrine und Dopamin, von denen man früher annahm, sie würden nur im Gehirn und Nervensystem produziert, werden auch im Herzen hergestellt, ebenso Hormone wie ANF (das atriale natriuretische Hormon wird vom Herzen ausgeschüttet). Diese Herzhormone scheinen die Gehirnfunktion direkt zu beeinflussen.[7] Wie der Schaltkreis des Bauchgehirns ihm ein unabhängiges Funktionieren, Lernen, Erinnern und Produzieren von Gefühlen aus dem Bauch heraus gestattet, so hilft die Existenz eines Gehirns im Herzen, die große Bandbreite der Gefühle zu erklären, die mit dem Herzen assoziiert werden. Die Gehirnzellen des Herzens, die Informationen verarbeiten, sind nach den Neuronen im Hippocampus benannt, einem Bereich des Gehirns, der mit Erinnerungen und Lernen verbunden wird.

Die Forschung zeigt auch, daß die Herzfunktion sowohl mit Emotionen als auch mit der Intuition eng verknüpft ist. Mehrere neue Darstellungen lassen vermuten, daß das Herz sowohl für die Persönlichkeit als auch für die Erinnerung eine Rolle spielt. Bücher von Claire Sylvia und William Novak[8] sowie von Paul Pearsall[9] berichten von zahlreichen Fällen, in denen die Empfänger verpflanzter Herzen eindeutig andere Persönlichkeitsmerkmale sowie die Erinnerungen von ihren Spendern annahmen. In einer besonders dramatischen Geschichte erhielt ein junges Mädchen das Herz eines Ermordeten, begann, von Mord zu träumen, und machte die Polizei erfolgreich auf den Mörder aufmerksam.[10] Das Herz ist eindeutig ein Organ mit vielfältigen Aufgaben, das auf komplexe Art und Weise mit der menschlichen Intelligenz und Wahrnehmung verbunden ist. Die Dichter und Philosophen hatten also recht.

Es hat den Anschein, daß mindestens drei ‚Gehirne' miteinander vernetzt sind, die sich 24 Stunden am Tag gegenseitig beeinflussen – hauptsächlich ohne unsere bewußte Wahrnehmung. Streß und emotionale Unkontrolliertheit scheinen das kohärente Funktionieren dieser drei intelligenten Systeme negativ zu beeinflussen.

## Die Geographie der Emotionen

In seinem Buch stellt der Neurowissenschaftler Domasio (1994) schlagende Beweise dafür vor, daß Emotionen und intellektuelle Funktionen in verschiedenen Teilen des Gehirns verarbeitet und dann in der präfrontalen Rinde integriert werden.[11] Die Vorstellung, Intelligenz sei eine reine Aktivität des Gehirns (abseits, unverdorben und unbeeinflußt von Emotionen), ist, wie sich in dieser und in vielen anderen neueren Forschungsberichten gezeigt hat, ein überholter und irriger Mythos. Emotionen spielen in der Entwicklung und Funktion des Verstandes eine Schlüsselrolle. Sie wirken eindeutig bei unserer täglichen Produktivität mit. Denken Sie an die letzte ungünstige Entscheidung in Ihrem Unternehmen. Waren unkontrollierte Emotionen beteiligt? Hat jemand überreagiert und aus einer Kurzschlußreaktion heraus gehandelt? Haben reaktive Emotionen im Unternehmen mitgespielt beim Zeter und Mordio, mit dem die ungünstige Entscheidung aufgenommen wurde? Wahrscheinlich.

## Widerstandsfähigkeit

Denken Sie einen Moment über die Belastbarkeit und Widerstandsfähigkeit des menschlichen Körpers nach. Unter extremem Zwang haben Menschen bekanntlich über eine Stunde ohne Luft gelebt. Der Körper leitet das Blut von den Extremitäten zu den lebenswichtigen Organen –

zu Herz und Gehirn. Er stoppt unnötige Aktivitäten und kann so das Leben aufrechterhalten. Ohne Wasser haben Menschen ungefähr eine Woche überlebt; ohne Nahrung länger als zwei Monate. In beiden Fällen begeht der Körper Kannibalismus und ‚ißt sich selbst auf', lebt vom Nicht-Lebensnotwendigen, um das Wesentliche zu retten.[12] Berichte in den Medien bauen uns auf mit Nachrichten über Wanderer, die nach tagelanger Isolation lebend gefunden wurden, oder über Überlebende von Erdbeben, die Tage nach der Katastrophe lebendig geborgen wurden.

Der angeborene Drang zu überleben ist wirklich unglaublich. Aber ohne Hoffnung kann niemand wirklich leben. Die positive emotionale Erfahrung, die die Hoffnung und Zuversicht hervorruft, erzeugt eine ausreichende Kohärenz, damit das Leben sich selbst unter den katastrophalsten Umständen erhält. Zuversichtliche Unternehmen sind widerstandsfähig und können regenerieren. Sie lernen ständig, wachsen und können sich auf gesunde Art auf Krisen oder Herausforderungen der Umwelt einstellen. Die physiologischen Hintergründe von Zuversicht und Verzweiflung werden heute deutlicher.

Der Entwicklungspsychologe und Autor Joseph Chilton Pearce berichtet von Untersuchungen, die zeigen, daß „jede Gehirntätigkeit, das Lernen, die Erinnerung, die Kognition, das Problemlösen und so weiter ungünstig beeinflußt werden", wenn wir uns aus irgendeinem Grund „aufregen".[13] (Wie oft passiert genau das in Ihrem Unternehmen?) Unsere emotionale Verfassung ist entscheidend für das, was und wie wir lernen und wie wir uns an das Gelernte erinnern und es anwenden. Dies wird manchmal *zustandsabhängiges Lernen* genannt. Gefühle und Lernen sind in der Erinnerung miteinander verwoben. Eine ungünstige Erfahrung, während wir etwas Neues lernen, kann künftig dasselbe Gefühl hervorrufen, wenn wir uns an den Lernstoff erinnern. Ohne bewußt darüber nachzudenken oder ohne sich bewußt dafür zu entscheiden, vermeidet man oft Lernumgebungen und Herausforderungen, die unangenehme Gefühle wachrufen könnten, die in den Nervenbahnen unseres Gehirns von früher her verwurzelt sind. Effektives Lernen hängt von unserer inneren Verfassung ab.[14]

## Emotionale Intelligenz

Daniel Golemans Arbeit über emotionale Intelligenz[15] bestätigt die genannten Erkenntnisse. Goleman, der an der *Harvard University* promovierte und wissenschaftliche Artikel für die *New York Times* schreibt, hat dieses Konzept in seinem Buch mit dem gleichnamigen Titel bekannt gemacht. Er führt eine Studie nach der anderen mit Beispielen an, die belegen, daß emotionale Ausgeglichenheit und Selbstbewußtsein (englisch „self awareness") für Erfolge in allen Lebensbereichen entscheidend sind. Er vertritt den Standpunkt, daß wir beginnen müssen, unsere emotionalen Fähigkeiten mindestens ebenso wertzuschätzen wie unsere intellektuellen, denn der Standard-IQ (IQ: Intelligenzquotient) ist selten ein genaues Anzeichen für persönliche oder berufliche Effektivität. Er faßt das, was er unter *emotionaler Intelligenz* versteht, zusammen als die Fähigkeit

sich selbst zu motivieren und bei Frustration durchzuhalten

- Impulse zu kontrollieren und die Belohnung aufzuschieben
- die eigenen Stimmungen zu kontrollieren und die Denkfähigkeit nicht von Streß außer Kraft setzen zu lassen
- empathisch zu sein
- zu hoffen und zuversichtlich zu sein.

Wenn wir ehrlich sind, könnten unsere Unternehmen und unser Leben wesentlich mehr von diesen Eigenschaften brauchen, als das derzeit der Fall ist. Aufgrund eines verbreiteten Mangels an emotionaler Intelligenz kommen wir zu folgender Hypothese: *In einer Zeit des Chaos gehen Unternehmen eher aufgrund von angemessenem oder unangemessenem Umgang mit Emotionen innerhalb einer Kultur auf und unter als aufgrund des reinen Produkterfolgs oder aufgrund von Verfahrensverbesserungen.* Dies gilt sowohl für neugegründete Firmen, die rasch Erfolg haben, aber auf die betriebliche Realität nicht vorbereitet sind, als auch für die großen älteren Unternehmen oder die Bürokratie, die das emotionale Durcheinander und Unbehagen ihrer Belegschaft verdrängen.

Schon früh in unserer Laufbahn am HeartMath-Institut begannen wir, die Folgen von unternehmerischer Inkohärenz zu verstehen. Eine Biotechnologiefirma, mit der wir zusammenarbeiteten, bemühte sich sehr, daß ein Schlüsselprodukt von den Medien landesweit vorgestellt wurde. Man meinte, daß durch eine gute Medienpräsenz das Gros der Verbraucher die Firma kennen würde und der Erfolg dann gewährleistet sei. Auf diese Vorstellung richtete die Firma ihre ganze Aufmerksamkeit und war entschlossen, dieses Ziel zu erreichen. Die Firma suchte einen Bombenerfolg, sofortige Bekanntheit, das Prickeln, den Stimulus des schnellen Hits. Eine ausführlichere Diskussion über die betrieblichen und menschlichen Folgen fand nicht statt. Die Medienberichte schlugen ein und das Unternehmen wuchs in einem Monat um 500 %. Überflüssig zu erwähnen, daß die Firma auf diese Art von Wachstum schlecht vorbereitet war. Nicht nur die elementaren Arbeitsvorgänge waren nicht richtig koordiniert, auch die menschliche Basis war nicht sorgfältig vorbereitet worden. Deshalb setzte sich das Personalkarussell in Gang. Angestellte kamen und gingen, was die Effektivität des Unternehmens untergrub. Inkohärenz regierte. Die Firma erreichte nie mehr den Absatz dieses einen Monats mit dem jähen Aufstieg.

Emotionen, nicht der Intellekt, sind der Treibstoff, der den Motor der Wirtschaft antreibt. Unkontrollierte Emotionen machen Wirtschaft. Der Intellekt gibt die Richtung vor, ist aber nicht der Treibstoff. In den meisten Unternehmen, Organisationen und Einrichtungen wird diese Erkenntnis nicht umgesetzt, deshalb ist der verwendete Treibstoff selten einer mit hoher Oktanzahl, sondern eher wie Kerosin beschaffen. Wir alle zahlen den Preis dafür. Wie eine Firma reagiert, wie sie ihre Belegschaft auf Veränderungen vorbereitet – wie das ‚emotionale Feld' eines Unternehmens bestellt ist – dem allem liegen emotionale Komponenten zugrunde, die Unternehmen nicht länger ignorieren können. Wirklich intelligente Organisationen der Zukunft verstehen, daß unglaubliche Energie innerhalb der Organisation freigesetzt wird, wenn sie lernt, mit kohärenter emotionaler Intelligenz umzugehen und sie zu nutzen.

Der Verstand wird erheblich beeinträchtigt, wenn unkontrollierte Emotionen unsere Energie abziehen oder unsere Wahrnehmung verzerren. Es ist wirklich eine Ironie und eine große Chance, daß der Verstand weit *effektiver, schärfer* und *klarer* wird, wenn Emotionen ins Gleichgewicht kommen und verstanden werden. Der Verstand selbst kann neue Dimensionen von Intelligenz anzapfen, wenn nicht mehr unkontrollierte Emotionen den ganzen Treibstoffvorrat aufbrauchen.

Welcher biologische Hintergrund liegt diesem Konzept der emotionalen Intelligenz zugrunde? In den emotional-kognitiven Strukturen des Gehirns sind viele Funktionen zu finden, die auf die Evolutionsgeschichte des Menschen zurückgehen; sie dienten dem Kampf unserer Spezies um das Überleben und waren früh entwickelte Streßbewältigungsmechanismen. Gehirnstrukturen wie der Mandelkern im „emotionalen", limbischen Bereich des Gehirns können intellektuelle Prozesse dominieren, wenn das System intensive Emotionen erlebt.[16] Das ist der Grund dafür, daß auch sehr intelligente Menschen unter emotionalem Streß sehr törichte Entscheidungen treffen können. Noch beängstigender für Unternehmen und Menschen sollte heutzutage die Tatsache sein, daß sich die meisten von uns an den Streß in unserem Leben *schlecht angepaßt haben* und daß wir keine Ahnung haben, *daß* wir unter Streß stehen.

# Evolution, Intelligenz und Streß

In der Neurowissenschaft ist die Ansicht verbreitet, daß verschiedene Gehirnstrukturen verschiedene Funktionen erfüllen, die sich im Laufe der Zeit entwickelt haben (siehe Abb. 3.1). Vereinfachend kann man sich vorstellen, daß das Gehirn drei strukturelle Hauptbereiche hat. Jeder von ihnen kontrolliert bestimmte Ebenen und wird mit zahlreichen Funktionen und elementaren Trieben in Verbindung gebracht. Wir nennen diese Bereiche das erste, zweite und dritte Gehirn.

Das erste Gehirn besteht aus den Strukturen des Stammhirns und enthält Hypothalamus, Brücke, Medulla und die Formatio reticularis (der Schaltzentrale in Rückenmark und Hirnstamm). Es steuert Reflexe und Instinkte und ist zuständig für viele grundlegende Funktionen, die für das Überleben notwendig sind, darunter

- Annäherungs- und Vermeidungsverhalten
- Kontrolle über die Hormone
- Kontrolle über die Körpertemperatur
- Kontrolle über Hunger und Durst
- Kontrolle über Atmung und Herzschlag
- Fortpflanzungstrieb.

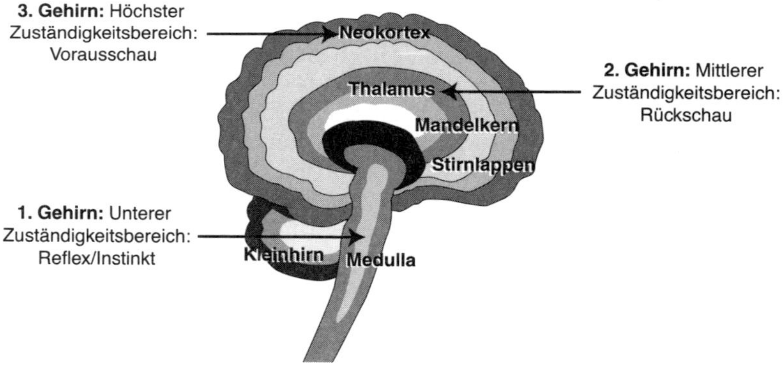


*Abbildung 3.1: Dieses Diagramm stellt die drei allgemeinen Stadien der Gehirnentwicklung dar sowie die Zuständigkeitsbereiche, Funktionen und Verhaltensweisen, die mit den drei strukturellen Hauptbereichen des menschlichen Gehirns in Verbindung gebracht werden.*

Das zweite Gehirn besteht aus dem subkortikalen Bereich, der auch limbisches System genannt wird, mit dem Hippocampus, Thalamus, der Amygdala und der Hirnanhangdrüse. Dieser Bereich des Gehirns kontrolliert den ersten Bereich und ist zum *Rückblick* in der Lage (die Fähigkeit, *nach* einem Ereignis zu erkennen, was hätte getan werden sollen). Dies ist ein Aspekt der Gedächtnisentwicklung und stellt eine wichtige Ergänzung in der Evolution dar. Die Funktionen und elementaren Triebe des zweiten Gehirns umfassen zum Beispiel

- Revierverhalten
- Furcht-, Angst-, Angriffsreaktionen
- Mutterliebe
- Ängstlichkeit
- Haß
- Eifersucht.

Emotionale Informationen scheinen in diesem Teil des Gehirns verarbeitet zu werden, doch erleben wir hier nicht den körperlichen Ausdruck des Gefühls. Positive Gefühle, wie Liebe oder Wertschätzung, werden gewöhnlich in der Herzgegend empfunden; negative Emotionen, wie Furcht oder Ärger, werden oft im Solarplexus wahrgenommen, wo uns das sogenannte Bauchgehirn auf Dinge hinweist, die sich nicht richtig anfühlen; Herzschmerz ist eine Empfindung, die viele sowohl im Herzen als auch im Solarplexus wahrnehmen.

Das dritte Gehirn ist die höchste Kontrollebene, ist zur Vorausschau fähig und hat viele andere wichtige Funktionen, darunter

- Wahrnehmen und Unterscheiden von Gedanken und Emotionen
- Selbstreflexion
- Beurteilung angemessenen Verhaltens
- Problemlösung
- Schuld
- Zielerfüllung
- Vergebung.

Das dritte Gehirn mit dem Neokortex, den Stirnlappen, Schläfenlappen, Scheitellappen und den Okzipitallappen macht rund 80 % des menschlichen Gehirns aus. Ein Unternehmen stellt Sie hauptsächlich aufgrund seiner Vermutung ein, was es aus diesem Teil Ihres Gehirns herausholen kann. Menschliche Fähigkeiten höherer Ordnung wie Sprache, Kreativität, Selbstreflexion, komplexes Problemlösen und die Fähigkeit, angemessenes Verhalten auszuwählen, kommen, so wird angenommen, aus diesen Gehirnstrukturen. Seit unserem Teenageralter entwickeln sich in der präfrontalen Rinde spezielle Schaltkreise, die uns zum Beispiel ermöglichen, uns für eine moralische Lebensweise zu entscheiden. Durch die Entwicklung der präfrontalen Rinde lernen wir, bei unseren kleinen und großen Entscheidungen Emotion und Reaktion ins Gleichgewicht zu bringen.[17]

Die Forschung am HeartMath-Institut läßt vermuten, daß blindes emotionales Reagieren und Streß, was wir oft als Gefühl der Aufgewühltheit wahrnehmen, die kortikalen Bereiche des dritten Gehirns behindern können.[18] Wenn die Großhirnfunktion behindert ist, ist unsere Problemlösungsfähigkeit beeinträchtigt, unsere Reaktionsgeschwindigkeit und Koordination verschlechtern sich, und wir können nicht klar denken. Die höhere Intelligenz kann durch Reaktionen und das „Ziehen und Zerren" der ersten und zweiten Gehirnregion blockiert werden. Unsere Entscheidungen sind weniger effektiv, wir können nicht mehr so gut zuhören, unsere Kreativität ist behindert. Glücklicherweise stimmt auch das Gegenteil: Wenn wir uns harmonisch und ausgeglichen fühlen, verbessert sich die Funktion der Großhirnrinde. Wir erkennen Möglichkeiten, wo wir vorher nur Sackgassen wahrnahmen. (Viele Menschen wissen intuitiv, daß dies stimmt. Es ist schön zu sehen, daß Forschung die Intuition einholt.)

## Wahrnehmung und Streß

Lassen Sie uns den Zusammenhang zwischen Wahrnehmung und Streß genauer betrachten. Viele Jahre lang glaubte man, daß wir ein Ereignis bewußt wahrnehmen, bevor wir erkennen, daß es für uns gefährlich oder lebensbedrohlich sein könnte. Doch in den letzten Jahren hat die Forschung die Rolle einer mandelförmigen Struktur entdeckt, die sowohl unsere Wahrnehmung als auch unser Verhalten tiefgehend beeinflußt. Sie wird Amygdala, Mandelkern, genannt und befindet sich im zweiten Gehirn. Eine ihrer Hauptaufgaben besteht darin, eingehende Informationen mit früheren Erlebnissen zu vergleichen und eine Entsprechung zu suchen (siehe Abb. 3.2). Sie gilt auch als der Speicher der emotionalen Erinnerung, deshalb sind die Entsprechungen, die sie sucht, emotional wichtig. Die Amygdala arbeitet jedoch nicht sehr genau: Wenn eine neue Information zu passen *scheint*, werden Botschaften an das Gehirn geschickt, die besagen, daß tatsächlich eine Entsprechung gefunden wurde. Man spricht dann davon, geradezu von Emotionen überschwemmt oder überwältigt zu werden. Das heißt, wir reagieren spontan emotional auf etwas, was auf einer vergangenen Erfahrung beruht – unabhängig davon, ob diese Erfahrung nun für die neue Situation relevant ist oder nicht. Diese emotionale Reaktion umgeht nicht nur die höheren Gehirnzentren, sondern beeinflußt unsere Wahrnehmung und letztlich unser Verhalten tiefgreifend.

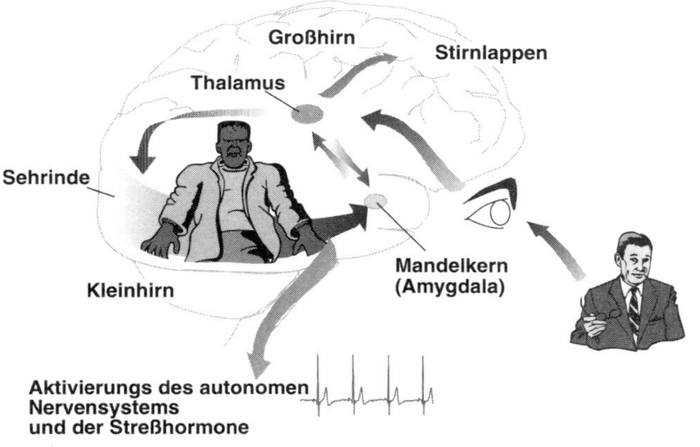


*Abbildung 3.2: Die Amygdala ist eine mandelförmige Struktur im subkortikalen Bereich des Gehirns. Sie lauscht auf Informationen, die sie vom Thalamus erhält, und prüft, ob sie emotional zu einem früheren Erlebnis passen. Sie arbeitet sehr schnell, und wenn eine Entsprechung gefunden scheint, teilt sie sie den höheren Gehirnzentren mit; so beeinflußt sie unser Verhalten und unsere Entscheidungsfindung.*

## Emotionaler Streß und das Gehirn

Streß hat in Nordamerika, Europa und in vielen Teilen der Welt epidemische Ausmaße erreicht – besonders bei den Unterbeschäftigten, bei Arbeitslosen, bei den Armen in den Großstädten und den rechtlosen Mitgliedern der Gesellschaft. Gefühle, die mit Streß einhergehen (wie Ärger, Ängstlichkeit, Frustration, Entfremdung, Depression, das Gefühl, ungerecht behandelt worden zu sein, Selbstverurteilung, Intoleranz und andere), verstärken dieses innere Überwältigtwerden der kognitiven Funktionen; sie führen zu einer eingeschränkten Lern- und Erinnerungsfähigkeit und zu einem schnelleren Zusammenbruch und Altern des Körpers. Allzuoft zerstört eine chronisch hohe Kortisolkonzentration (Kortisol ist ein Hormon, das von den Nebennieren in Streßsituationen produziert wird) Gehirnzellen im Hippokampus, also in dem Gehirnbereich, der mit Lernen und Erinnerung assoziiert wird.[19]

# Die Physiologie von Streß

Die klassische Physiologie lehrt, daß für Streß, der unserer Ansicht nach hauptsächlich durch innere, emotionale Aufregung verursacht wird, ein Zustand starker Erregung oder die „Kämpfe oder Flieh"-Reaktion sowie die Produktion von Hormonen wie Adrenalin charakteristisch ist. Wenn wir entspannt sind, werden andere Hormone wie Acetylcholin in größeren Mengen produziert. Diese Wirkung wird hauptsächlich von zwei Ästen unseres autonomen oder vegetativen Nervensystems (ANS) hervorgerufen: Der Sympathikus aktiviert die „Kämpfe- oder Flieh"-Reaktion, der Parasympathikus aktiviert die Entspannungsreaktion (siehe Abb. 3.3). Eine Überbetonung des Sympathikus kann zu Bluthochdruck führen. Vielen chronischen Erkrankungen liegt ein Ungleichgewicht zwischen diesen zwei Ästen zugrunde.

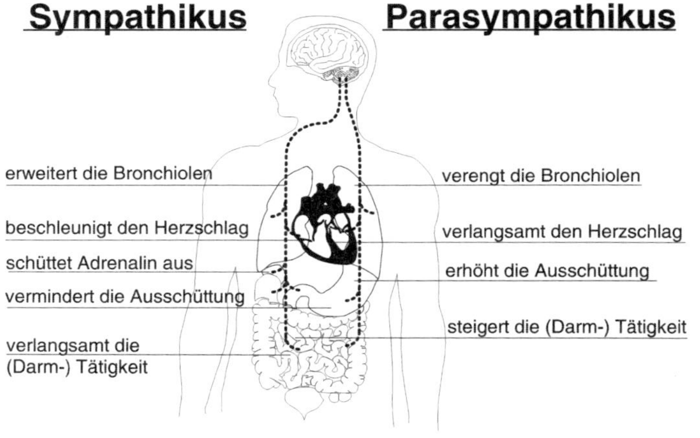


*Abbildung 3.3: Das autonome Nervensystem: Es besteht aus zwei Ästen, dem Sympathikus und dem Parasympathikus. Es reguliert über 90 % der Körperfunktionen automatisch. Herz, Gehirn, Immun- und Hormonsystem, Atemapparat und Verdauungstrakt – sie sind alle durch dieses Nervennetz verbunden.*

Untersuchungen im HeartMath-Institut und in vielen anderen Forschungszentren auf der ganzen Welt haben aber noch eine weitere Achse des menschlichen Erlebens nachgewiesen, die die Streßreaktion stark beeinflußt: *Emotionen.* Bei negativen Emotionen wie Furcht, Ärger, Sorge oder Ängstlichkeit steigt die Kortisolproduktion so weit, daß sie die Gesundheit, die Produktivität, die Immunfunktion, unsere Schlafmuster etc. negativ beeinflussen kann (siehe Abb. 3.4). Wenn wir andererseits durchweg in einer positiven emotionalen Verfassung sind, steigt die Produktion solcher Hormone wie DHEA. Gefühle wie Wohlbefinden und Erfolg, ebenso Zähigkeit und Widerstandsfähigkeit, die mit einem höheren DHEA-Spiegel einhergehen, verstärken sich damit auch. Adrenalin und Kortisol mobilisieren Energie, um mit einer wahrgenommenen Bedrohung umzugehen, doch wenn wir uns ständig bedroht fühlen, bleiben wir in dieser negativen Gemütsbewegung und mitverursachen so langfristigen Schaden und unnötiges Altern.[20] Herkömmliche Streßmanagement-Techniken versuchen, den Grad der Aufregung zu senken. Wenn sich aber die emotionale Basis nicht bessert, kann das zu Langeweile führen.

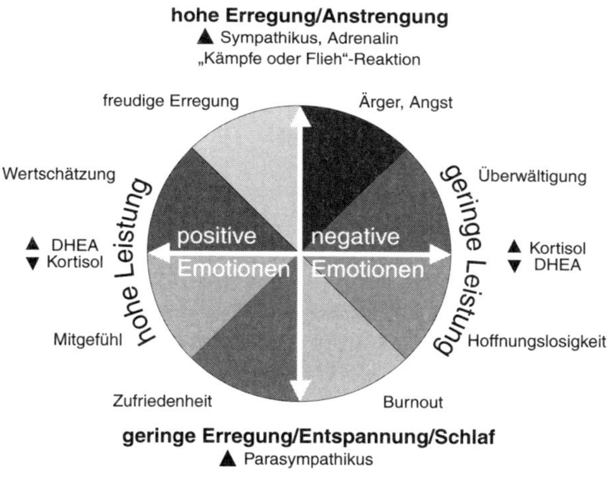


*Abbildung 3.4: Die Physiologie von Streß: Die vertikale Achse stellt das vegetative Nervensystem dar, wie in Abbildung 3.3 beschrieben. Ganz oben ist die sympathische Aktivität, als hohe Erregung bezeichnet. Ganz unten ist die parasympathische Aktivität, bezeichnet als geringe Erregung/Entspannung/Schlaf. Die horizontale Achse stellt den emotionalen Bereich dar. Negative Emotionen auf der rechten Seite gehen mit ausgesprochen hohen Kortisolkonzentrationen einher. Positive Emotionen hingegen führen zu höheren DHEA-Konzentrationen.*

Eine emotionale Verfassung positiv zu verwandeln, bewirkt eine tiefgreifende hormonelle Veränderung, wie eine erhöhte DHEA-Produktion[21] und eine reduzierte Kortisolkonzentration. DHEA ist ein wichtiges Hormon, das als *Vitalitätshormon* bekannt ist, weil es den Alterungsprozeß verlangsamt. Wenn wir emotional kohärenter und positiver sind, dann bringen uns auch äußerliche schwierige Faktoren nicht aus der Fassung; wir können uns längere Zeit im Bereich zwischen Spannung (mit positiver Konnotation) und Zufriedenheit aufhalten.

Auch wenn die normalen und alltäglichen Streßreaktionen der Menschen eindeutig negative Konsequenzen haben – kurzfristige und langfristige –, sollte Streß an sich nicht negativ bewertet werden, sondern als *Alarmsignal* dienen, als Gelegenheit, umzuschalten und kreativere Sichtweisen und Lösungen zu finden.

Es ist wichtig, sich daran zu erinnern, daß *wir die Kontrolle über diesen ganzen Prozeß haben*. Unsere *Wahrnehmungen* und die zugrundeliegenden *Reaktionen*, die wir zeigen, lösen eine Reihe von Ereignissen aus, die unsere Effektivität entweder fördern oder einschränken. Wahrnehmungen rufen Gedanken und Emotionen hervor, die sich wiederum meßbar auf Körperfunktionen wie den Herzschlag, das hormonelle Gleichgewicht, die Abwehrkräfte und eine Menge andere innere Prozesse auswirken. Diese physiologischen Auswirkungen wiederum beeinflussen die neuronalen Schaltkreise selbst, die auf unsere Wahrnehmung einwirken. Es ist ein Feedback-System. Wenn wir beispielsweise in einer negativen Stimmung sind, kann eine verzerrte Wahrnehmung negative Gedanken und Emotionen hervorrufen, die ein physiologisches Ungleichgewicht im Herzen, im Immun- und Hormonsystem verursachen, was wiederum diesen Kreislauf verstärkt. So dreht sich die negative Spirale immer weiter abwärts.

„Ich hatte wirklich einen schlimmen Tag" ist eine weit verbreitete Klage. Doch man kann diesen Prozeß in sehr hohem Maß intelligent steuern. Untersuchungen haben gezeigt, daß diejenigen im Leben am erfolgreichsten sind, die gelernt haben, ihre unüberlegten emotionalen Reaktionen zu kontrollieren: Sie neutralisieren negative Emotionen oder wandeln sie um und gewinnen dadurch ein Fülle neuer Erfahrungen.[22] Selbst wenn solche Menschen formal gesehen weniger Bildung haben können, sind oft sie es, die in Unternehmen rasch nach oben kommen und ein ausgeglichenes und glückliches Leben führen. Trotz der Umstände haben diese Menschen gelernt, „gut zu leben". Emotionale Intelligenz kann gelehrt und gelernt werden. Das Herz ist der Schlüssel dafür.

## Kommunikation zwischen Herz und Gehirn aus anatomisch-physiologischer Sicht

Mittlerweile ist klar, daß das Herz für eine ganze Reihe von Prozessen, an denen die Gehirnfunktion beteiligt ist, eine zentrale Rolle spielt. Das Herz kommuniziert durch zwei Arten von nervlichen Verbindungen mit dem Gehirn. Es sendet auch ein elektromagnetisches Signal aus, das jede Körperzelle erreicht, auch die Gehirnzellen. Wir sprechen oft von der Bedeutung des Herzens, wenn wir Dinge schaffen, wenn wir stolz sind auf unsere Arbeit, wenn wir den Mut haben, Risiken einzugehen oder Wahres auszusprechen. Doch in Nordamerika und Europa wurde das Herz in den letzten 50 Jahren als Zeichen der Schwäche, als Urheber irrationalen Verhaltens oder mit „Weichheit“ konnotiert. Aus den meisten Diskussionen in der Wirtschaft wurde es ausgeschlossen, weil ihm vermeintlich etwas von Unreife und allzu starker Gefühlsbetontheit anhaftete. Ironischerweise agieren viele Unternehmen heute recht unreif und allzu emotional – und zwar wegen eines *Mangels* an Herzintelligenz, Verständnis und Mitgefühl. Außerdem sind mittlerweile Herzerkrankungen die Todesursache Nummer eins in weiten Teilen der Welt.

## Mit jedem Herzschlag ...

In vielen Kulturen gilt das Herz als die eigentliche Intelligenz, als Sitz von Weisheit, Mut, Intuition. Im Japanischen gibt es zwei Wörter für Herz: *Shinzu* meint das Organ, *kokoro* meint den Verstand des Herzens. Im Chinesischen stellt das neue Zeichen für *zuhören* ein Ohr und ein Herz dar (siehe Abb. 3.5). Ein altes Schriftzeichen für *denken* zeigt ein Gehirn und ein Herz. Untersuchungen in den letzten zwei Jahrzehnten haben gezeigt, daß emotionale Gemütszustände das rhythmische Schlagen unseres Herzens tiefgehend beeinflussen.[23] Das wiederum verändert meßbar unsere Fähigkeit, zu denken und Informationen zu verarbeiten. In den 60er Jahren stellten Forscher fest, daß sich das Herz verhält, als hätte es „einen eigenen Verstand“.[24]

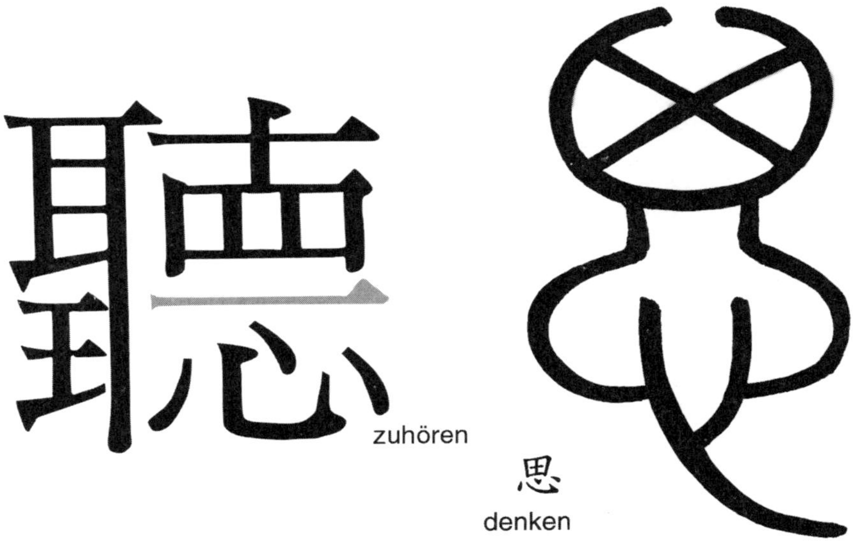


*Abbildung 3.5: Das heutige chinesische Schriftzeichen (links) für zuhören besteht aus den Zeichen für Ohr, König, Auge und Herz; das bedeutet: mit dem Ohr zuhören, Respekt erweisen wie einem König gegenüber, mit dem Auge beobachten und es mit ganzem Herzen tun. Das alte Schriftzeichen für denken (rechts) stellt den Schädel eines Säuglings dar, der mit dem Herz verbunden ist. Das bedeutet, daß Denken geistige Offenheit erfordert, die mit dem Herzen in Verbindung steht. Die Erklärung eines alten chinesischen Lexikons beschreibt die „Silberfäden", die Herz und Gehirn verbinden.*

Im Fetus beginnt das Herz zu schlagen, bevor das Gehirn und das Nervensystem entwickelt sind. Das Herz scheint seine eigene Art von Intelligenz zu haben. Die elektrischen Reize jedes Herzschlags und *die darin enthaltenen Informationen* werden zu jeder Körperzelle geleitet. Die Forschung belegt, daß das Herz spezielle Fähigkeiten hat, Informationen zu verarbeiten. Es ist ein Sinnesorgan, das darauf ausgelegt ist, bestimmte Arten von Informationen zu erkennen und weiterzuleiten; es könnte auch zur Wahrnehmung fähig sein. Folgendes hat sich gezeigt: Wenn die elektrischen Ströme des Gehirns mit den rhythmischen Mustern des Herzens synchron sind, handelt ein Mensch aus einer stärkeren physiologischen Kohärenz heraus, was zu mehr Intelligenz und Bewußtheit führt. Die Fähigkeit, aus sich selbst heraus Gefühle wie Fürsorge, Wertschätzung und Mitgefühl zu erzeugen, ist der Schlüssel für eine höhere Effizienz des Gehirns, für besseres Lernen und ein emotional ausgewogeneres Leben. Dies ist ein Grund dafür, warum HEARTMATH – HERZINTELLIGENZ so ein machtvolles Konzept ist, um die persönliche und betriebliche Effektivität zu steigern.

## Kardiale Kohärenz

Karl Pribram ist einer der hervorragendsten Neurowissenschaftler des 20. Jahrhunderts. Seine Arbeit in Stanford brachte jahrelang Durchbrüche im Verständnis, wie Lernen geschieht und wie Emotionen gespeichert werden. Nach Karl Pribram und Deborah Rozman[25] kann die Kohärenz des Herzrhythmus die Kohärenz der Gehirnwellenmuster (EEG) verändern. Das Herz sendet ständig Botschaften über den emotionalen Zustand (er wird über die Kohärenz gemessen) an das kreislaufregulierende Zentrum im Stammhirn. Das wiederum gibt Informationen an den Thalamus und die Amygdala weiter, die direkt mit der Basis der Stirnlappen verbunden sind. Zusätzlich werden an den Rest des Großhirns Signale gesandt, die seine Aktivitäten synchronisieren helfen. Dies findet in diesem Augenblick in Ihrem Körper statt, während Sie diese Seite lesen. Eine negative Reaktion auf eine unangenehme Unterbrechung Ihrer Lektüre beispielsweise würde einen ungleichmäßigen Herzrhythmus verursachen, was wiederum die Großhirnaktivität behindert.[26] Sie wurden durcheinandergebracht, Ihre Konzentration ist dahin, und Sie brauchen zusätzliche Energie, um sich wieder einzustimmen.

Das zu verstehen, hilft, die Verbindung zwischen emotionalen und kognitiven Prozessen zu verstehen, und zwar die der Kindheit ebenso wie die des späteren Lebens. Mittlerweile sollte deutlich geworden sein, daß *negative emotionale Gemütszustände einen ungleichmäßigen Herzrhythmus verursachen; deshalb ist die an alle Gehirnstrukturen gesandte Information weniger kohärent.*[27] Das Ergebnis ist häufig eine Desynchronisation im Gehirn; diese wiederum führt zu kurzsichtigen Entscheidungen, zu aufbrausender Kommunikation, einem Mangel an Körperkoordination und anderen unerquicklichen Resultaten (siehe Abb. 3.6). Es gibt auch ein Ergebnis im Gehirn; es wurde erstmals in den 60er Jahren beschrieben[28] und wird *kortikale Hemmung* genannt. Sie äußert sich als wenig effiziente Entscheidungsfindung oder als Schwierigkeit, die richtigen Worte zu finden; auch die körperliche

Reaktionsgeschwindigkeit verlangsamt sich in diesen Momenten meßbar. Gewöhnlich verschütten Sie versehentlich eine Tasse Kaffee auf einen Stapel von Papieren oder auf die Tastatur, wenn Sie in Hetze oder in Panik geraten. Psychisches Selbstmanagement beginnt damit, die inneren unüberlegten Prozesse zu reduzieren und zu neutralisieren, statt ihr ahnungsloses Opfer zu werden.

## Die Bedeutung der Amygdala beim Lernen

Die Amgydala (der Speicher emotionaler Erinnerungen) erhält ihren Input von Pressorezeptoren – das sind Sensoren, die zum intrinsischen Nervensystem des Herzens gehören. Das System der Pressorezeptoren, so hat sich gezeigt, reguliert auch die Offenheit eines Menschen für von außen kommende Sinneseindrücke.[29] In anderen Untersuchungen wurde nachgewiesen, daß die Amygdala über das vegetative Nervensystem die Herzfrequenz und den Blutdruck beeinflußt.[30] Wenn diese Regulation gestört ist, weil der Mandelkern entfernt oder verletzt wurde, ist die Möglichkeit zu beschleunigtem Lernen beeinträchtigt. Verstärkt wird beschleunigtes Lernen durch Herz und Blutdruck. Ein russischer Wissenschaftler sagte einmal: „Ein Gramm Emotion wiegt ein Pfund Wiederholung auf.“[31] Dem würden wir hinzufügen, daß ein klein wenig *kohärente* Emotion ein Pfund Emotion aufwiegt. Vielleicht untersuchen zukünftige Unternehmen gründlich, wie Lernen in körperlicher Hinsicht bei ihren Angestellten geschieht. (Eine weitere neue Studie hat übrigens ermittelt, daß die Amygdala während des Träumens der aktivste Teil des Gehirns ist.)

## Kohärenz und Lernen

Dieser Aspekt der Gehirnforschung hat einen direkten Bezug zu dem Maß an Kohärenz oder Inkohärenz („Lärm“) im Unternehmen. Die Amygdala ordnet danach, was für sie „vertraut“ ist, ob es nun kohärent ist oder inkohärent.[32] Wenn das System im Stammhirn, das das Herz und den Blutdruck reguliert, ungeordnete und inkohärente Muster hervorruft, lernt der Körper, Disharmonie als das Vertraute zu erwarten; so gewöhnen sich Menschen daran, sich in der Inkohärenz heimisch und behaglich zu fühlen – das wirkt sich auf ihr Lernen und ihre Anpassungsfähigkeit aus. Diese Inkohärenz beeinflußt auch die Auswahl ihrer Freunde und Bekannten: Menschen fühlen sich dann nur in inkohärenter Umgebung wohl und kennen nur Unbehagen im Zusammensein mit ihren Bekannten.

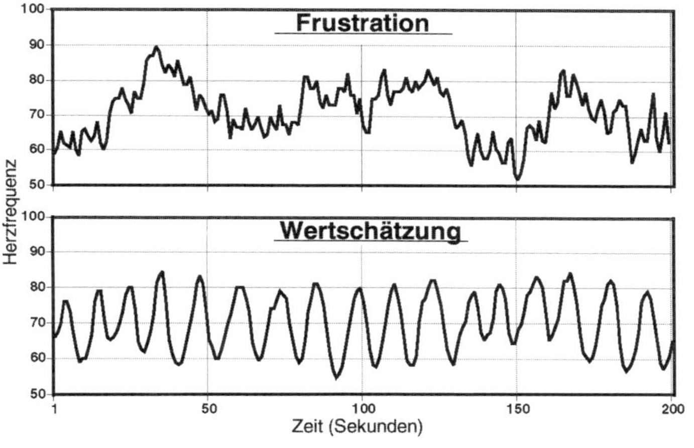


*Abbildung 3.6: Wenn sich die Herzfrequenz ändert, beeinflußt das nicht nur das Herz, sondern auch die Fähigkeit des Gehirns, Informationen zu verarbeiten, Entscheidungen zu treffen, Probleme zu lösen und kreativ zu sein. Gezackte Frequenzen, wie in der Abbildung oben, führen zu kortikaler Hemmung, wohingegen gleichmäßigere Frequenzen, wie in der Abbildung unten, mit kortikaler Förderung assoziiert werden.*

Es ist wahrscheinlich recht einfach, sich einige Kollegen und Kolleginnen vorzustellen, die sich als Kinder an ein deutliches Maß an Inkohärenz angepaßt haben, was zu unproduktivem Verhalten führt, das sie noch im Erwachsenenalter beibehalten (vielleicht trifft das bis zu einem gewissen Grad für alle von uns zu). Eine kanadische Führungskraft, die als Kind fließend französisch gesprochen hatte, stellte kürzlich fest, daß sie ihre Enkelin auf französisch anschrie. Ihr Mann fragte sie, was sie gesagt habe, und es stellte sich heraus, daß es genau die Worte waren, mit denen ihre Mutter sie vor 40 Jahren gescholten hatte. Das ist ein Beispiel für die Kraft der emotionalen Erinnerung.

Inkohärenz in Unternehmen (also vermehrter „Lärm", Durcheinander, Druck und Konflikte) kann die innere Verzerrung, die manche

Angestellten empfinden, vergrößern und so ein negatives Muster verstärken und stützen. Die gute Variante: Eine positive Umgebung kann eine wichtige Rolle dabei spielen, daß auf Dauer Kohärenz vertrauter wird als Inkohärenz und daß die negativen Muster sich auflösen. (Das Betriebsklima wird in Kapitel 9 besprochen.) Unserer Erfahrung nach bleibt selbst bei Menschen, die ihr Leben lang nach unproduktiven und ungesunden Mustern handelten, ein Kern vorhanden, der sich danach sehnt, produktiv und effektiv zu sein und der sich erfüllt fühlen möchte. Ein wachsendes Maß an Streß weltweit verstärkt nur den Kontrast zwischen dem Bedürfnis nach Kohärenz und der allgegenwärtigen Inkohärenz. Wenn sich die Kluft zwischen dem Gefühl, das die Menschen empfinden, und dem Gefühl, das sie empfinden *wollen*, vergrößert, dann machen sich oft Verzweiflung und Resignation breit. Physiologisch gesehen verschlimmert dies die ganze Sache nur und wir können immer weniger effektiv mit unseren Problemen umgehen oder nehmen sie immer verzerrter wahr. Der erste Schritt der Umprogrammierung besteht darin, diese unüberlegten Reaktionsmuster in uns selbst zu erkennen und ihre Folgen zu verstehen. Die Forschung belegt, daß das Umprogrammieren ineffizienter Gedanken und emotionaler Prozesse durchaus möglich ist.[33]

Auf der Grundlage dessen, was die Amygdala als vertraut erkennt, entscheidet die präfrontale Rinde, welches Verhalten in einer gegebenen Situation angemessen ist. Untersuchungen mit dem EEG (Elektroenzephalogramm, die Aufzeichnung der Gehirnwellen) haben gezeigt, daß die Stirnlappen in der frühen Kindheit bis zum Alter von drei Jahren sich rasch entwickeln, und dann erst wieder im Alter zwischen 17 und 21.[34] Deshalb sind diese frühen Jahre entscheidend für die Entwicklung emotionaler Reife. Anfangs entstehen hier vermehrt Gehirnverbindungen, besonders in der Großhirnrinde. Diese Verbindungen werden „gestutzt", wenn das Kind wächst. „Stutzen" (englisch „prune back") bedeutet buchstäblich ein Zurückschneiden und ein Formen der sich entwickelnden Muster von Gehirnverbindungen.[35] Beispielsweise können alle Kinder in einem jungen Alter alle Sprachen lernen. Wenn die Kinder heranwachsen, gehen allerdings bestimmte sprachliche Fähigkeiten durch diesen Prozeß des Stutzens verloren.

In jungen Jahren werden also die anfänglichen kognitiven und emotionalen Muster festgelegt und durch besagtes Stutzen geformt. Die Kontrolle der Stirnlappen beginnt in diesem frühen Alter; wenn zum Beispiel vor dem Alter von drei Jahren eine Trennung von einer geliebten wichtigen Bezugsperson stattfindet, können in der Entwicklung Probleme auftreten, wenn nicht eine andere liebevolle Bezugsperson diese Funktion übernimmt. Das Maß an Kohärenz – oder Liebe –, die ein Kind in diesen jungen Jahren erhält, beeinflußt tiefgehend seine Sehnsüchte und das, wovon sich das Kind später im Leben angezogen fühlt. Doch unabhängig von der Inkohärenz, die ein Kind früh im Leben erfährt, ist Liebe die Hauptanziehungskraft für Menschen.

Emotionale Gemütszustände sind ansteckend. Lächeln Sie ein Baby an, dann lächelt das Baby zurück. Behandeln Sie einen Kunden aufrichtig, dann schätzt Sie der Kunde und belohnt Sie mit Treue. Regen Sie sich auf, dann fängt das Baby an zu weinen. Behandeln Sie Angestellte ärgerlich und respektlos, dann internalisiert der Angestellte seinen Groll und verliert die Motivation, sein Bestes zu geben. Bei einem Baby können Sie eine Änderung seiner emotionalen Verfassung sofort an seinem Muskeltonus und der Art seiner Körperhaltung erkennen. Haben Sie genau so eine Veränderung schon einmal bei einer unangenehmen Mitarbeiterbesprechung oder bei einem Kundengespräch bemerkt? Üblicherweise ist die Veränderung hier viel subtiler und unauffälliger als bei Babys, deren Verhalten nicht von der Gesellschaft konditioniert ist. Im Erwachsenenalter haben viele von uns die Fassade perfektioniert, die unsere wirklichen Gefühle hinter einer Mauer von gezwungener Nettigkeit und Konventionen verbirgt, während im Inneren die Unzufriedenheit wächst und gedeiht.

Beim Lernen im Erwachsenenalter hängt die Qualität der Vermittlung von dem jeweiligen Lehrer oder Coach ab (im Betrieb oft ein Vorgesetzter oder Manager) und von der psychischen Kohärenz dieses Lehrers. Das Maß an Unsicherheit ist in vielen Unternehmen so hoch, daß die Interaktionen zwischen Vorgesetztem und Mitarbeiter von Unsicherheit, Furcht vor Kritik und Widerstand geprägt sind. Die Wärme und Kohärenz eines oder einer Vorgesetzten kann viel dazu beitragen, die Härte und Spannung aufzulösen; andererseits verstärkt das Unbehagen, die Frustration oder der Ärger des Managers oft die von Widerstand geprägte Haltung seitens des Angestellten.

## Emotionales Kaufen

Lassen Sie uns die Diskussion über emotionale Kohärenz auf eine sehr praktische Situation im Berufsleben anwenden: das Verkaufsgespräch am Telefon. Der erste Eindruck des Kunden ist gewöhnlich emotional: Gefühle von Unbehagen und Mißtrauen oder von Sicherheit und Wohlbefinden werden häufig durch den Verkäufer ausgelöst. Die emotionale Verfassung des Verkäufers bestimmt den Ton des folgenden Austauschs entscheidend mit. Der potentielle Käufer neigt dazu, recht genau zu beobachten und sich sehr rasch eine Meinung über den Verkäufer zu bilden

– diese mag zutreffend sein oder auch nicht. Menschen kaufen oft von jemandem, der ihnen sympathisch ist. Wenn ein Verkäufer unaufrichtig erscheint, zu sehr zum Kauf drängt oder emotional unsicher ist, zögert der Kunde oft, den Kauf zu tätigen. Ein alter Grundsatz im Verkauf besagt, daß nichts so ineffektiv ist wie ein verzweifelter Verkäufer. Umgekehrt fördert stärkere Kohärenz des Verkäufers den Respekt vor dem Käufer; sie fördert genaueres Zuhören, mehr Verständnis und Klarheit sowie im Endeffekt die Aussicht auf einen erfolgreichen Verkauf. Anhand dieser Situation können Sie das, was wir bereits über die körperlichen und elektromagnetischen Grundlagen von Verhalten dargestellt haben, wiedererkennen.

Menschen können lernen, ihre schlecht angepaßten neuralen Verbindungen neu zu bahnen – die Verbindungen, die bisher Lernen, Wachstum und die emotionale Reife behindern, die für Erfolg in jedem Lebensbereich erforderlich sind. Mit etwas Übung kommt es zu weitreichenden Veränderungen, die sich über die Herzfrequenz[36], die Spektralanalyse des EKG, die Gehirnwellen[37], über das Immunsystem[38] und das hormonelle Gleichgewicht[39] messen lassen. Dazu kann man Techniken anwenden, die einen harmonischen Gemütszustand fördern. Es gibt zum Beispiel die Herzintelligenz-Übungsprogramme, in denen Fürsorge und Wertschätzung bewußt empfunden werden – sie sind ausgezeichnete Beispiele dafür, wie die Herzintelligenz die Physiologie verändert. So etwas zu lernen und anzuwenden, wirkt sich erheblich auf die betriebliche Kohärenz aus.

## Herzintelligenz

Der Begriff *Herzintelligenz* benennt die Vorstellung, daß das Herz weit mehr ist als eine Pumpe, die mehr als 110.000mal am Tag schlägt. Seine elektrischen, magnetischen, neuralen und hormonalen Eigenschaften machen es zu einem wirklich bemerkenswerten Teil des menschlichen Systems. Es ist sogar intelligenter als diese Funktionen vermuten lassen.

Wir sagten bereits, daß die Änderungen im Herzrhythmus aufgrund wechselnder Emotionen eines Menschen die Verarbeitungsfähigkeit des Gehirns weitreichend beeinflussen. In allen Kulturen der Welt gibt es Wendungen über die Fähigkeit des Herzens zu „fühlen" – man spricht von Großherzigkeit, von einem Löwenherz, einem gebrochenen Herzen, Kaltherzigkeit, einem Herz aus Gold. Wenige von uns glauben, daß dieses faustgroße Organ in der Mitte unseres Brustkorbes diese Gefühle *produziert*, doch fast alle nehmen wir emotionale Empfindungen in der

Körpergegend um unser Herz herum wahr. Wir können Herzschmerz *fühlen*, ebenso wie wir die Wärme aufrichtiger Wertschätzung oder die Kraft, die aus mutigem Handeln heraus entsteht, *fühlen*.

Wenn Sie gebeten werden, auf sich selbst zu zeigen, würden Sie dann auf Ihr Herz deuten oder auf Ihren Kopf, Ihren Ellenbogen oder gar auf Ihr Knie? Wir betrachten das Herz als Zentrum unserer Existenz, und wir verwenden das Wort *Herz*, um alles zu beschreiben, was den Kern, das Zentrum oder das Entscheidende meint. Weil der Westen lange Zeit an die Überlegenheit des Intellekts glaubte, sank das Herz – das als sentimentale Falle bewertet wurde – in der Gunst. Das Herz im negativen Sinne als schwach, emotional und irrational zu betrachten, ist eine altmodische Denkweise, die unseren höchsten Interessen nicht mehr dient. Diese Sichtweise ist nicht schlecht, sie ist ein schlichtes Mißverständnis. Es ist an der Zeit, daß das Herz nicht mehr für unkontrollierte Emotionen getadelt, sondern als das angesehen wird, was es ist – die Quelle unserer inneren Kraft und unerläßlich, um mit neuen Formen von Intelligenz in Kontakt zu treten.

Das Herz, von dem hier die Rede ist, ist kein Synonym für Emotionen. Die Forschungen am HeartMath-Institut belegen, daß das Herz über eine Intelligenz verfügt, die über die emotionale und analytische hinausgeht. Das Herz *empfindet* emotionale Informationen und kann die Fallen *unkontrollierter Emotionen* überwinden. Die Beweise häufen sich, daß die Intelligenz des Herzens ein Betriebssystem im Menschen ist, das mentale, emotionale und zelluläre Intelligenz kohärent steuern kann. Eine radikale Aussage? Vielleicht. Wir sind auf jeden Fall überzeugt davon, daß es sich lohnt, sie zu untersuchen und ihr nachzugehen.

## Frequenzen der Intelligenz

Unsere Welt schwimmt in einem Meer von Frequenzen. Licht, Geräusche, Röntgen- und Gammastrahlen – dies sind alles Beispiele für die Arten von Frequenzen, mit denen wir täglich leben. Einige davon, wie das Sonnenlicht, können wir bewußt wahrnehmen, andere wie Röntgenstrahlen hingegen nicht. Eine Frequenz ist ein Maß einer Schwingungsrate, die in Zyklen pro Sekunde gemessen wird. Ozeanwellen brechen sich ungefähr alle 20 Sekunden am Strand; ihre Frequenz wäre drei Wellen pro Minute. Lichtwellen schwingen Billionen mal ($10^{14}$) pro Sekunde; das ist der Frequenzbereich des sichtbaren Lichts. Das Licht, das wir sehen, ist für uns deshalb sichtbar, weil unsere Augen auf bestimmte Frequenzen oder Schwingungen des Lichts eingestimmt sind.

Frequenzen sind keine abstrakten mathematischen Konzepte. Wir können Lichtfrequenzen *sehen*, Tonfrequenzen *hören* und die unterschiedlichen Frequenzen von Gedanken und Emotionen *fühlen*. Stellen Sie sich die Augen vor als Empfangsstationen, die darauf ausgelegt sind, bestimmte Lichtfrequenzen zu empfangen, aber nicht alle. Ebenso sind unsere Ohren darauf ausgelegt, die hörbaren Frequenzen in einem be- [illegible] ɪich zu hören. Sie können nicht hören, worauf die Ohren [illegible] ʌusgelegt sind, obwohl die Töne, die ein Hund hört, ebenso [illegible] Kapazität des menschlichen Ohrs ist dafür bestimmt, nur [illegible] n Frequenzen, die für unser Überleben und unser Vergnü- [illegible] g sind, zu funktionieren. Ein Mittelwellenradio ist dafür [illegible] equenzen im Mittelwellenbereich einer Radioskala zu emp- [illegible] -Sender senden in einem anderen Frequenzbereich, den nur [illegible] lio empfangen kann. Obwohl das Herz und das Gehirn je- [illegible] he Frequenzen aussenden, die in einem unterschiedlichen [illegible] ngen, hauptsächlich zwischen 0 bis 30 Hz, ist die Ampli- [illegible] zens 40–60mal stärker als die des Gehirns. Gleichzeitig [illegible] intelligenten Organe eingehende Informationen „empfan- [illegible] Reihe von biochemischen und elektrischen Veränderungen als Antwort auf diesen sensorischen Input produzieren.

*Herzintelligenz* kann definiert werden als *der intelligente Fluß von Erkenntnissen, der zu fließen beginnt, sobald der Verstand und die Emotionen ausgewogen und kohärent sind.* Wertschätzung, Fürsorge und Mitgefühl sind Beispiele für die „Hauptfrequenzen" innerhalb der Bandbreite der Herzintelligenz. Jedesmal, wenn Sie eine dieser Frequenzen oder positiven Emotionen erzeugen, wechselt Ihre Physiologie in einen effizienteren Modus über. Wenn Sie die Gefühle des Herzens aktivieren, nutzen Sie die Empfindungsfähigkeit des Körpers geschickt. Außerdem ist diese Aktivierung der Zündschlüssel für intuitive Intelligenz. Häufig beginnen in Momenten des Friedens, der Stille oder Wertschätzung intuitive Einsichten zu „fließen". Sogar der ruheloseste Verstand gewinnt in Gegenwart eines fürsorglichen Herzens eine neue Sichtweise und neues Verständnis.

In der Methode HEARTMATH – HERZINTELLIGENZ definieren wir *mentale Intelligenz* als das Spektrum menschlicher Intelligenz, in dem das Gehirn analysieren, folgern, etwas durchdenken und sich Dinge merken kann. Emotionen beeinflussen und stören diese Prozesse, die für die menschlichen Interaktionen am meisten charakteristisch sind. Ähnlich definieren wir im HEARTMATH – HERZINTELLIGENZ-System *Herzintelligenz* als den Teil menschlicher Intelligenz, der im Bereich der mentalen, emotionalen und sogar zellulären Intelligenz wirkt. Intuitive Intelligenz entwickelt sich in dem Maß, in dem die eigenen mentalen Prozesse von dieser Herzintelligenz kontrolliert werden und sich die Emotionen – gleichsam als Treibstoff – dieser weisen Intelligenz unterordnen. Dann kann sich ein neues Verständnis von sich selbst, vom Unternehmen, dem Markt oder irgend etwas jeweils Wichtigem schneller entwickeln.

Betrachten Sie die Verbindung zwischen einer positiven Emotion wie Mitgefühl und der Intuition. Denken Sie an Menschen, von denen Sie wissen, daß sie besonders intuitiv sind (Sie selbst besitzen zweifellos auch ein gewisses Maß an emotionaler Sensibilität). Menschen mit dieser Art von Sensibilität werden in Unternehmen und Organisationen wegen ihres Mitgefühls, Verständnisses und tiefen Vertrauens sehr geschätzt. Doch diese Fähigkeit ist allen Menschen angeboren und kann durch regelmäßiges Augenmerk auf die innere Ausgeglichenheit sowie durch das Erzeugen und Erleben positiver Emotionen entwickelt werden.

Die Herzintelligenz verhält sich zur Intuition wie mentale Intelligenz zur Analyse. Der angemessene Umgang mit den eigenen Emotionen und die Fähigkeit, positive Emotionen in sich selbst auszuleben, öffnet die Tür, durch die die Intuition treten kann. Ohne aktive Intuition wird das Leben starr; ohne sie übersehen wir leicht wichtige Hinweise auf Lektionen, die wir lernen müssen, oder auf Gelegenheiten, die wir nutzen können.

## Intuitive Intelligenz

Doc Childre ging davon aus, daß Intuition eine Bandbreite von Intelligenz darstellt, die für den Bauplan des Menschen entscheidend ist. Diese Erkenntnis prägte die Forschung im HeartMath-Institut. Allen Menschen ist die Fähigkeit zur Intuition angeboren. Sie ist für Menschen ebenso zentral wie der Überlebenstrieb oder die Fürsorge für andere. Sie kann sicherlich blockiert oder behindert sein, aber das beeinträchtigt nicht ihr Potential, das Leben der Menschen oder die Unternehmen, in denen sie arbeiten, zu lenken. In unserer Gesellschaft wird die Stimme der Intuition durch das Getöse des Ehrgeizes und Überlebens übertönt. Die gute Seite daran ist, daß die Intuition noch da ist. Sie muß nur abgestaubt werden.

Die effizienteste Methode des psychischen Selbstmanagements besteht darin, ständig mit der eigenen angeborenen intuitiven Intelligenz in Kontakt zu sein. Die Forschungen am HeartMath-Institut weisen darauf hin, daß der menschliche Organismus vorprogrammiert ist, auf einem hohen Niveau intuitiver Intelligenz zu funktionieren. Die schnelle Zeit, in der wir leben, bietet die idealen Voraussetzungen, diese Intelligenz zu optimieren. Mit ständigem Üben wird sie automatisch statt zufällig.

Doch wir müssen verstehen, daß Intuition nicht immer als genialer Durchbruch oder grandios erscheint. Intuitive Gedanken, Gefühle und Lösungen zeigen sich oft als der gute alte gesunde Menschenverstand. Gesunder Menschenverstand ist effizient. Ist er auch manchmal etwas einfach, so sollte der gesunde Menschenverstand doch respektiert werden. Einfachheit ist Komplexität, die so gezähmt und reduziert wurde, daß sie leicht anwendbar ist. Sie ist wie eine mathematische Gleichung, die schließlich aufgeht. Die Gleichung kann recht lang sein, aber schließlich löst sie sich auf und ergibt ein paar passende und glatte Zahlen. Intuition führt oft zu Einfachheit und gesundem Menschenverstand. Wie viele Situationen erleben Sie gerade, von denen Sie sich wünschen, sie könnten vereinfacht und mit gesundem Menschenverstand angegangen werden?

Das Erziehungssystem, in dem die meisten von uns groß geworden sind, hat uns gut in der Kunst und Wissenschaft der Analyse, der Deduktion und dem Reduktionismus ausgebildet. Wir lernten Fakten auswendig und wissen, wie wir Dinge auf ihre Einzelteile zurückführen. Wir sind weniger gut darin, Verbindungen, Beziehungen und Interdependenzen zu erkennen. Doch genau das ist vielleicht die größte Stärke und die Faszination der Intuition. Man *weiß* einfach, ohne genau zu wissen, wie man das weiß. Der größere Zusammenhang ist viel leichter zu erkennen, weil man dann nicht mit den Kleinigkeiten oder dem „Mobiliar“ beschäftigt ist, wie Doc Childre es manchmal nennt. Sie sind klar, wissen und fühlen es. Intelligenz ist optimiert. Der Kontrollmodus in den meisten von uns wäre dazu da, unseren üblichen verkopften Lernstil aufrechtzuerhalten, bis das Leben uns in eine Ecke drängt und neue Arten zu denken und zu fühlen verlangt oder uns dazu inspiriert. Das ist der Grund, warum sich Menschen schließlich tief nach innen wenden, um mit der inneren Intelligenz in Kontakt zu treten, die angesichts von Durcheinander und verzerrter Sichtweise Sicherheit und Antworten bieten kann. Aus der hier vorgestellten Gehirnforschung ist klar, daß diese Kontrollmuster das Ergebnis von eingefrorenen neuralen Schaltkreisen sind. Hierbei erfüllt die Amygdala ihre Funktion und erinnert uns selbst bei neuen oder unbekannten Informationen an das Vertraute.

Die Art von persönlichen oder betrieblichen Durchbrüchen, die uns aus der Dichte und Trägheit der alten Möglichkeiten herausbringen können, sind nicht von Analyse oder Vernunft bestimmt; sie beruhen nämlich hauptsächlich auf vergangenen Erfahrungen. Künftig wird für Erfolg und Kohärenz eine neue Denkweise erforderlich sein. Sie ist geprägt von Gemeinschaftssinn, Mitgefühl und Kreativität. Der Schlüssel dafür liegt darin, die Herzintelligenz zu aktivieren.

# Selbstfürsorge

Wie nun paßt die Fürsorge für den physischen Körper in dieses Modell des psychischen Selbstmanagements? In den letzten 20 Jahren explodierte eine Fülle von Informationen über die Wichtigkeit gesunder Ernährung und Bewegung sowie über die Konsequenzen ihrer Mißachtung. Heute ist es modern, die Verpackungsetiketten zu lesen. Sie und manchmal sogar Speisekarten in den Restaurants informieren uns über Kalorienzahl und Cholesterinwerte; Fitneßcenter, Heimtrainer und betriebliche Wellness-Programme ermuntern uns (oder treiben uns aus Angst dazu), uns mehr um uns selbst zu kümmern. Viele Menschen achten heute auf intelligente Weise darauf, was sie zu sich nehmen. Eine ausgewogene Ernährung trägt nämlich durchaus dazu bei, das Energieniveau zu erhöhen und das Krankheitsrisiko zu senken.

Es ist sicher richtig, daß viele Menschen im Westen wahrscheinlich nicht genug Getreide oder frisches Gemüse essen und zu viel sitzen. Ein unausgewogenes Leben ist zur Norm geworden. Doch die Ernährungs- und Bewegungsfanatiker gehen mit ihrem Wissen das Risiko ein, den ohnehin belasteten Menschen noch mehr Streß, Verwirrung und Angst zu bereiten. Manche Menschen machen sich ständig Sorgen darüber, was sie essen. Sie verurteilen sich dafür, nicht das Richtige zu essen. Menschen, die sich entschlossen haben, ihre Ernährung umzustellen, verurteilen oft Menschen, die nicht genauso essen wie sie. Einer meiner Freunde gestand, daß er in seinen Jahren als strenger Vegetarier ständig andere verurteilte, die nicht an seine Ernährungsregeln glaubten. Er gelangte an den Punkt, an dem er erkannte, daß die möglichen Vorteile, die er körperlich von seiner Ernährung hatte, durch den Streß, die Anspannung und die Toxine, die er durch seine negative, urteilende Haltung anderen gegenüber produzierte, stark gefährdet waren.

Ernährungsformen oder Bewegungsprogramme können nicht für jeden passen oder den Erfordernissen jedes Lebensstils gerecht werden. Aber ständig die intuitive Intelligenz zu aktivieren – sich selbst zu fragen, was in diesem Moment körperliche Ausgewogenheit bedeutet, während Sie Ihre mentale und emotionale Ernährung ins Gleichgewicht bringen – ist eine sehr effiziente Möglichkeit, Ihr Gesundheitsprogramm zu beginnen. Mit *mentaler und emotionaler Ernährung* meinen wir die täglichen Gedanken und Emotionen, auf denen Sie noch herumkauen, lange, nachdem Sie den BigMac verdrückt oder die Sushis verschlungen haben, die Ihre Physiologie ebenso weitreichend beeinflussen, wie sie Ihnen Energie rauben. Es ist zwar bequem und teilweise richtig, Fast food und den übermäßigen Gebrauch von Stimulanzien zu rügen, doch dabei fehlt es an der tieferen Botschaft über die wirkliche Kraft. Gleichgewicht und Ausgewogenheit ist der Schlüssel für alles, auch für die Wahl Ihrer Ernährung und Ihres Bewegungsprogramms.

Kurz gesagt ist die Herzintelligenz ein zentrales menschliches Betriebsystem, das die mentale, emotionale und zelluläre Intelligenz ins Gleichgewicht bringen kann. Ein Verstand (oder ein Unternehmen) ohne Herz ist konfus, impulsiv und leicht ablenkbar. Emotionen (oder Unternehmen), die nicht durch die Herzintelligenz ausgeglichen werden, entfachen Strohfeuer der Instabilität und Verschwendung; sie halten Menschen in Gedankenschleifen gefangen, mit denen Verhalten entschuldigt wird. So verpassen Menschen, die Sichtweise der Herzintelligenz zu nutzen, die ihnen ein tieferes Verständnis vermitteln könnte. Zellen, die nur instinktiv funktionieren, bleiben in Modalitäten gefangen, die den Geist einsperren und uns unnötig altern lassen. Das Herz stellt die wichtigen Dinge an erste Stelle, von sieben Billionen Zellen, die es nährt, über das Leben, das es unterhält, zur Vitalität, die es gewährleistet – und das intuitiv, intelligent, praktisch, zentral, fundamental und mit höchster Priorität.

## Anmerkungen

1. Madeleine Nash, „Fertile Minds", in: *Time* (24. Februar 1997).
2. Lila L. Gatlin, *Information Theory and the Living System*. New York: Columbia University Press, 1972.
3. Sandra Blakeslee, „Complex and Hidden Brain in Gut Makes Stomaches and Butterflies", in: *New York Times* (23. Januar 1996).
4. Ibid.
5. In der chinesischen Tradition *chi* oder *qi*, in der japanischen *ki* genannt, die Quelle der Kraft, die vom Solarplexus ausströmen soll. Übende lernen, den Verstand zur Ruhe zu bringen und ihre Aufmerksamkeit auf diesen Bereich zu richten, damit die Kraft konzentriert und ausgeglichen ist. Unserer Meinung nach geht es bei der Übung vor allem darum, das emotionale Durcheinander zur Ruhe zu bringen und so einem Menschen zu helfen, kohärenter zu werden. Aber die Forschungen am HeartMath-Institut zeigen auch, daß das Herz elektrisch und biomechanisch an die Stelle des Solarplexus tritt.
6. J. A. Armour, „Anatomy and Function of the Intrathoracic Neurons Regulating the Mammalian Heart", in: I. H. Zucker und J. P. Gilmore (Hrsg.), *Reflex Control of the Circulation*. Boca Raton, FL, USA: CRC Press, 1991.
7. M. Cantin und J. Genest, „The Heart as an Endocrine Gland", in: *Clinical and Investigative Medicine* 9, Nr. 4 (1986), S. 319–327.

8. Claire Sylvia und William Novak, *A Change of Heart*. New York: Little, Brown and Company, 1997; dt. *Herzensfreund: wie ein Spenderherz mein Selbst veränderte*. Hamburg: Hoffmann und Campe, 1998.
9. Paul Pearsall, *The Heart's Code*. New York: Broadway Books, 1998.
10. Paul Pearsall, „The Heart Remembers", in: *Natural Health* (März/April 1998).
11. Antonio Domasio, *Descartes's Error: Emotion, Reason and the Human Brain*. New York: Putnam, 1994; dt. *Descartes' Irrtum: Fühlen, Denken und das menschliche Gehirn*. München: Deutscher Taschenbuch-Verlag, 1997.
12. Jim Taylor und Watts Wacker mit Howard Means, *The 500-Year Delta: What Happens After What Comes Next*. New York: HarperCollins, 1997, S. 141.
13. Aus Joseph Chilton Pearce' Einleitung zu Doc Childres Buch *Teaching Children to Love*. Boulder Creek: CA, USA: Planetary Publications, 1996, S. 9; dt. *Kannst du mit dem Herzen sehen? Mit Kindern die Herzintelligenz entdecken; 77 Spiele*. Kirchzarten bei Freiburg: VAK, 2000.
14. Ibid., S. 10 (der Originalausgabe).
15. Daniel Goleman, *Emotional Intelligence: Why It Can Matter More than IQ*. New York: Bantam Books, 1995; dt. *Emotionale Intelligenz*. München: Deutscher Taschenbuch-Verlag, 1997.
16. Ibid.
17. Karl H. Pribram, *Languages of the Brain*. New York: Brandon House, 1971.
18. R. McCraty, W.A. Tiller, M. Atkinson, „Head-Heart Entrainment: A Preliminary Survey", in: *Proceedings of the Brain-Mind Applied Neurophysiology EEG Neurofeedback Meeting*, 1996. Key West, FL, USA, S. 26-30.
19. Rollin McCraty, Bob Barrios-Choplin und Deborah Rozman, „The Impact of a New Emotional Self-Management Program on Stress, Emotions, Heart Rate Variability, DHEA and Cortisol", in: *Integrative Physiological and Behavioral Science* (1998). Auch D.S. Kerr, L.W. Campbell und M.D. Applegate, „Chronic Stress-Induced Acceleration of Electrophysiologic and Morphometric Biomarkers of Hippocampal Aging", in: *Society of Neuroscience* 11, Nr. 5 (1991), S. 1316–1317.
20. Alan Watkins, *Mind-Body Medicine: A Clinician's Guide to Psychoneuroimmunology*. London: Churchill Livingstone, 1997.
21. McCraty, Barrios-Choplin, Rozman, „The Impact of a New Emotional Self-Management Program on Stress, Emotions, Heart Rate Variability, DHEA and Cortisol", in: *Integrative Physiological and Behavioral Science* (1998).
22. Goleman, *Emotional Intelligence*; dt. *Emotionale Intelligenz*. München: Deutscher Taschenbuch-Verlag, 1997.
23. Rollin McCraty, William A. Tiller, Mike Atkinson u. a., „The Effect of Emotions on Short Term Power Spectrum Analysis of Heart Rate Variability", in: *American Journal of Cardiology* 76, Nr. 14 (15. November 1995), S. 1088–1093.

24. S. A. Rosenfeld, *Conversations Between Heart and Brain*, in: Dr. med. Rockville: *National Institute of Mental Health*, 1977.
25. Karl H. Pribram und Deborah Rozman, „Early Childhood Development and Learning: What New Research on the Heart and Brain Tells Us About Our Youngest Children“, Vortrag, gehalten bei der *White House Conference on Early Childhood Development and Learning*, San Franzisko, 1997.
26. William Tiller, Rollin McCraty und Mike Atkinson, „Toward Cardiac Coherence: A New Non-Invasive Measure of Autonomic System Order“, in: *Alternative Therapies* (1996).
27. Ibid.
28. Rosenfeld, *Conversations Between Heart and Brain*.
29. Ibid.
30. S. Oppenheimer und D. Hopkins, „Suprabulbar Neuronal Regulation of the Heart“, in: J. A. Armour und J. L. Ardell (Hrsg.), *Neurocardiology*. New York: Oxford University Press, 1994, S. 309–341.
31. Zitiert in Pribram und Rozman, „Early Childhood Development“.
32. Ibid.
33. McCraty u. a., „The Impact of a New Emotional Self-Management Program“.
34. Pribram und Rozman, „Early Childhood Development“.
35. Ibid.
36. Tiller u. a., „Toward Cardiac Coherence“.
37. McCraty u. a., „Head-Heart Entrainment: A Preliminary Survey“.
38. Rollin McCraty, Mike Atkinson und Glen Rein, „Music Enhances the Effect of Positive Emotional States on Salivary IgA and Heart Rate Variability“, in: *Stress Medicine* 12 (1996), S. 167–175.
39. McCraty u. a., „The Impact of a New Emotional Self-Management Program.“

Kapitel 4

# Streß und Anpassungsfähigkeit: Wie es ist, am Hudson River aufzuwachsen

Viele Jahre bevor ich Doc Childre begegnete, war ich Schauspieler und trat in über 700 Vorstellungen in New York auf, in denen *The Fantasticks* aufgeführt wurde. Schon bald war es automatisiert, den Text zu sprechen, die Lieder zu singen und auf der Bühne herumzuspringen; für einen Schauspieler besteht die Herausforderung bei Stücken, die lange laufen, darin, nicht mechanisch zu werden, (nicht in der Gedächtnisleistung). Eines Abends, als ich schon ungefähr 400mal aufgetreten war, hatte ich eine Mattscheibe. Für den Bruchteil einer Sekunde blieb die Zeit stehen und ich empfand panische Angst, bis (ohne daß mir bewußt war, was ich sagte) die Worte automatisch aus meinem Mund kamen. Ich war erleichtert und erstaunt, daß ich den Text ohne bewußtes Zutun sprechen konnte.

Ein Teil des Gehirns, die Medulla, hilft uns, uns mit Hilfe sogenannter *stereotyper Verhaltensweisen* aus bewußten Gedankenprozessen herauszuretten. Die Medulla ist der Teil des Gehirns, mit dem wir Funktionen lernen, die bald automatisch ablaufen. Stereotype Verhaltensweisen laufen oft unbewußt ab. Menschen, die täglich zu demselben Arbeitsplatz pendeln, können sich oft nicht erinnern, wie sie zur Arbeit gekommen sind, weil sie vielleicht so sehr mit beruflichen oder persönlichen Themen beschäftigt waren. Doch die angeborene Intelligenz des Gehirns und der Muskeln sorgt für dieses Funktionieren, während Ihre bewußte Aufmerksamkeit sich mit etwas ganz anderem beschäftigt.

Wir tun viele Dinge automatisch, ohne wirklich zu verstehen, welchen Einfluß oder welche zellulären Folgen dieses Verhalten hat. Ich wuchs in den 50er und 60er Jahren im Norden von New Jersey auf und unternahm, lange bevor ich am Broadway arbeitete, häufig Ausflüge nach Manhattan.

Als ich den Hudson River sah, fragte ich mich, wie Fische – oder überhaupt irgend etwas – in so einem schlammigen, öligen, verdreckten Wasser überleben können. Später sinnierte ich, im Zusammenhang mit dem, was ich von der HEARTMATH – HERZINTELLIGENZ-Methode gelernt hatte, darüber, wie ein Fisch das Leben wahrnimmt. Der Fisch wuchs im Hudson River heran, kannte nichts anderes und hatte keine andere Lebenserfahrung als Vergleich. Der Fisch wurde in dieser Umgebung geboren, wuchs dort heran und war gezwungen, sich anzupassen, unabhängig von den möglichen gesundheitlichen Folgen. Ich las sogar einen Bericht über kranke Fische, die in der Nähe der alten Docks in Lower Manhattan gefangen wurden. Was wäre, wenn einer dieser armen Fische im Hudson River einen Traumurlaub in Lake Tahoe gewinnen würde? Dieser Fisch wäre vielleicht zuerst schockiert über die Reinheit und Unberührtheit des Sees, würde sich aber schnell daran gewöhnen und aufblühen und würde wahrscheinlich die Spielbanken in Nevada besonders faszinierend finden.

Viele Menschen sind so vertraut mit einem bestimmten Maß an Angst, Spannung oder Frustration in Ihrem Unternehmen oder in Ihrem Leben, daß sie sich gar nichts anderes vorstellen können; eine andere Art zu funktionieren erscheint ihnen wie ein ferner oder gar grausamer Traum. Wenn sie dann den Jackpot knacken, ihre Firma in eine Aktiengesellschaft umgewandelt wird und sie beteiligt, sie einen höheren Status im Leben erreichen oder in eine nettere Gegend umziehen, wie schnell können sie sich da „anpassen" und alles für selbstverständlich nehmen! Die Neuheit und die regenerative Kraft der Wertschätzung sind häufig bereits abgenutzt.

Einer der wirklich bemerkenswerten Aspekte des Lebens auf diesem Planeten ist die Anpassungsfähigkeit. In Zeiten schnellen Wandels ist die Anpassungsfähigkeit des menschlichen Systems entscheidend. Doch viele Menschen neigen dazu, sich *schlecht anzupassen* – das sollte transformiert werden, damit neue Intelligenz verfügbar wird.

## Fehlanpassung

Eines Morgens sprachen wir bei einer Tasse Kaffee über das Problem der Fehlanpassung. Doc Childre erklärte sie so: *Fehlanpassung* bedeutet, sich auf ungesunde Art an Umstände in uns selbst und in unserer Umgebung anzupassen. Sich an stressige Ereignisse fehlerhaft anzupassen heißt: Wir sind uns ihrer Folgen nicht bewußt, glauben, es gäbe keine Alternative oder, noch schlimmer, es sei in Ordnung, auf eine bestimmte Art und Weise zu handeln – egal, ob sie nun schädlich ist oder nicht. Jeder um uns herum denkt und handelt ähnlich, deshalb fallen wir in einen unbewußten Schlaf, der dazu führt, daß unser Verhalten uns unsere Energie raubt. Dies führt zu dem Glauben, es gehe uns ganz gut, doch in Wirklichkeit beansprucht dieses Verhalten unseren Körper unnötig und läßt uns weit weniger effektiv und erfüllend handeln, als wir es eigentlich könnten. Die Reaktion vieler Menschen auf Streßsituationen bietet ein perfektes Szenario für diese Fehlanpassung. Wenn die Geschäftsleitung beispielsweise eine neue Politik verfolgt, beklagen sich viele Angestellte über die Veränderung. Es scheint, als ob es nicht nur in Ordnung wäre, zu jammern und zu stöhnen, sondern als sei dies die angemessene Reaktion auf die Situation. Die Klagen verbreiten sich wie ein ansteckender Virus, und wenn er erst einmal wütet, kann es den Anschein haben, als finde ein Wettbewerb darüber statt, wer am kreativsten meckern kann. Ob die neue Politik zum Positiven ist oder nicht, spielt für unseren Körper keine Rolle. Der Streß, der durch negative wertende Gedanken und Gefühle entsteht, ruft ein hormonelles Ungleichgewicht hervor, ein Ungleichgewicht im Nervensystem: Er beansprucht das Herz und kostet viel Energie. Das Ergebnis ist eine kortikale Hemmung und wir denken weniger klar. Wir fühlen uns müde, wissen nicht warum und schieben die Schuld auf die Belastungen am Arbeitsplatz. Sagen das nicht auch die Kollegen? Schimpfen verstärkt den negativen Einfluß der Reaktion auf die notwendige Veränderung. Viele Menschen sinken dann noch schneller in ihrem selbstproduzierten Treibsand ein und glauben dabei, sie reagierten angemessen.

Wie viele Kolleginnen und Kollegen in Ihrer Firma reagieren auf den Alltagsstreß *fehlangepaßt*, statt sich gesund anzupassen? Selbst die positiven Auswirkungen regelmäßiger Bewegung können die Ursachen von Streß (ineffiziente Wahrnehmung) maskieren, wenn sie nur auf die Symptome, wie zum Beispiel Erschöpfung, ausgerichtet sind.

Wenn der Streß zunimmt, internalisieren viele Menschen die Anspannung und reagieren so, daß ein neues Level von Spannung und verzerrter Wahrnehmung normal erscheint – so weit passen sie sich an. Dieser Prozeß entwickelt sich unkontrolliert weiter, aber weil er so langsam verläuft, können die meisten seine verheerenden Folgen nicht erkennen. Man könnte dieses Phänomen den „schleichenden Tod" nennen. Physiologisch wird die Fehlanpassung sogar bezichtigt, zu bestimmten chronischen Erkrankungen wie Bluthochdruck beizutragen. Dabei ist es unser Körper, der sich an den äußeren Streß falsch anpaßt, ohne seine Auswirkungen zu neutralisieren; und der Preis dafür ist hoch. Jetzt ist, physiologisch gesprochen, die Schranke oben, und wir haben den „Lärm" hereingelassen, statt ihn auszusperren. Ein neues Maß an Inkohärenz beginnt, normal zu erscheinen. Dieser Prozeß liegt einem Hauptthema des psychischen Selbstmanagements zugrunde:

**Der Druck auf den einzelnen wird in den kommenden Jahren zunehmen, wenn der gesellschaftliche, familiäre und persönliche Streß wächst und Veränderungen noch schneller geschehen.**

Das Wort *Streß* geht zurück auf das lateinische Wort *distringere* und bedeutet „beanspruchen“, „einengen“. Nach 1936 begannen Ärzte, ein Streßkonzept zu präsentieren; es ging um die Vorstellung, daß die Kümmernisse und Widrigkeiten des Lebens eine physiologische „Streßreaktion“ auslösen, die zu meßbaren körperlichen Erkrankungen und Geisteskrankheiten führen kann.[1]

Hans Selye prägte den modernen Gebrauch des Begriffes *Streß* und beschrieb Streß als „das Ausmaß von körperlichem Verschleiß“.[2] Neue Untersuchungen haben ergeben, daß es mehr als alle anderen gemessenen Reize Streß erzeugt, wenn Menschen mehrmals stündlich unterbrochen werden und ihre Aufmerksamkeit auf viele verschiedene Aufgaben verlagern müssen. Der Streß wird noch schlimmer, wenn Sie sich auch noch Sorgen machen, ängstlich und unsicher sind und das Gefühl haben, nichts kontrollieren zu können. Anders war das vor 30 Jahren. Angesichts unserer schnellebigen Zeit, so haben Untersuchungen ergeben, ist ein Mensch an seinem Arbeitsplatz Dutzende Male in der Stunde aufgefordert, sich umzustellen oder seine Aufmerksamkeit auf etwas anderes zu richten. Dies nimmt zweifellos noch zu. E-Mails, Unterbrechungen durch Kollegen und Mitarbeiter, Faxe, das Klingeln des Telefons, Menschen, die Ihre Aufmerksamkeit fordern (darunter Partner und Kinder), während Sie versuchen, etwas anderes zu erledigen – bei all diesen Beispielen sind Sie aufgefordert, Ihre Aufmerksamkeit anderem zuzuwenden. Es gibt sicher noch Menschen, die relativ viel Routine in ihrer Arbeit haben und wenige Unterbrechungen erleben; viele Menschen müssen hingegen *zehn bis zwanzig Mal in der Stunde oder noch öfter ihre Aufmerksamkeit neuen Dingen zuwenden*. Wenn Sie einen Arbeitstag von acht bis zehn Stunden ansetzen, dann belaufen sich diese Wechsel der Aufmerksamkeit leicht auf 80 oder 100 oder sogar 150 pro Tag. Bei jedem dieser Wechsel haben Sie die Wahl: reagieren und zulassen, daß der Streß zunimmt, oder neutral und ausgeglichen bleiben und Ihre Intelligenz ganz nutzen. Krachen bei Ihren Wechseln innerlich die Gänge, oder könnten Sie, wenn Sie intelligenter vorgingen, erst in den Leerlauf schalten, bevor Sie den nächsten Gang einlegen und sich eine Menge Verschleiß ersparen? Dies mag abstrakt oder idealistisch klingen, doch die meisten von uns kennen jemanden, der mühelos von einer Aufgabe zur nächsten zu gleiten scheint, gelassen und mit auf Dauer erstaunlich hoher Produktivität. Diese Menschen sind für Firmen unglaublich wertvoll. Streßreaktionen wirken sich auf unsere Gesundheit aus, auf unseren Schlafrhythmus, die Effektivität unserer Kommunikation, die Kosten im Gesundheitswesen, auf unsere Entscheidungsfindung – die Liste ließe sich leicht fortsetzen. Es ist ganz eindeutig: Allein die Menge der Streßreaktionen, mit denen die meisten Menschen zu tun haben (viele davon laufen automatisch und unbewußt ab), stellt das gefährlichste Risiko für die Gesundheit, die Produktivität und die betriebliche Kohärenz dar, und zwar ohne Unterbrechung.

Wenn man im Rahmen des psychischen Selbstmanagements damit beginnt, sich auf die eigenen mentalen und emotionalen Gewohnheiten zu konzentrieren, geht es zunächst darum festzustellen, wann man gestreßt ist oder unter seinem Niveau handelt, und dann die Dutzende von inneren Reaktionen zu neutralisieren. So kann man die eigene Kohärenz erhöhen. Eine besondere Herausforderung kann es jedoch darstellen, überhaupt zu *erkennen*, ob man sich angemessen oder unangemessen angepaßt hat: Viele Menschen zeigen, wie der Fisch im Hudson River, automatische, programmierte Reaktionen auf die Umwelt und haben scheinbar keine Alternative. Mehr als einmal haben Trainer der Methode HeartMath – HerzIntelligenz von Kursteilnehmern gehört, daß sie keinen Streß im Leben hätten und sie sich wunderten, warum die Trainer so ausführlich darüber redeten. Wenn sie dann detailliert befragt werden, erklären diese Teilnehmer, daß sie mit ihren Kollegen nicht zurechtkämen, ihren Chef haßten und keine Freunde, aber, zum Glück, keinen Streß hätten.

## Hormonelle Fehlanpassung

Fehlanpassung führt zu einer erhöhten Konzentration des Streßhormons Kortisol und einem niedrigen Wert des Vitalitätshormons DHEA. DHEA und Kortisol wirken sich sehr unterschiedlich auf menschliche Zellen aus. Wenn das Verhältnis zwischen diesen beiden einflußreichen Hormonen unausgewogen ist, reagiert der Körper darauf unterschiedlich: der Insulinspiegel sinkt; die Knochendichte nimmt ab; die Muskelmasse nimmt ab; um Taille und Hüften lagert sich Fett an; die Regeneration der Haut, die Heilung des Gewebes und die Immunabwehr reduziert sich – was alles zu schnellerem Altern führt. Das geschieht, weil der Körper biochemisch als Ergebnis dieser unerkannten Fehlanpassung auf einen „Überlebensmodus“ umgeschaltet hat. Wenn diese Reaktionen anhalten, wird die Hirnanhangdrüse im Gehirn auf höhere Kortisolwerte umgestellt. Das zerstört schließlich Gehirnzellen im Hippocampus, einem Teil des Gehirns, der für Erinnerung zuständig ist, während das räumliche Lernen und die Lernfähigkeit in anderen Bereichen eingeschränkt wird. Der REM-Schlaf ist beeinträchtigt, was zu Schlaflosigkeit führt oder zu morgendlichem Erwachen mit einem Gefühl von Niedergeschlagenheit. Erhöhte Kortisol- und zu niedrige DHEA-Konzentrationen prädisponieren für viele Alterserkrankungen, darunter Fettleibigkeit, Osteoporose, Arthritis, Alzheimer, Arteriosklerose (Arterienverkalkung) und manche Krebsarten.

Neuere Studien der MacArthur-Stiftung belegen, daß „die Art, wie Menschen altern – ob sie mit 70 oder 80 krank, dement und frigide oder aber dynamisch, scharfsinnig und libidinös sind – in erster Linie eine Frage der Lebensweise ist. Nur ungefähr 30 % der Alterungsmerkmale sind genetisch festgelegt; der Rest – 70 % – ist das nicht.“ Die genetische Veranlagung spielt im Bereich Gesundheit in der Kindheit die größte Rolle. Aber im Alter von 80 Jahren ist für viele Eigenschaften kaum mehr der genetische Einfluß entscheidend. Nach John Rowe, Gerontologe und Präsident des *Mount Sinai Medical Center* in New York, sind „die Menschen für ihr Alter in erster Linie selbst verantwortlich“.[3]

„Dieser Job bringt mich um“ kann laut einigen Berichten im *British Medical Journal* ganz wörtlich gemeint sein.[4] Den Forschern zufolge waren bei Männern, deren Blutdruck bei der Vorstellung eines sportlichen Tests stark anstieg und die angaben, daß ihr Job sie sehr fordere, die Kopf- und Halsschlagadern 10–40 % mehr verdickt als bei Männern, die ihren Job als nicht so anstrengend *wahrnahmen*. Diese Befunde waren am deutlichsten bei Männern, die bei ihrer ersten Ultraschalluntersuchung der Halsschlagadern mindestens eine 20 %ige Verdickung aufwiesen. Außerdem hatten in dieser Untergruppe Männer mit hohen Anforderungen an ihrem Arbeitsplatz und hohem Blutdruck mehr als 46 % fortgeschrittenere Arteriosklerose als die anderen.[5] Da ist es also wieder: das Thema Wahrnehmung. Ein wichtiger Grundsatz ist hier, daß *flexible Einstellungen die Physiologie flexibel machen.*

## Emotionen und ein gesundes Immunsystem

Eine Studie, die am HeartMath-Institut durchgeführt wurde[6], zeigte eine Verbindung zwischen Emotionen und der Immunfunktion. Gruppen von

Freiwilligen wurden gebeten, sich auf zwei verschiedene Emotionen zu konzentrieren – auf Ärger oder auf Fürsorge – während ein wichtiger Antikörper des Immunsystems (sekretorisches IgA) gemessen wurde. IgA (Immunglobulin A) kommt an vielen Stellen des Immunsystems vor und wirkt auf die Zellen als Schutzmantel gegen eindringende Bakterien oder Viren. Es ist bekannt, daß Streß die IgA-Konzentration senkt und uns so anfällig macht für Probleme mit den Atemwegen (wie Erkältungen und grippale Infekte). Die Studie stellte fest, daß eine fünfminütige Erinnerung an ein ärgerliches Erlebnis sechs Stunden lang zu einer Unterdrückung der IgA-Konzentration führte. Fünf Minuten lang bewußt Fürsorge oder Mitgefühl zu empfinden erhöhte hingegen die IgA-Konzentration sechs Stunden lang.

Sie kommen aus einer Mitarbeiterbesprechung und sind ausgesprochen verärgert darüber, wie Ihr Vorschlag abgewiesen wurde. Sie spielen die Szene in Ihrer Phantasie immer wieder durch und schreiben die perfekte Verteidigung in Ihr inneres Drehbuch, während der Ärger so vor sich hin brodelt. (Sie haben Glück, daß Sie dies nur fünf Minuten lang tun; manche Menschen bringen Stunden damit zu.) Effektiver als die meisten Umwelteinflüsse es könnten, haben Sie auf diese Weise einen entscheidenden Teil Ihrer Immunfunktion unterdrückt – stundenlang. Das chronische Durchspielen negativer Emotionen hat dramatische Auswirkungen auf die Gesundheit und kann leicht zu einem zunehmend verbreiteten Zustand führen – zu Ausgebranntsein (Burnout).

## Ein Beispiel: Burnout im *Wall Street Journal*

Das beschriebene Unwohlsein trifft auch den Arbeitsplatz, und dieses Beispiel ist eindeutig kein Einzelfall. Eine angesehene Journalistin des *Wall Street Journal* schrieb über diese Probleme jahrelang und fühlte sich dann gezwungen, sich über ihre eigenen Schwierigkeiten und Herausforderungen klar zu werden:

„Obwohl ich über Burnout als Problem am Arbeitsplatz geschrieben habe, war ich doch heimlich davon überzeugt, daß es ein Leiden war, an dem *andere* litten. Studien stellen dar, daß 25 % aller Arbeitskräfte Burnout-gefährdet sind. Dennoch glaubte ich, der Begriff sei eine Bezeichnung der Popkultur für Erschöpfung oder ein Sündenbock für schlechte Arbeitsgewohnheiten. Mit einer flexiblen Arbeit, wie ich sie selbst genieße, dachte ich, sei ich immun. Davon war ich überzeugt. Und mit dieser Einstellung machte ich mich selbst fertig."[7]

## Emotionen und Streß beeinflussen das Überleben nach einem Herzgeschehen

Mehr und mehr Untersuchungen zeigen eine Verbindung zwischen der persönlichen emotionalen Verfassung und der langfristigen Gesundheit. Eine Studie, die von der Krankenpflegeschule der *Georgetown University* (Washington, DC) durchgeführt wurde, zeigt, daß die psychosozialen Faktoren mehr zum Über- und Weiterleben nach einem Herzgeschehen beitragen als der körperliche Zustand eines Menschen. In einem Artikel[8] schrieb Dr. Sue A. Thomas, die Leiterin der Studie:

„Patienten mit schweren Herz-Kreislauf-Erkrankungen sind stärker gefährdet, wenn sich auch ihr emotionaler Gemütszustand verändert. Wir können nicht nur das eine behandeln, das andere außen vor lassen und erwarten, daß die Menschen davon gesund werden. Wir können nicht nur den Körper behandeln. Wir müssen den ganzen Menschen behandeln, die Seele und den Körper. (...) Das Muster recht häufiger Streßerfahrungen in der Vergangenheit, geringe Aussichten auf künftige Lebensveränderungen und eine zunehmende Depression in der Zeit nach einem Myokardinfarkt (Herzinfarkt) zeichnet ein eindeutiges psychosoziales Profil von Herzpatienten mit einem erhöhten Todesrisiko. (...) Diese und andere Studien zeigen, daß der emotionale Gemütszustand und die Beziehungen der Patienten in der Zeit danach (nach dem Herzinfarkt) ebenso wichtig zur Feststellung ihrer Prognose sind wie die Schwere der Herzerkrankung."

Eine Untersuchung in der *Duke University* in North Carolina[9] weist darauf hin, daß Entspannung, mit sich selbst mehr im reinen zu sein und mit emotionalem und psychischem Streß angemessen umzugehen, das Risiko einer Erkrankung der Herzkranzgefäße enorm verringern kann. Von Erkrankungen der Herzkranzgefäße sind 13,5 Millionen Amerikaner und viele hundert Millionen Menschen weltweit betroffen, was die USamerikanische Wirtschaft mindestens 117 Milliarden US-Dollar an Produktivitätsverlust sowie Behandlungskosten kostet. In *Archives of Internal Medicine*, einer Zeitschrift der *American Medical Association*, wurde die 5-Jahres-Studie über 107 Patienten mit Herzerkrankungen veröffentlicht, die belegt, daß Patienten, die lernten, gut mit Streß umzugehen, das Risiko eines weiteren Infarktes oder eines Herzproblems allgemein um 74 % reduzierten im Vergleich zu Patienten, die nur Medikamente einnahmen. Mental Streß zu reduzieren erwies sich dabei als noch vorteilhafter als körperliche Bewegung.

## Den emotionalen Energieverlust stoppen

Auch das dritte Thema des psychischen Selbstmanagements ist entscheidend:

Wenn jeder einzelne lernt, *seine individuellen Schwachpunkte zu identifizieren und auszugleichen*, dann hört der persönliche und betriebliche Energie- und Effektivitätsverlust auf.

Sie haben ganz offensichtlich die Wahl, wie Sie auf diese Statistiken über den Zusammenhang zwischen emotionaler Ausgeglichenheit und Gesundheit reagieren: Sie können mit der Angst reagieren, daß Sie auf dem Weg in ein Leben voller Unglück sind, Sie können die Angst abstreiten, oder Sie können Neuigkeiten mit der Zuversicht willkommen heißen, daß es intelligente Lösungen geben wird. Wir empfehlen Ihnen die letztgenannte Reaktion. Jeder Paradigmenwechsel zu mehr Frieden und Intelligenz wird im Informationszeitalter damit zu tun haben, mit Emotionen angemessen umzugehen und sie mit Hilfe der Herzintelligenz zu managen. Dieser Prozeß macht emotional stark, so daß Sie mit raschen Veränderungen umgehen können. Wir lernen zwar in der Schule, Gefühlsausbrüche zu kontrollieren, aber innerlich verlieren wir nach wie vor viel Energie – viele Menschen merken das nicht einmal. Die meisten Menschen glauben, mit Emotionen umzugehen bedeute nur, den eigenen Ärger zu kontrollieren – andernfalls beweise das offensichtlich, daß man seine Emotionen nicht im Griff hätte. Es geht aber auch um all die kleinen verletzten Gefühle, Enttäuschungen, Angstzustände, sorgenvollen Zukunftsprojektionen und so weiter. Diese unauffälligeren emotionalen Gemütszustände zehren mehr an der Vitalität und der Intelligenz als viele Menschen wissen. Das sind die wirklichen Energieräuber. Wenn die emotionale Energie erst einmal „ausgelaufen" ist, kommt es zu starker Erschöpfung. Wenn wir emotional ausgelaugt sind, werden wir anfälliger für Wutausbrüche und bissige Bemerkungen. Der gesamte Energieverlust durch den ungeübten Umgang mit den eigenen Emotionen ist eine wesentliche Ursache für schwere Angst und Depression. Eine Studie an über 2000 Männern, die über 32 Jahre lief, zeigte, daß Angst einer der größten Risikofaktoren für den plötzlichen Herztod ist. Ängstliche Männer hatten ein sechsmal höheres Risiko, den plötzlichen Herztod zu sterben, als Männer, die diese Angstsymptome nicht angaben.[10]

Es erfordert emotionalen Schwung, ein auf Dauer erfülltes Leben zu führen. Wenn Sie heiter sind, ist es leichter, Problemsituationen abzuwenden. Was Sie manchmal ärgert, scheint dann nicht so wichtig zu sein. Die Heiterkeit gibt Ihnen Energie. Lebensqualität ist nicht nur eine Frage des Lebensstils oder der Wahl der Berufslaufbahn, sondern beruht darauf, ob Ihre emotionalen Reserven aufgefüllt oder leer sind. Menschen versuchen den emotionalen Energieverlust oft durch körperliche Stimulation auszugleichen – Essen, Sport, Drogen, Sex –, bleiben aber immer noch müde und ausgelaugt, wenn der Kick nachläßt. Das kommt daher, daß der Verstand die ungelöste Situation rechtfertigt, während man emotional aushungert. Dies führt zu einem fortwährenden inneren Dialog, der den emotionalen Energieverlust und die Mattigkeit noch verlängert.

## Mehren Sie Ihre Energie, vergeuden Sie sie nicht

Beim Siebten Internationalen Streßkongreß in der Schweiz im Februar 1995 wurden folgende Faktoren als die häufigsten streßauslösenden Emotionen, die Energie kosten, identifiziert: Angst, Perfektionismus, Schuldgefühle, Groll, ein empfundener Mangel an Kontrolle und das Gefühl, daß die Zeit nie reicht oder daß alles zu lange dauert.[11] Mit all diesen emotionalen Schwachstellen können Menschen leicht umgehen, wenn sie Zugang zur Intelligenz ihres Herzens finden.

Die Energie, die notwendig ist, eine nach außen intakte Fassade aufrechtzuerhalten – und gut auszusehen, während man sich innerlich schlecht fühlt – kommt einen teuer zu stehen. Sie können sich milde gestimmt zeigen, im Inneren jedoch voll emotionaler Reaktionen sein, die Sie ständig unter Ihrer Leistungsgrenze halten. Unkontrollierte emotionale Reaktionen erfordern eine beträchtliche Energie – es ist Energie, die Sie eigentlich besser für Kreativität, zur Bereicherung Ihrer Beziehungen und zur wachsenden Erfüllung in allen Lebensbereichen nutzen könnten.

Ein besseres Gefühlsmanagement führt zu mehr persönlicher Stärke und Effektivität.

Wir fahren im nächsten Kapitel fort mit der 1. Dynamik zum psychischen Selbstmanagement und untersuchen nun eine wirkungsvolle Methode, um trübe Wasser zu klären und in den Bereich der Herzintelligenz zu gelangen – FREEZE-FRAME®, das Sofortprogramm in fünf Schritten.

## Anmerkungen

1. Richard A. Shweder, „America's Latest Export: A Stressed-Out World", in: *New York Times* (25. Januar 1997).
2. Zitiert ibid.
3. Zitiert nach Jane E. Brody, „The Good News About Growing Old", in: *Atlanta Journal and Constitution* (14. April 1996).
4. „Job Stress Affects Arteries", in: *British Medical Journal* 314 (1997), S. 553–557.
5. Ibid. S. 558–564.
6. Glen Rein, Mike Atkinson und Rollin McCraty, „The Physiological and Psychological Effects of Compassion and Anger", in: *Journal of Advancement in Medicine* 8, Nr. 2 (1995), S. 87–105.
7. Sue Shellenbarger, „No, You're Not Too Tough to Suffer a Bout of Burnout", in: *Wall Street Journal* (25. Juni 1997).
8. Zitiert in einem Reuters-Artikel, „Emotion, Stress Affect Heart Survival", *American Journal of Critical Care* 6, Nr. 2 (1997), S. 116–126.
9. Brigid Schulte, „To Help Your Heart, Just Take a Chill Pill", in: *San Jose Mercury News* (20. Oktober 1997).
10. Zitiert in einem Bericht der Associated Press, *Circulation* (Mai 1994). Die Verfasser der Studie sind Ichiro Kawachi, David Sparrow, Pantel Vokonas und Scott Weiss.
11. Graham Burrows, „Stress in the Professional", in: *Siebter Internationaler Streßkongreß*, American Institute of Stress, Montreux, Schweiz, 1995.

# Kapitel 5

# Die FREEZE-FRAME®-Übung entdecken: das Sofortprogramm in fünf Schritten

Der letztgenannte Aspekt des psychischen Selbstmanagements lautet:

**Jeder einzelne kann lernen, seine Voraussetzung für Intelligenz zu erhöhen, was zu effektiveren Entscheidungen, größerer Widerstandsfähigkeit und gesteigertem Wohlbefinden führt. Dies ist für jedes Unternehmen von enormem Wert.**

Die in Kapitel 3 beschriebenen Forschungsergebnisse belegen, daß der Komplex aus Herz, Verstand und Körper an sich darauf ausgelegt ist, energiesparend, harmonisch und synchronisiert zu funktionieren. Dies ist deshalb so angelegt, damit unser Energieniveau im Umgang mit gesellschaftlichen oder umweltbedingten Faktoren aufrechterhalten bleibt und unser Wachstumspotential sich erhöht. Wenn wir nur einen Bruchteil der Energie, mit der wir äußere Systeme lernen (wie Computer, technologischer Komfort oder jede andere Fertigkeit, die uns am Herzen liegt), darauf verwenden, uns der natürlichen inneren Vorgänge in unserem System bewußt zu werden, profitieren wir enorm davon. Es zahlt sich bereits aus, wenn wir beginnen, *aufmerksam zu sein.*

Mit dem FREEZE-FRAME-Sofortprogramm kann man jegliche negative oder ineffiziente Reaktion neutralisieren – oder sie vor ihrem Beginn verhindern –, indem man sich die natürliche Kommunikation zwischen Herz und Gehirn zunutze macht. FREEZE-FRAME (deutsch etwa „den gewohnten Rahmen einfrieren“) ist eine Möglichkeit, eine Szene anzuhalten (so, also ob Sie die Pausen-Taste auf der Fernbedienung Ihres Videorekorders drücken), wieder in einen neutralen Zustand zu kommen und nach energiesparenden Lösungen zu suchen. Die Herzintelligenzübung FREEZE-FRAME ist zwar keineswegs nur eine Methode zur Streßreduktion, doch wenn Sie sie regelmäßig anwenden, werden Sie sich des Lärms in Ihrem System stärker bewußt. Sie können dann eine vernünftige Stimme im Inneren hören und haben besseren Zugang zu Ihrer Intelligenz.

Der FREEZE-FRAME-Fünfschritt ist eine schnell wirkende Power-Methode, um stressige Gedanken und Emotionen in Klarheit zu verwandeln und um effizient und effektiv zu handeln. Mit etwas Übung können Sie immer leichter in Balance kommen und rasch eine negative, kräftezehrende Reaktion in eine proaktive, kreative verwandeln. Hier sind die fünf Schritte:

## Die fünf Schritte der FREEZE-FRAME-Herzintelligenzübung

1. Erkennen Sie den Streß, und begegnen Sie ihm mit der FREEZE-FRAME-Übung. Nehmen Sie sich eine Auszeit.
2. Bemühen Sie sich aufrichtig, Ihre Aufmerksamkeit weg von ihrem rasenden Verstand oder Ihrem Gefühlswirrwarr und statt dessen in Ihre Herzgegend zu lenken. Stellen Sie sich vor, Sie atmen mit Ihrem Herzen, und bringen Sie so Ihre Energie in diesen Bereich. Bleiben Sie mit Ihrer Aufmerksamkeit zehn Sekunden oder länger in diesem Bereich.
3. Erinnern Sie sich an ein positives Gefühl oder eine positive Zeit in Ihrem Leben, und versuchen Sie, dieses Gefühl oder diese Zeit noch einmal zu erleben.
4. Fragen Sie mit Hilfe Ihrer Intuition und mit Ihrem gesunden Menschenverstand aufrichtig Ihr Herz, welche Reaktion auf diese Situation angebrachter wäre, eine Reaktion, die Ihren künftigen Streß verringert.
5. Hören Sie auf die Antwort Ihres Herzens.

Schritt 1 erfordert Selbsterkenntnis und die Einsicht, daß Sie in jeder Hinsicht erfüllter werden, wenn Sie das Kommunikationsnetzwerk in Ihrem Inneren kennenlernen. Das ist wie ein kritisches Prüfen, um festzustellen, was unkoordiniert, störend oder verwirrend ist.

Schritt 2 bereitet den Weg für ein neues Herangehen. Sich auf die Herzgegend zu konzentrieren ist für viele ungewohnt, wird aber recht schnell zu einer natürlichen Gewohnheit. Die meisten positiven Gefühle wie Liebe, Wertschätzung oder Freude werden als warme Empfindungen im Herzen wahrgenommen. Versuchen Sie nicht, den Herzschlag oder irgendeine andere physiologische Empfindung des Organs zu spüren. Richten Sie Ihre Aufmerksamkeit vielmehr ganz sanft auf diesen Bereich. Versuchen Sie neutral zu sein. (Konzentrieren Sie sich erst einige Sekunden lang auf Ihre große Zehe, dann auf Ihre Handfläche; dann entwickelt sich aus der Mitte Ihrer Brust heraus ein Gefühl für diesen Prozeß, Ihre Aufmerksamkeit zu lenken. Sobald es Ihnen leicht fällt, sich auf Ihre Herzgegend zu konzentrieren, brauchen Sie den Fokus auf die große Zehe oder die Hand nicht mehr zu wiederholen.) Tiefes Atmen, so als ob Sie mit Ihrem Herz atmen würden, kann helfen, die Empfindung zu verstärken. Es geht in Schritt 2 darum, *sich im Herzen zu verankern*, damit Sie nicht in die ineffizienten mentalen Schleifen zurückgezogen werden, die Sie ursprünglich in den anfänglichen Zustand gebracht haben.

In Schritt 3 aktivieren Sie ein positives Gefühl. Dies neutralisiert die eben empfundene negative Emotion und versetzt den Körper in einen kohärenteren Zustand. Dieser Schritt geht über das *Visualisieren* einer netten Szene oder einen freundlichen Gedanken hinaus. Sie sollen dieses Gefühl wirklich *spüren*. So wie der Mandelkern im Gehirn in der Lage ist, negative emotionale Erinnerungen hervorzukramen, die Ihnen die klare Wahrnehmung rauben, so können *Sie* positive Gefühle *hervorrufen*, die Ihr physiologisches Gleichgewicht wiederherstellen und Ihre Sichtweise erweitern.

Mit Schritt 4 können Sie das Problem mit einer neuen emotionalen Verfassung betrachten. Im schlimmsten Fall haben Sie die Streßreaktion neutralisiert und einen mentalen, emotionalen und körperlichen Energieverlust gestoppt. Im besten Fall haben Sie auch Einsichten gewonnen, die Ihnen helfen, das Problem zu lösen oder entsprechend zu handeln.

Schritt 5 stellt sicher, daß Sie zuhören und entsprechend der neuen Erkenntnisse handeln.

## Warum das FREEZE-FRAME-Sofortprogramm funktioniert

Indem Sie bewußt Ihre Aufmerksamkeit von dem streßverursachenden Problem weglenken und sich statt dessen auf ein positives Gefühl in Ihrer Herzgegend konzentrieren, nehmen Sie dem Problem seine Bedeutung und gestatten sich eine erweiterte Sichtweise. Mit der FREEZE-

FRAME-Übung können Sie, indem Sie Ihre Aufmerksamkeit auf Ihr Herz richten, das machtvolle Reizleitungssystem des Herzens für sich arbeiten lassen, was zu neuen Erkenntnissen hinsichtlich des Problems führt. Selbst wenn keine neuen Einsichten auftauchen, kann die FREEZE-FRAME-Herzintelligenzübung Sie in einen neutralen Zustand versetzen, Ihnen zu mehr Zeit und Klarheit verhelfen und Ihre Belastung reduzieren.

„Die Vorgänge im Herzen sind direkt mit dem Gehirn verbunden. Es gilt, die natürliche Intelligenz des Herzens zu entwickeln, damit das Gehirn effizienter arbeiten kann."
(Joseph Chilton, in: *Evolution's End*)

Wie Bruce Cryer kam auch ich schon früh in meiner Berufslaufbahn zu der Erkenntnis, daß es zu intelligenten Lösungen führt, sich vom Herzen leiten zu lassen. Ich bin in North Carolina geboren und begann wie viele meiner Freunde nach der Militärzeit in einer Möbelfabrik zu arbeiten. Es kam zu Konflikten am Arbeitsplatz, besonders, wenn ich mich ungerecht beurteilt fühlte. Ich war damals noch leicht aufbrausend, doch eine Intelligenz tief in mir erinnerte mich daran, daß mich mein Jähzorn über Triviales Freunde kosten könnte, ganz zu schweigen davon, daß mein Job gefährdet war. Als ich eines Tages zu spät zur Arbeit kam, wurde ich von einem Vorgesetzten gehörig zusammengestaucht. Ich war entschlossen, mich mit einer Schimpftirade zu revanchieren – schon aus Prinzip –, aber ich merkte spontan, daß das kurzsichtig und dumm gewesen wäre, und unterließ das. So hat mir damals meine Herzensintelligenz den Tag gerettet – und meinen Arbeitsplatz.

Der FREEZE-FRAME-Fünfschritt verschafft Ihnen einen direkten Zugang zu Ihrer Herzintelligenz. Während Sie die Technik praktizieren, trainieren Sie auch Ihre Physiologie. Ihr Verstand und Ihr Körper haben sich ziemlich an die unüberlegten Reaktionsmuster gewöhnt – sie wurden zur Gewohnheit. Diese Gewohnheiten zu brechen, ist ganz eindeutig in Ihrem eigenen Interesse. Wenn Sie Ihre Aufmerksamkeit auf Ihr Herz umschalten und das FREEZE-FRAME-Sofortprogramm anwenden, werden die Muster der Herzfrequenz gleichmäßiger, so daß die Botschaften, die das Herz dem Gehirn sendet, die Gehirntätigkeit unterstützen, statt sie zu behindern. Je ausgeglichener Ihre emotionale Verfassung ist, in die FREEZE-FRAME Sie bringt, desto stärker ist die bioelektrische Kohärenz in Ihrem Körper, so daß alle Systeme effektiver funktionieren können. Die entscheidenden Schritte des FREEZE-FRAME-Sofortprogramms sind:

- erkennen
- umschalten

- aktivieren
- fragen
- handeln.

*Erkennen* Sie die Situation, die einer Korrektur bedarf. *Schalten* Sie Ihre Aufmerksamkeit *um* auf Ihre Herzgegend. *Aktivieren* Sie ein positives Gefühl aus der Vergangenheit oder auch ein zukünftiges Vergnügen, und *fragen* Sie sich selbst nach einer energiesparenden vernünftigen Lösung, die Ihnen helfen kann, wieder mit Ihren innersten Werten in Einklang zu kommen. *Handeln* Sie dann entsprechend Ihrer Einsicht. Denken Sie daran, daß Sie jedesmal, wenn Sie gegen die Werte Ihrer Herzintelligenz handeln, mit sich selbst kämpfen. Es ist ein Kampf, den Sie nicht gewinnen können.

In einem früheren Buch von Doc Childre, *Die Herzintelligenz entdecken: das Sofortprogramm in fünf Schritten*, sind zahlreiche Beispiele und Anwendungen dieser Methode aufgeführt[1]; hier konzentrieren wir uns nur auf einige der wirkungsvollsten.

## Der neutrale Zustand

Der neutrale Zustand ist einer der effizientesten psychischen Zustände auf diesem Planeten. Der Neutralzustand ist einer, in dem Sie nicht zu rasch nach vorn preschen und sich auch nicht zu langsam bewegen. Neutral bedeutet nicht inaktiv, selbstgefällig oder passiv. Es ist eine ruhige Gelassenheit, bei der neue Informationen und neue Möglichkeiten auftauchen können, bevor Sie den nächsten Handlungsschritt vollziehen. In einem neutralen Zustand steigern Sie Ihre Sensibilität und Ihre intuitive Intelligenz. Der Neutralzustand ist der fruchtbare Boden, auf dem neue Möglichkeiten wachsen können.

Neutral bedeutet, den hyperaktiven Verstand unter Kontrolle zu bringen, den ständigen Strom der Gedanken zu verlangsamen und wichtige und weniger wichtige Situationen genauer und unvoreingenommen zu betrachten. Der neutrale Zustand verhindert, daß wir Raubbau mit unserem Körper treiben. Er läßt unser System gleichmäßig, in einem „Flow“, arbeiten. Er ist eine ökonomische Art zu leben. Wenn wir ständig auf jede Unterhaltung, Aufgabe, Veränderung oder zufällige Wahrnehmung reagieren, verlieren wir wertvolle Energie, die wir brauchen können, wenn wir entschlossen handeln müssen. Noch einmal: Der neutrale Zustand ist kein unkonzentrierter, unproduktiver Zustand. Er ist gekennzeichnet durch äußerst intelligente und geordnete Bewußtheit, die beobachtet, ohne in eine bestimmte Richtung zu drängen. Wenn Sie zu den Leuten gehören, die immer genau wissen, was los ist, ohne die Dinge auch einmal aus einer neutraleren Perspektive zu betrachten, wie können sich Ihnen dann neue Möglichkeiten auftun?

Es erfordert *Übung*, in einen neutralen Zustand zu gelangen, denn der Verstand arbeitet äußerst schnell und bildet rasch über alles eine Meinung – und die stimmt nicht immer. Hier ein typisches Beispiel aus dem Arbeitsleben: Sie hören ein Gerücht über einen Wechsel im Management Ihres Unternehmens, projizieren negative Szenarios in die Zukunft und erleben eine Kaskade von „was wäre, wenn", die Ihr System schwächen und dabei Ihrer Produktivität schaden. Tatsächlich aber hörten Sie zufällig jemanden sagen, daß Ihr Abteilungsleiter versetzt wird. Sie haben nicht das ganze Gespräch mitbekommen, sondern nur ein paar Worte. Ohne einen Moment lang in einen neutralen Zustand zu treten, können Sie ungefähr folgende Gedanken spinnen: „Bedeutet das, daß die Abteilung noch einmal umstrukturiert wird? Ich wette, Bill wird Abteilungsleiter, nicht ich. Ich wußte es einfach. Das ist nicht fair! Wenn das stimmt und ich nicht befördert werde, wird es Zeit, daß ich mich nach einem anderen Arbeitsplatz umsehe." Eine Projektion führt zur nächsten, die wiederum zur nächsten führt, und nach kurzer Zeit haben Sie ein ganzes Szenario entworfen, über das Sie sehr wenig Informationen haben. All diese Gedankengänge fügen Ihrem System Streß zu und beschleunigen den Alterungsprozeß unnötig. Bei solchen Gelegenheiten würde eine Prise Neutralität viel helfen. Im neutralen Zustand würden Sie die Gedankenprojektionen anhalten („einfrieren"). Sie würden ausgeglichen bleiben und abwarten, was passiert. Schließlich kennen Sie das Ergebnis des Wechsels nicht genau oder wissen, in diesem Beispiel, nicht einmal, ob der befürchtete Wechsel überhaupt stattfindet.

„In meinem Leben gab es viel Tragisches. Mindestens die Hälfte davon ist wirklich passiert." (Mark Twain)

Die Menschen glauben oft, sie seien neutral, und das mag zu einem gewissen Grad auch der Fall sein, aber sie sind nicht in dem tieferen neutralen Zustand, den wir hier meinen und beschreiben. Um bei dem obigen Beispiel zu bleiben, könnte Sie ein Kollege fragen, ob Sie etwas über einen potentiellen Wechsel in der Geschäftsleitung gehört haben und wie es Ihnen damit geht. Sie könnten antworten, daß es Ihnen gut geht und daß Sie dem neutral gegenüberstehen. Bei genauerer Prüfung könnten Sie leichte Angst in Ihrem Inneren feststellen. Sie glauben, Sie seien wirklich in einem neutralen Zustand, weil der mögliche Wechsel keine größere Qual oder Ängstlichkeit verursacht, aber in Wirklichkeit denken Sie den ganzen Tag lang ständig an die vermeintlich möglichen unangenehmen Entwicklungen; das raubt Ihnen fortwährend Energie. Sie meinen vielleicht, Sie seien in einem neutralen Zustand dieser Situation gegenüber – Sie sind es aber nicht wirklich, Sie sind nicht an dem Punkt, an dem Sie wirklich Frieden damit geschlossen haben. Von der Sichtweise Ihres Herzens aus würden Sie erkennen, daß da noch etwas unerledigt ist, das Aufmerksamkeit bräuchte – Voraussetzung dafür ist ein tieferer neutraler Zustand, den es zu erreichen gilt.

Neutralität hat auch nichts damit zu tun, daß Sie sich selbst sagen: „Wie auch immer. Ich schätze, es wird schon passen. Irgendwie werde ich schon damit zurechtkommen, egal wie es ausgeht." So ein Ansatz geht oft mit dem Gefühl von Resignation einher. Sie fühlen sich geschlagen und haben sich nicht mit Überzeugung auf die Situation eingelassen. Echte Neutralität enthält Selbstsicherheit. Sie gestatten Dingen gelassen, sich zu Ende zu entwickeln, und nutzen Ihre vorhandene Energie produktiver.

Es wird zunehmend wichtiger, in einen neutralen Zustand zurückkommen zu können, um die persönliche Balance und Effektivität zu steigern. Wenn Sie sich zu lange mit mentalen Aufgaben beschäftigen, so haben Untersuchungen ergeben, kann Ihre Zeit für die reine Problemlösung um bis zu 500 % zurückgehen.[2] Wenn Sie in einem neutralen Zustand sind, findet kein Energieverlust statt, dann vergeuden Sie nicht Unmengen von Energie mit Sorge oder Angst.

## Die Kraft, neutral zu sein

Sie ziehen Nutzen daraus, mehrmals täglich eine neutrale Haltung einzunehmen, selbst wenn Sie kein positives Gefühl finden, auf das Sie sich konzentrieren können:

- Es spart Energie.
- Es erspart degenerative Hormone, die dann außerdem nicht in Ihrem System zirkulieren.
- Es erspart Ihnen einen Verschleiß Ihrer Nerven.
- Es erspart Ihnen vorzeitig gealterte Zellen.
- Es erspart Ihrem Herz Belastungen.

Diese persönlich genutzten strategischen Momente sind enorm von Vorteil. Wenn wir sie uns nicht nehmen, schaltet das Gehirn ohnehin ab. Wir fangen an zu träumen, können uns nicht mehr konzentrieren oder nicken ein, was letztendlich unserer Arbeit und unseren Beziehungen schadet.

Wie gelangt man in diesen neutralen Zustand? Wie fühlt er sich an? Neutralität ist ein Zustand innerer Ruhe – nicht die totale Stille oder die Abwesenheit von Gedanken, sondern ein Zustand stärkerer Ausgeglichenheit als sonst, eine Friedlichkeit voller Dynamik. Wenn Sie auf Ihre täglichen Gedanken und Gefühle achten, können Sie auf eine immer tiefere Ebene der Neutralität gelangen. Das mag paradox erscheinen, wenn Sie aber Ihr Selbstmanagement verbessern, werden Sie sensibler für die feinen Geräusche und für Inkohärenz in Ihrem System. Der neutrale Zustand kann zunehmend in Ihr tieferes Bewußtsein dringen. In diesem neutralen Zustand kann sich Ihr System neu aufladen, und neue Einsichten können auftauchen.

## Vorbeugung gegen Streß

Die meisten Menschen erleben zahlreiche vorhersagbare Situationen, die sie aus dem Gleichgewicht bringen oder Streß verursachen – die wöchentliche Mitarbeiterbesprechung, die tägliche Fahrt zum Arbeitsplatz, die Leistungsbeurteilung, Telefonate mit Klienten, Kundinnen oder Käufern. Eine 30-Sekunden-Sequenz, die Sie mit dem Üben des FREEZE-FRAME-Sofortprogramms vor jedem dieser Ereignisse verbringen, bedeutet, daß Sie umsichtig mit sich umgehen, Energie sparen und weniger Opfer sind.

Sitzen Sie ruhig an Ihrem Schreibtisch mit offenen oder geschlossenen Augen, richten Sie Ihre Aufmerksamkeit nach innen auf Ihren Herz, und atmen Sie tief. Denken Sie das positivste Gefühl, das Sie herholen können. Wenn Sie kurz vor einer Begegnung oder einem Gespräch mit jemandem stehen, mit dem Sie kürzlich einen Konflikt hatten, finden Sie etwas an diesem Menschen, das Sie wertschätzen können. Bleiben Sie in Ihrem Herzen verankert und erinnern Sie sich daran, zumindest *neutral zu bleiben*, wenn es schwierig wird. (In einem späteren Kapitel beschreiben wir, wie die FREEZE-FRAME-Herzintelligenzübung in jede Kommunikation eingebaut werden kann, um die Authentizität Ihrer Worte sowie Ihr aufmerksames Zuhören zu gewährleisten.)

## Auslöser

Haben Sie schon einmal beim bloßen Anblick des Namens eines Absenders einer E-Mail irrational negativ reagiert? Denken Sie manchmal: „Oh je, der schon wieder!", wenn ein bestimmter Kollege zu reden anfängt? Ziehen Sie manchmal rasch Schlüsse und schimpfen Ihr Kind für sein ungezogenes Verhalten, bevor Sie den wahren Sachverhalt festgestellt haben? Bei all diesen Beispielen könnten Sie „recht" haben, wenn Sie Ihre Reaktion rechtfertigen – sie basiert auf der emotionalen Erinnerung in Ihrem Gehirn. Doch ob Sie nun recht haben oder nicht, Ihre Reaktion kostet Sie Energie, sie könnte eine klare Wahrnehmung trüben und einen Stachel mitten in eine wichtige Beziehung treiben.

Wenn Sie im Neutralzustand bleiben oder ihn bewußt einnehmen, können Sie Energie sparen, *für den Fall*, daß die andere Person doch nicht schuld ist, die E-Mail ein Dankesschreiben ist oder das Kind doch nichts „verbrochen" hat. Neutralität spart unglaublich viel Energie.

## Energiesparen

Wenn Sie sich auf Ihr psychisches Selbstmanagement konzentrieren, können Sie Ihre Energie auf allen Ebenen effizienter nutzen – mental, emotional und körperlich. Halten Sie inne, nehmen Sie sich eine Auszeit mit der FREEZE-FRAME-Übung, und fragen Sie sich: „Welche Reaktion spart in dieser Situation am meisten Energie?" Das Konzept des Energiesparens kam in den spritfressenden 70er Jahren auf, als die Ölpreise in die Höhe schnellten und ein Umdenken erforderten, wie wir mit unseren plötzlich begrenzten Energieressourcen umgehen konnten. Auf das menschliche System übertragen bedeutet das: Wenn Sie persönlich achtsamer mit Ihrer Energie umgehen, können Sie leichter den größeren Zusammenhang sehen; Sie können genau in *diesem* Moment Energie sparen und unendlich viel Energie später. Immer mehr persönliche Energie zu sparen entspricht steigenden Profiten – es steht Ihnen mehr freie Energie zur Verfügung, die Sie in Ihr Vergnügen, Ihre Kreativität oder Ihre Regeneration „investieren" können.

Jeder Tag bietet zahlreiche neue Möglichkeiten, weiteres Energiesparen auszuprobieren. Wenn Sie mehrmals täglich die FREEZE-FRAME-Herzintelligenzübung anwenden, werden Sie auch den feinen Stressoren in Ihrem System gegenüber sensibler. Sie merken häufiger, wann Ihr Handeln

Ihrer intuitiven Einsicht widerspricht. Sie werden künftige Probleme früher wahrnehmen und haben mehr Energie, um Probleme zu verhindern oder ihren Schaden zu begrenzen, wenn sie schon aufgetreten sind. Wenn Sie auf energiesparende Gedanken, Reaktionen und Einstellungen achten, erleben Sie einen beträchtlichen Gewinn an Energie. Sie können dieses Konzept auch bei Begegnungen mit Kunden anwenden – egal welche Art von Kommunikation sich für ein bestimmtes Thema anbietet. Auf Energiesparen zu achten, erweitert sofort Ihre Wahrnehmung; Sie erkennen mehr Optionen und verstehen die langfristigen Folgen. Eine solche Achtsamkeit geht zwangsläufig mit einer ganzheitlichen Sichtweise einher. Wenn eine bestimmte Handlungsweise Ihnen oder einem wichtigen Gegenüber förderlich erscheint, aber andere Beteiligte stark befremden würde, dann wäre das eindeutig nicht energiesparend. Die zusätzliche Energie, die Sie für die Folgen aufwenden müßten, könnten den Gewinn der förderlichen Entscheidung zunichte machen. Betrachten Sie einmal verschiedene Szenarios dieser Woche oder dieses Jahres aus der Sicht des Energiesparens – möglicherweise beginnt dabei ein neues, ausgewogenes Bild aufzutauchen, das überraschende Einsichten vermittelt. Um diese Erkenntnisse über das Lösen von Problemen oder über Entscheidungen zu vertiefen, zeigen wir Ihnen im folgenden Abschnitt, wie Sie sich das *Arbeitsblatt zum Ausgleich von Positiva und Negativa* anlegen können.

## Das Arbeitsblatt zum Ausgleich von Positiva und Negativa

Wie die FREEZE-FRAME-Herzintelligenzübung ist der Ausgleich von Positiva und Negativa eine einfache Methode, die darauf abzielt, neue Lösungen für persönliche oder geschäftliche Probleme zu eröffnen und dabei den Energieverlust negativer oder unausgeglichener Emotionen zu reduzieren. Dieses Arbeitsblatt beruht auf folgendem Konzept: Wenn wir Entscheidungen treffen, die gründlicher bedacht werden müssen, verschafft uns das sorgfältige Abwägen der positiven und negativen Aspekte einer beabsichtigten Handlungsweise Klarheit und verhilft uns zu energiesparenden Entscheidungen. Bei diesem Prozeß wägen wir von einer neutralen Perspektive aus die Vor- und Nachteile sorgfältig ab und reduzieren so die emotionale Belastung. Oft haben im HeartMath-Institut Mitarbeiterinnen und Mitarbeiter Vorschläge eingebracht, die ihrem ursprünglichen emotionalen Impuls widersprachen, *nachdem* Sie alle Vor- und Nachteile gründlich bedacht hatten. Manchmal wurden ihnen unerwartete positive Aspekte bewußt, die ihnen nicht auffielen, als die Idee entstand. Häufig merkten sie auch, daß mögliche negative Aspekte angesichts überwältigender Vorteile leicht in den Griff zu bekommen waren. Gelegentlich wurden beträchtliche Nachteile deutlich, die sie übersehen hätten, wenn sie ihrem ersten Impuls gefolgt wären.

Wenn Sie das FREEZE-FRAME-Sofortprogramm in fünf Schritten anwenden, um die Sichtweise der Herzintelligenz in Ihr Abwägen mit einzubeziehen, bereichert dies den Prozeß enorm und unterscheidet ihn beträchtlich von den in Unternehmen üblichen „Pro und Kontra"-Entscheidungsfindungsprozessen. Hier ein Beispiel, wie Sie diesen Arbeitsblatt-Prozeß nutzen können: Gehen Sie die letzte Woche durch und notieren Sie alle bedeutenden positiven Ereignisse, die Sie erlebten, sowohl in persönlicher wie in beruflicher Hinsicht. Schreiben Sie sie auf die linke Seite eines Blattes Papier unter die Überschrift *Vorteile*. Gehen Sie gründlich vor und würdigen Sie jeden Punkt, den Sie notieren. Hören Sie nicht nach zwei oder drei Punkten schon auf! Bohren Sie weiter, und wenden Sie noch den FREEZE-FRAME-Fünfschritt an, um mehr Vorteile zu entdekken. Wenden Sie sich jetzt der Seite mit den Nachteilen zu und notieren Sie *aus einer neutralen Sichtweise heraus* die negativen persönlichen und beruflichen Ereignisse im gleichen Zeitraum. Achten Sie darauf, ob es zu einem der Nachteile kam, weil Sie nicht auf Ihre Intuition hörten. Achten Sie auch darauf, ob Sie irgendwelche Negativa durch die Herzintelligenzübung transformieren oder zumindest neutralisieren könnten. Achten Sie darauf, ob die Art Ihrer Vor- und Nachteile ein Muster bildet. Viele Leute sagen beispielsweise, sie bezögen ihre positiven Aspekte aus ihrer Beziehung, aber die Nachteile würden Situationen widerspiegeln, über die sie keine Kontrolle hätten. Oft sind Menschen überrascht, wie viel Energie ein oder zwei negative Punkte kosten können, während ihnen aber beträchtliche positive Erfahrungen nicht auffallen. Das ist die Wirkung unkontrollierter Emotionen. Sie verzerren die Wahrnehmung und kosten Energie.

Wenden Sie die FREEZE-FRAME-Herzintelligenzübung an, während Sie die beiden Listen vervollständigen, machen Sie dann noch ein weiteres Mal FREEZE-FRAME, um das Wesentliche Ihrer Woche zu bilanzieren. Wie ausgewogen verlief sie? Waren die negativen Erfahrungen stärker als Ihre Intelligenz? Haben Sie Energie gespart und positive Ergebnisse erzielt, weil Sie Ihre Herzensintelligenz aktivieren konnten – zum Beispiel indem Sie etwas wertschätzten, statt ungeduldig zu reagieren, oder indem Sie neutral blieben, statt etwas zu beurteilen?

Selbst wenn Sie diese Methode nicht schriftlich praktizieren, sondern Ihre Ideen mit diesem Ansatz verbal formulieren, können Sie persönlich oder beruflich kohärenter werden. Dies gilt besonders in Zeiten, in denen Sie „schlechte Nachrichten" erhalten. Indem Sie ein oder zwei Vorteile in einem ansonsten trüben Umfeld finden, können Sie möglicherweise schon den emotionalen Energieverlust bei sich selbst oder bei Ihrem Team stoppen. So bleiben Sie in Ihrer Einstellung widerstandsfähig, zuversichtlich, aber auch realistisch. Vor allem aber können Sie den intelligenten Input maximieren und Belastungen minimieren.

## Bessere Geschäfte und mehr Wohlbefinden

Alle Klienten, mit denen wir arbeiten, haben bestimmte geschäftliche Probleme, die es zu verbessern gilt. Sie sind fasziniert davon, daß ein Ansatz, bei dem man sich auf das psychische Selbstmanagement konzentriert, zu meßbaren unternehmerischen Ergebnissen führen kann. Wenn Klienten das FREEZE-FRAME-Sofortprogramm, das Arbeitsblatt zum Ausgleich von Positiva und Negativa und andere Methoden des Inner Quality Management (IQM) lernten und auch anwendeten, kam es immer und immer wieder zu erheblichen positiven Veränderungen.

Bei der *Royal Dutch Shell* in Großbritannien haben mehrere Konzerngesellschaften Programme des HEARTMATH – HERZINTELLIGENZ-Systems für alle Angestellten eingeführt. Dem ging voraus, daß ein Pilotprojekt für das mittlere und gehobene Management sehr erfolgreich verlaufen war. Im Pilotprogramm, das von Dr. Alan Watkins und Chris Sawicki bei *Hunter-Kane* durchgeführt wurde, wurden einige ausgesprochen positive Veränderungen festgestellt, darunter ein allgemeines Sinken des Blutdrucks von 126 / 80 auf 118 / 78 innerhalb von sechs Wochen. In der Gruppe mit dem stärksten Streß kam es zu den auffallendsten Verbesserungen. Die Belegschaft berichtete in einer Umfrage von 65 % weniger Spannungen, 87 % weniger Erschöpfung, 65 % weniger Ärger und 44 % weniger Plänen, die Firma zu verlassen. Eine weitere Beurteilung sechs Monate nach der Einführung der HEARTMATH – HERZINTELLIGENZ-Methoden ergab einen weiteren Rückgang in praktisch allen wichtigen Parametern (siehe Abb. 5.1).[3]

Ein weiteres Beispiel: Nach sechsjährigem Kampf mit Herzrhythmusstörungen und ventrikulärer Tachykardie (einer Funktionsstörung der Reizleitung des Herzens) nahm Patricia Chapman im Herbst 1995 an einem HEARTMATH – HERZINTELLIGENZ-Workshop teil. Sie hatte mehrere schwere Herzattacken hinter sich, war operiert worden und hatte lange am Arbeitsplatz gefehlt. Die langjährige Angestellte einer der legendären Firmen in Silicon Valley sagte: „Ich war so an den Adrenalinstoß gewöhnt, daß ich gar nicht wußte, wie es ohne ihn ist.“ Nach dem Workshop empfand sie sofort weniger Streß und Anspannung und mehr

Gelassenheit, selbst in einer besonders hektischen Arbeitswoche – das bestätigten ihr auch Kollegen. Ihre Herzspezialisten an der *Stanford University* waren ebenfalls beeindruckt. Innerhalb von fünf Monaten nach dem Seminar konnte sie ihre Medikamente um 50 % reduzieren. „Nach meinem Wochenende am HeartMath-Institut konnte ich jedesmal den Auslöser stoppen, wenn das Adrenalin wieder hochschnellen wollte. Mittlerweile kann ich mich willentlich in die Balance bringen." Ihr verbesserter Gesundheitszustand hält nun schon seit drei Jahren an. Sie erlebte keine weiteren Phasen ventrikulärer Tachykardie und wurde nicht mehr operiert. Sie änderte ihre Lebensweise, ihre Ernährung und ihr Bewegungsprogramm nicht, deshalb schreibt Patricia diese tiefgreifenden Verbesserungen den Methoden zu, die gelernt hatte.

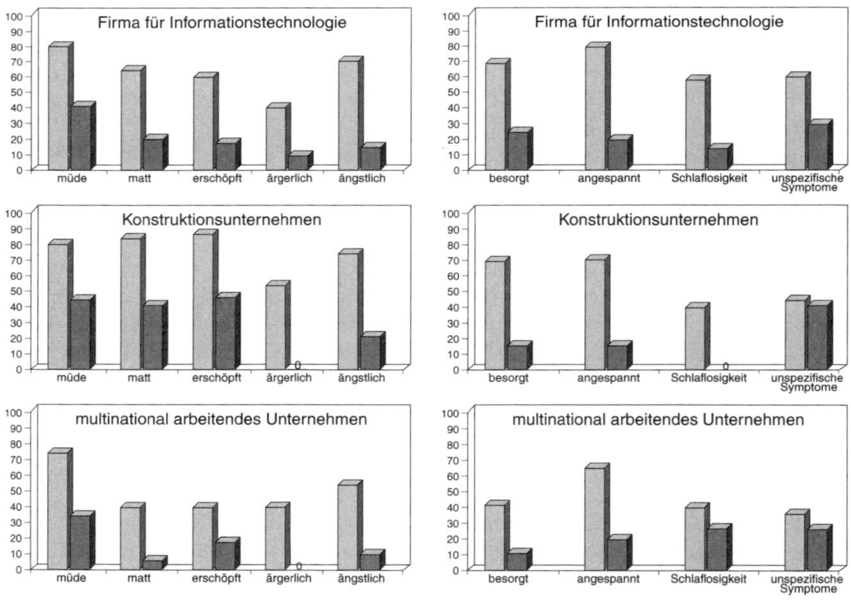


*Abbildung 5.1: Hier ist der Rückgang der Streßsymptome zusammengefaßt, der in drei Unternehmen ermittelt wurde, die die IQM-Techniken nutzen. Die Werte vor und nach der Anwendung der IQM-Methoden wurden in einem Zeitabstand von sechs Wochen gemessen. Die Zahlenwerte geben den Prozentsatz der Teilnehmer an, die nach eigenen Angaben „oft oder meistens" unter diesen Streßsymptomen litten.*

Auch staatliche Stellen konnten ihre Produktivität und das Wohlbefinden ihrer Belegschaft mit den IQM-Techniken enorm steigern. In einer großen Behörde in Kalifornien wurden bei einem Pilotprojekt mit mehr als 125 Angestellten Verbesserungen erzielt. Ärger, Angst, Burnout und körperliche Streßsymptome gingen nachweislich deutlich zurück.[4]

Bei einem der weltweit größten Technologieunternehmen wurden bei einem hochqualifizierten Team von Ingenieuren ähnliche Ergebnisse erzielt.[5] Im Vergleich zu einer Kontrollgruppe von Ingenieuren aus der gleichen Abteilung wurde das Training in einer Zeit stärksten Wachstums und größter Belastung der Abteilung durchgeführt.

- In der Testgruppe ging die Erschöpfung um 17 % zurück im Vergleich zur Kontrollgruppe, bei der sie um 1 % stieg.
- In der Testgruppe stieg die Vitalität um 7 % an, während sie in der Kontrollgruppe um 7 % zurückging.
- Schlaflosigkeit ging bei 8 % der Testgruppe zurück, während sie sich bei 18 % der Kontrollgruppe verschlimmerte.
- Die Unterstützung durch die Kollegen stieg um 11 % in der Testgruppe; in der Kontrollgruppe ging sie um 6 % zurück.
- Die Angst ging in der Testgruppe um 13 % zurück, in der Kontrollgruppe stieg sie um 1 % an.
- Herzrasen ging in der Testgruppe um 17 % zurück, in der Kontrollgruppe stieg es um 10 %.

Nach Aussagen von Tausenden von Menschen weltweit, die die IQM-Methoden gelernt haben, ist der mit am häufigsten empfundene Nutzen, mehr Zeit zu haben. Alles, was uns mehr Zeit gibt oder zumindest unseren Blick auf die Zeit richtet, gibt uns enorme Kraft.

## Anmerkungen

1. Doc Childre, *Freeze-Frame: One-Minute Stress Management.* Boulder Creek, CA, USA: Planetary Publications, 1998; dt. *Die Herzintelligenz entdecken. Das Sofortprogramm in fünf Schritten.* Kirchzarten bei Freiburg: VAK, 1999.
2. Robert Cooper und Ayman Sawaf, *Executive EQ: Emotional Intelligence in Leadership and Organizations.* New York: Grosset/Putnam, 1997; dt. *EQ: emotionale Intelligenz für Manager.* München: Heyne, 1998.
3. Weitere Informationen finden Sie im Anhang
4. Einzelheiten zu diesem Fallbeispiel finden Sie im Anhang.
5. Einzelheiten zu diesem Fallbeispiel finden Sie im Anhang.

Kapitel 6

# Zeit, Erwartungen und andere Schwierigkeiten

Wir untersuchen ein Thema des psychischen Selbstmanagements noch genauer:

Wenn jeder einzelne lernt, *seine individuellen Schwachpunkte zu identifizieren und auszugleichen*, dann hört der persönliche und betriebliche Energie- und Effektivitätsverlust auf.

Einer der größten Schwachpunkte ist für die meisten Menschen ihre Haßliebe zur Zeit. Wir erlebten dies selbst beim Schreiben dieses Buches. Das HeartMath-Institut wurde 1991 als gemeinnütziges Forschungs- und Fortbildungszentrum gegründet. Als wir dieses Buch schrieben, wurden die Rechte für alle Ausbildungs- und Beratungstätigkeiten an eine neugegründete, gewinnorientierte Firma übertragen, an die *HeartMath LLC* (LLC: *Limited Liability Company*; entspricht in Deutschland einer GmbH). Es gab einige Änderungen in der Hierarchie, Arbeitsplätze gingen nicht verloren, viele Stellen wurden neu geschaffen, viele unserer Beziehungen änderten sich grundlegend. Jeder, der schon einmal mit einer enormen Umstrukturierung eines Unternehmens zu tun hatte, kennt die Komplexität der damit verbundenen Aufgaben, ganz zu schweigen davon, was es rechtlich, steuerlich und buchhalterisch nach sich zieht, einen Teil einer gemeinnützigen Einrichtung in ein gewinnorientiertes Unternehmen umzuwandeln.[1] Die Zeit schien knapp, weil die Leute gefordert waren, neben ihrer normalen Arbeit auch noch beträchtliche Zeit auf die Planung und Organisation der Umstrukturierung zu verwenden.

Obwohl diese Umwandlung für die Expansion unserer Arbeit entscheidend war, haben wir sie nicht vorangetrieben. Wir haben uns Meilensteine und Ziele gesetzt sowie Ressourcen geordnet, in der Hoffnung, die Ziele zu erreichen, blieben aber der wirtschaftlichen und rechtlichen Realität gegenüber flexibel. Diese Veränderung würden wir nicht mehr rückgängig machen, deshalb war es entscheidend, daß wir uns Zeit ließen und alles vernünftig machten – mit der geringstmöglichen Belastung für die Mitarbeiter und ohne den verzeichneten wirtschaftlichen Aufschwung des Unternehmens zu gefährden.

1993 riefen wir die Firmentrainings unseres Instituts ins Leben und erlebten in vier Jahren ein Wachstum von 70 %. Wir jonglierten mit vier Abteilungen für Trainings und internationale Beratungen, mit all den damit verbundenen strategischen Partnern und Mitarbeitern, und blieben dennoch auf die Grundlage all unserer Arbeit konzentriert: die *innere Arbeit*.

Als wir den Vertrag für dieses Buch unterschrieben und seinen Abgabetermin akzeptierten, mußten wir ganz ordentlich reinhauen, um alles zu schaffen und selbst in Balance zu bleiben. Wir mußten zeitlich umschalten.

Was meinen wir damit, *zeitlich umschalten*? Zeitlich umzuschalten klingt vielleicht wie ein Konzept aus dem Film *Zurück in die Zukunft* oder einem ähnlichen Film, in dem es um Zeitverzerrungen geht. Die Empfindung, die wir meinen, ist viel praktischer, doch sehr tiefgehend. Zeitlich umzuschalten beschreibt einen inneren Zustand, der so kohärent ist, daß man die Zeit vollkommen anders wahrnimmt und die eigene Fähigkeit, Zeit zu gestalten, sich drastisch verändert. Jedesmal, wenn Sie sich ertappen, *bevor* Sie in eine negative Reaktion hineinschlittern, haben Sie zeitlich umgeschaltet. Jedesmal, wenn Sie lange genug innehalten, um eine intuitive Lösung zu finden, statt impulsiv nach vorn zu stürmen, haben Sie zeitlich umgeschaltet. Jedesmal, wenn Sie Ihrer intuitiven Intelligenz gestatten, Sie aus Untätigkeit oder Verwirrung herauszukatapultieren, haben Sie zeitlich umgeschaltet. Wenn Sie die Lösung eines persönlichen oder beruflichen Problems innerhalb von fünf Minuten statt fünf Stunden finden, haben Sie zeitlich umgeschaltet. Sie sind aus der selbstbeschränkenden mentalen Frequenz ausgestiegen, die sagt: „Manche Dinge brauchen einfach Zeit“ und in eine neue Dimension vorgestoßen. Zeitliches Umschalten bedeutet, über die normale, lineare Zeit hinauszugehen. Im Jetzt zu bleiben, achtsamer und sensibler allem gegenüber, was geschieht, heißt, Zeit effizient zu nutzen. Wir nennen dies *präsent* sein. Die meisten Menschen jedoch sind zu jeder beliebigen Zeit mit einem Teil ihrer Gedanken damit beschäftigt, die Vergangenheit noch einmal zu erleben, oder sie haben die Gedanken auf die Zukunft projiziert. Nicht genug Zeit zu haben ist eine Empfindung, die, laut Statistik, eine enorme Streßquelle darstellt; doch die meisten Menschen bleiben nicht so präsent, wie es möglich wäre. Indem man lernt, präsent zu bleiben, nutzt man die Zeit effizienter, und eine Überlastung durch Streß wird weitgehend reduziert.

Manche sagen vielleicht: „Die Zeit ist objektiv und real; ein Tag hat 24 Stunden, nicht mehr und nicht weniger." Doch wie Sie Zeit empfinden und wie effektiv Sie sind, ändert sich eindeutig, wenn Sie Zeit anders wahrnehmen. Wenn man etwas tut, was man gerne tut, „vergeht die Zeit wie im Flug". Wenn man etwas tut, was man verabscheut, vergeht die Zeit zum Verrücktwerden langsam. Wenn man in einem ineffizienten Gedankenkarussell festhängt, kann sich die eigene Effektivität in einem bestimmten Zeitraum drastisch verringern.

Viele Probleme lösen sich letztlich durchaus auf, aber erst, wenn die Betroffenen viel kostbare Zeit vergeudet haben. Ein Beispiel: Zwei Menschen haben an ihrem Arbeitsplatz eine Auseinandersetzung. Anschließend gehen sie jeder für sich den unangenehmen Vorfall immer wieder in Gedanken durch. In ihrem Bemühen, recht zu behalten, erzählen sie vielleicht jemand anderem davon und legen dar, was sie sagten und warum. Später geht dem Verstand der Sprit aus und neue Gedanken wie „Vielleicht war ich in diesem Wortwechsel etwas zu emotional" oder „Ich wünschte, es wäre nicht geschehen. Ich mag sie wirklich" beginnen aufzuscheinen. Bald taucht eine objektivere Betrachtung des Streits auf der Bildfläche auf. Der Wunsch, sich zu entschuldigen oder die Situation zu bereinigen, dominiert allmählich das Denken. Am nächsten Tag wird die Entschuldigung dann tatsächlich ausgesprochen und beide Beteiligten fühlen sich erleichtert. Die Dinge nehmen wieder ihren normalen Verlauf, und das Gleichgewicht ist wiederhergestellt.

Wie wäre es, wenn nachzuweisen wäre, wenn in diesem Fall die Effizienz und Effektivität in der Zeit, als die Person maulte und grollte, um 10, 20 oder 50 % zurückgegangen wäre? Sie nutzte die Zeit sicher nicht effizient, und der ungeübte Umgang mit ihren Emotionen war der Auslöser. Wenn Sie die FREEZE-FRAME-Herzintelligenzübung lernen und die kleinen Ärgernisse und Störungen neutralisieren, sparen Sie eine Menge Energie und hätten, um bei diesem Beispiel zu bleiben, die Szene in dem Lebensfilm mehrere Stunden vorspulen können. Der FREEZE-FRAME-Fünfschritt hilft Ihnen, zeitlich umzuschalten. Wie viele Situationen erleben Sie jeden Tag, in denen Sie die Zeit wie einen Feind empfinden oder zumindest wie einen gierigen Konkurrenten, der auf Ihre geistige Gesundheit und Ihre Ausgeglichenheit aus ist? Wenn Sie mit wertenden Gedankenprozessen Schluß machen, erleben Sie ein zeitliches Umschalten. Wenn Sie sich dabei ertappen, denselben inneren Dialog immer wieder ablaufen zu lassen, und ihn unterbrechen, schalten Sie zeitlich um. Wir meinen das wirklich: Ihr Verhältnis zu Zeit ändert sich grundlegend, wenn Sie Ihre Herzintelligenz zu Rate ziehen, statt sich nur auf Ihren Verstand zu verlassen.

## Experten im Umgang mit der Zeit

Zu den effektivsten Menschen gehören diejenigen, die nicht Gefangene ihrer unvollständigen Betrachtungsweise der Zeit sind. Es sind diejenigen, die sagen: „Warum treiben wir diese Entscheidung so voran?" Ihre Geduld zahlt sich meist aus. Es sind auch diejenigen, die ein andermal recht entschlossen sein können und intuitiv erkennen, wie wichtig unverzügliches Handeln ist, weil sie diesmal viel Zeit und Energie sparen, wenn sie etwas nicht länger aufschieben. Diese emotional intelligenten Menschen erkennen die objektive Realität der Zeit, verstehen aber tief in ihrem Inneren auch, wie leicht sich ihr Griff auf unsere Wahrnehmung lockern und verändern läßt.

Leistungsstarke Teams scheinen in einer „parallelen Welt" von Zeit und Effektivität zu arbeiten. *Southwest Airlines* ist ein Modell für betriebliche Kohärenz. Zeitersparnis gehört zu ihren grundlegenden Zielen. Ihre Pünktlichkeit schlägt die Konkurrenz Jahr für Jahr. Sie haben auf eine neue Dimension von Effektivität umgeschaltet, die ihre Kunden schätzen und um die ihre Konkurrenten sie beneiden. Wenn man beobachtet, wie viele andere Fluggesellschaften die gleichen Aufgaben ausführen, kann man eine deutliche Differenz feststellen. Innere Kohärenz (man tut das, was man tut, gern und hat Spaß dabei) ist das Sprungbrett für Zeitersparnis bei *Southwest*.

Der Druck auf Menschen heutzutage erfordert, daß sie lernen, zeitlich umzuschalten. Wenn man mit entgegengesetzten Prioritäten konfrontiert wird, die offensichtlich unmöglich in dem vorgegebenen Zeitrahmen erledigt werden können, welche Alternative gibt es außer Streß? Der allerdings betäubt den Verstand. Zuerst einmal gilt es anzunehmen, daß es eine Lösung *gibt*, die man finden kann, wenn man innerlich kohärent genug ist, sie wahrzunehmen. Innere Kohärenz ist die oberste Priorität und kann zu überraschenden, zeitsparenden Annehmlichkeiten führen.

## Zeit und Wohlgefühl

Die Anzahl der Annehmlichkeiten, die sich für uns ergaben, als die Entscheidung getroffen war, ein fertiges Manuskript in neun Monaten abzuliefern – neben einer Arbeitswoche im Institut mit 50 bis 60 Stunden – waren verblüffend. Termine, um den Inhalt und die Richtung des Buches zu besprechen, kamen mehrmals gerade zur rechten Zeit und sparten uns beträchtliche Zeit und Energie. Ein wichtiger Klient beispielsweise verschob zwei Sitzungen, als wir zusätzliche Zeit zum Schreiben brauchten. Daraus ergaben sich zwei freie Tage für das Schreiben. Zwei Abteilungen eines anderen Klienten entschieden unabhängig voneinander, daß wichtige Besprechungen am selben Tag abgehalten werden sollten, was uns mehrere Stunden Fahrzeit ersparte. Wir planten mehr als 60 Buchtage als unumstößliche Termine und informierten die Kollegen, daß wir an diesen Tagen nicht zu erreichen waren. Das Leben wurde dadurch viel kohärenter. All diese vorrangigen Projekte im Gleichgewicht zu halten, wurde zur täglichen Herausforderung und zu einem Spiel.

Dann änderte sich die Realität wieder: Das rasche Wachstum unseres Unternehmens erschwerte es uns zunehmend, durchgehend qualitativ hochwertige Zeit für das Schreiben zu haben. Viele Themen tauchten auf im Zusammenhang mit unserer Umstrukturierung und einer neuen Strategie, die Aufmerksamkeit und Energie verlangten. Immer wieder zu sagen: „Wir arbeiten am Buch“ klang allmählich schon abgedroschen und sogar etwas unverantwortlich. Doch unser Vertrag mit dem Verlag hatte ein festes Datum. Die einzige Möglichkeit bestand darin, um eine erhebliche Verlängerung zu bitten, trotz der Bedenken, daß dies das Erscheinen des Buches um ein halbes Jahr verzögert hätte. Zwischenzeitlich hatte der Verlag unabhängig von uns bemerkt, daß der nächste Erscheinungstermin ohnehin besser wäre, deshalb bekamen wir unsere Verlängerung zugesichert. Ein zeitliches Umschalten hatte stattfinden können, und zwar deshalb, weil sich unsere innere Einstellung geändert hatte. Denn wir erkannten, daß sich unserer inneren Balance zuliebe das „Leben“ irgendwie „ändern“ mußte.

Welche wesentlichen Einstellungen und inneren Wahrnehmungen liegen Zeitproblemen zugrunde? Wie gehen Sie mit etwas so Absolutem und Unkontrollierbarem wie Zeit um? Erst gilt es zu verstehen, daß Zeit an sich nicht kontrollierbar ist. Was Sie beeinflussen *können*, ist Ihre Wahrnehmung von Zeit und die Ereignisse in der Zeit. Denken Sie gründlich darüber nach. Es gibt zahlreiche Programme, die uns helfen wollen, die Zeit zu meistern; viele Systeme bieten praktische Rezepte und Leitlinien. Doch das, was Menschen wirklich meistern müssen, sind ineffiziente Gedanken, Urteile und Erwartungen.

# Erwartungen

Nur weniges kann persönliche und berufliche Beziehungen und den inneren Frieden so zunichte machen (oder Sie mental und emotional mehr aus dem Gleichgewicht bringen) wie unerfüllte Erwartungen. Die Gehaltserhöhung, die wir erwarteten, die Anerkennung, die wir uns erhoffen, die inneren Verpflichtungen, an die sich unsere Kollegen halten sollten, die Qualität unserer Arbeit, die wir abzuliefern gedachten – all diese unerfüllten Erwartungen und unsere Reaktionen auf sie können Gedanken und Gefühle der Enttäuschung hervorsprudeln lassen. Diese Emotionen können leicht zu einer Flut von Frustration, Groll und Ärger anwachsen, und sie alle beeinflussen unsere Produktivität in jedem Lebensbereich. Wir merken schließlich, daß wir unsere Erwartungen zurückschrauben müssen, wenn wir das Leben genießen wollen.

Das Problem besteht darin, daß wir unsere *Reaktionen leicht rechtfertigen können.* „Das war ja zu erwarten", sagen Sie sich selbst und jedem anderen, der bereit ist, Mitgefühl mit Ihnen zu empfinden. Erwartungen beruhen oft auf einer Art Idealismus. Sie lösen Enttäuschungen aus und verhindern neue Sichtweisen. Wenn die Wirklichkeit nicht Ihrem inneren Bild entspricht, ruft die Kluft zwischen Ihrer Erwartung und der vorherrschenden Realität eine Spannung hervor, die loszulassen schwierig sein kann. Wenn Sie die Spannung loslassen oder verwandeln könnten, könnten Sie rasch wieder zur Tagesordnung übergehen und sich an die neue Realität anpassen. Die neue Realität könnte sich sogar als besser erweisen als die von uns erwartete, aber wenn wir die Dinge durch die Brille betrachten, wie sie zu sein hätten, schneiden wir uns von neuen Möglichkeiten ab.

Wenn Ihre Erwartungen schon erstarrt sind, bedarf es der Arbeit an Ihrer emotionalen Anpassungsfähigkeit und Flexibilität, um wieder ins Gleichgewicht zu kommen und Sicherheit zu erlangen. Wenn eine solche machtvolle Intelligenz fehlt, bleibt ein Rest von Erwartungen bestehen und bietet die beste Gelegenheit für Enttäuschung, dem wichtigsten Nebenprodukt von Erwartungen. Auf einer subtileren Ebene ist Enttäuschung ein bequemes Versteck für Urteile. Man urteilt über Menschen, Orte, Probleme und sich selbst, weil man hinter den eigenen Erwartungen zurückgeblieben ist. Man sagt, man urteile nicht, man sei nur von der Situation enttäuscht. Bei genauerem Hinsehen könnte man aber feststellen, daß das Urteil die Wurzel der Enttäuschung war.

Eine Teamkollegin, die Sie sehr schätzen, verspricht einen Bericht bis 15 Uhr abzuliefern. Um 16 Uhr nichts; 16.30 immer noch nichts; 17.30 nicht einmal jetzt eine Nachricht. Um 17.45 erreicht Sie der Bericht endlich als E-Mail und bringt Sie mit Ihrem Projekt in Verzug. Als der

Bericht endlich ankommt, sagen Sie jemandem, nein, Sie seien nicht wütend, nur enttäuscht darüber, daß besagte Kollegin nicht so verantwortungsbewußt ist, wie sie sein sollte. Irgendwo in diesem Beispiel lauert ein Urteil. Wenn Sie ein Protokoll Ihrer Gedanken und Gefühle zwischen 15.15 und 17.45 Uhr anschauen würden, würde dies viel von der Erwartung zeigen, die zu dem Urteil und dann zur Enttäuschung führten. Wenn Ihnen die Teamkollegin, die zu spät dran war, später sagt, ihr Kind sei in der Schule hingefallen und habe sich die Hand aufgeschnitten; die Wunde mußte genäht werden, deshalb habe die Schule sie angerufen, sie möge bitte ihr Kind abholen; daher habe sie einfach vergessen, anzurufen, daß der Bericht später fertig würde – wenn Sie all dies wüßten, würden Sie ihr rasch vergeben. Aber der Schaden für Ihren Körper und Ihre mentalen und emotionalen Energiereserven aufgrund der enttäuschten Erwartung ist schon angerichtet.

Wenn Sie eine nicht erfüllte Erwartung hegen, ist eine Menge Energie für die Enttäuschung reserviert. Für produktive Aktivitäten ist dann keine Energie mehr vorhanden. Ihr Verstand ist beschäftigt; der innere Dialog läuft auf Hochtouren; und wieder einmal ist die Zeit Ihr Gegner. Die Energie sickert davon. Ihre Physiologie gerät allmählich immer weiter in einen Zustand der Inkohärenz, weshalb es immer schwieriger wird, die Sichtweise zu wechseln und umzuschalten. Ihre Zellen altern. Das muß nicht sein.

Wenn Ihr psychisches Selbstmanagement sich durch die Nutzung Ihrer Herzintelligenz verbessert, suchen Sie Ihr Bewußtsein regelmäßig auf subtile und offenkundige Erwartungen sich selbst und anderen in Ihrem Team und Ihrer Familie gegenüber hin ab. Überlegen Sie, wie Sie emotional neutral bleiben können, wenn sich die Dinge nicht nach Ihrer Erwartung entwickeln. Um mit Erwartungen reifer umgehen zu können, ist es nötig, die Begeisterung ebenso zu verstehen, die die Erwartung erzeugt, wie ihren Ursprung. Wir führen im folgenden Abschnitt Verkäuferinnen und Verkäufer als Beispiel an. Viele andere Szenarien wären freilich ein ebensogutes Beispiel.

## Verkaufserwartungen und Erfolgsquoten

Wir beide kennen viele Verkäuferinnen und Verkäufer, die ganz hervorragend das Interesse eines Kunden wecken konnten, in ihrer allzu großen Begeisterung über einen möglichen großen Verkaufsabschluß den Erfolg jedoch regelmäßig zunichte machten. Mit jeder weiteren derartigen Erfahrung wuchs ihre Enttäuschung und sie konnten mit der Erwartung der nächsten Verkaufssituation schlechter umgehen. Diese Art negativer Feedbackschleife kann sich auf das Selbstvertrauen verheerend auswirken. Viele gute Verkäufer haben wegen der Enttäuschung über die unerfüllten Erwartungen auf einen großen Verkauf ihren Job gänzlich aufgegeben.

Erfolgreiche Verkäuferinnen und Verkäufer wissen um die Verhältnismäßigkeit von Erfolgsquoten: Einige Verkaufssituationen kommen zum Abschluß, andere nicht. Solange dieses Verhältnis im Rahmen ihrer Ziele konstant bleibt, ist alles in Ordnung. Sie wissen intuitiv, daß die allzu große Begeisterung über mögliche Verkaufsabschlüsse den perfekten Nährboden für Versagen bildet. Verkäufer mit einer ausgeglichenen inneren Einstellung wissen, daß sich im Leben nichts vorhersagen läßt, deshalb können sie rasch wieder in ihre Mitte kommen, wenn ein vermeintlich sicherer Abschluß nicht zustande kommt.

Wer in seinem psychischen Selbstmanagement rasch Fortschritte erzielen will, für den ist ganz entscheidend, Erfolgsquoten in ihrer Verhältnismäßigkeit wahrnehmen zu können. Zuerst bringen Sie damit Ihre persönlichen Erwartungen ins Gleichgewicht, dann wenden Sie das Konzept auf andere Lebensbereiche an.

Sie erzielen vielleicht bereits rasche Fortschritte, weil Sie eine seit langem bestehende Denkgewohnheit ändern konnten und so einen chronischen Energieverlust stoppen. Wenn Sie dann aber in einer heiklen Situation Ihre Besonnenheit verlieren, haben Sie das Gefühl, Ihr ganzer Fortschritt sei dahin. Sie haben den Eindruck, zurückzufallen, weil Sie negativ reagiert haben, und dann kritisieren Sie sich wegen des vermeintlichen Rückfalls. Doch das macht Ihren wirklichen Fortschritt noch nicht zunichte. Ihre *nächste* innere Einstellung hingegen bereitet den Boden für entweder weiteren Fortschritt oder für Trägheit. Wenn Sie die Zuversicht auf Erfolg verlieren, mutlos werden oder tief an sich selbst zu zweifeln beginnen, werden Sie unglaublich viel Energie und intelligenten Durchblick verlieren. Wenn Sie hingegen *wertschätzen*, daß Sie schon über immer längere Zeiträume kohärenter sind, können Sie besonders bei Herausforderungen besser in diesem Zustand bleiben. Mit Ihrem Wissen um Erfolgsquoten können Sie leichter vernünftige Erwartungen anderen Menschen, sich selbst und Ihrer Arbeit gegenüber hegen, statt absolute Perfektion zu fordern und ständig enttäuscht zu werden.

Wir haben selbst aus eigener Erfahrung die Notwendigkeit gelernt, ausgeglichen und positiv zu bleiben und energiezehrende Erwartungen auf ein absolutes Minimum zu reduzieren.

Eine solche Einstellung gestattet, man selbst zu bleiben – man hat eine positive innere Einstellung, die in beiden möglichen Richtungen Sicherheit bietet. Persönlich und beruflich kann dies zu ständig wachsendem Erfolg führen. *Kontrollieren Sie Ihre Erwartungen und machen Sie die Erfahrung, daß diese sogar noch übertroffen werden.* Selbst wenn das nicht der Fall ist, haben Sie Energie übrig, um zur nächsten Möglichkeit überzugehen. Wenn Sie sich allzusehr auf ein mögliches Ergebnis versteifen, dann verhindern Sie damit oft, daß sich eine noch bessere Möglichkeit ergibt.

Viel Lärm und Inkohärenz in Unternehmen entstehen durch allzu große Versprechen, die nicht eingehalten werden. In der Begeisterung, den Käufer oder die Käuferin vom Wert eines Produkts oder einen Kollegen vom Wert einer Idee zu überzeugen, setzt man leicht unerreichbar hohe Erwartungen. Das eigentliche Übel aber ist die allzu große Begeisterung – und zwar deshalb, weil der Verstand stimuliert werden will. Das beste Gegenmittel ist, mehr Akzeptanz und Wertschätzung für das zu entwickeln, was ist. Ein selbstsicherer Mensch weiß, daß es viel gescheiter ist, weniger zu versprechen und mehr zu liefern. Es erfordert allerdings innere Sicherheit, nach dieser Ansicht leben zu können.

Die FREEZE-FRAME-Herzintelligenzübung ist eine hervorragende Methode, Ihren inneren Radarbildschirm auf still vor sich hin „köchelnde" Erwartungen an sich selbst oder auf solche, die Sie bei anderen hervorriefen, abzusuchen. Sobald Sie damit beginnen, können Sie sich ein Bild davon machen, wieviel mehr Energie und Intelligenz Sie zur Verfügung haben könnten.

## Bewertungen

Ein weiterer beträchtlicher, bereits erwähnter Energieräuber ist das Bewerten oder Urteilen. Ein Urteil über andere oder über sich selbst rührt von einer Einschätzung her, bei der die Herzintelligenz nichts zu sagen hat. Diese Einschätzung nimmt ein hyperaktiver Verstand vor, der eine Person oder Situation aufgrund einer eingeschränkten oder emotional verzerrten Information abschätzt. Urteile zahlen sich nicht aus. Sie bringen unser System physiologisch aus dem Gleichgewicht – man neigt hauptsächlich aus einem emotionalen Defizit heraus zu Bewertungen. Das Urteilen treibt einen Keil zwischen Sie und die beurteilte Person. Urteile über sich selbst sind besonders hinterhältig, weil sie in dem Mäntelchen der Selbstverbesserung daherkommen. Wir bewerten uns, weil wir uns geirrt haben. Wir werden dadurch nicht besser; wir fürchten, daß ein unverändertes Muster uns persönlich oder beruflich verdammt, dabei unsere emotionalen Reserven aufbraucht und unser Wachstumspotential einschränkt. Wir bewerten andere, weil ihr Verhalten nicht unseren Erwartungen entspricht. Allzuhäufig, wenn wir besonders gestreßt oder in großer Eile sind, ist das Urteil beim ersten Anblick eines bestimmten Menschen oder bevor wir die E-Mail des Chefs gelesen haben, vorprogrammiert. In Bereichen, in denen wir besonders unreif sind, fällen wir Urteile über Menschen aufgrund des Geschlechts, der Nationalität, des Berufes oder des Bildungshintergrunds.

In all diesen Fällen zehrt das Urteilen und Verurteilen an unserer Klarheit, die wir bräuchten, um Beziehungen aufzubauen oder entschlossen zu handeln. Urteilen mag zwar anregend, ja sogar unterhaltsam erscheinen, doch in Wirklichkeit kostet es unheimlich viel Energie. Sein einziger Nutzen besteht darin, uns aufzuwecken, sobald wir es an uns wahrnehmen, und uns mitzuteilen, *daß* wir unkontrollierte Emotionen unsere Wahrnehmung trüben lassen und daß unser Alterungsprozeß sich dadurch beschleunigt. Wenn wir wertschätzen, daß wir das Urteil entdeckt haben, und dann rasch die unkontrollierten Emotionen neutralisieren, stellen sich das Gleichgewicht und die volle Intelligenz wieder ein.

Urteilen ist einer der am weitest verbreiteten Energieräuber auf diesem Planeten. Jedem ethnischen, Nationalitäten- oder Gebietskonflikt liegt ein Urteil zugrunde. Das gilt auch für Teams, die sich weigern, miteinander zu arbeiten, für Führungskräfte, die ihren Mitarbeitern gegenüber allzu kritisch sind, und für Nationen, die darauf aus sind, ihren Nachbarn zu zerstören. Oft erscheint das Urteil aufgrund vergangener Erfahrungen gerechtfertigt. Der Verstand konstruiert eine Erinnerung an vergangene Mißhandlung und schützt dann sorgfältig ihre Lebensfähigkeit. Bewertungen werden selten kampflos aufgegeben. Sie können tief in unserer mentalen, emotionalen und zellulären Struktur verankert sein.

Herzintelligenz, die positive emotionale Zustände hervorruft und so zu besserem intuitiven Verständnis beiträgt, kann den Ballon des Bewertens zum Platzen bringen. Mit ihr finden wir unser Gleichgewicht wieder. Wenn wir uns erst aus seinen Fängen befreit haben, können wir eine beurteilende Einstellung als ineffizientes Produkt eines mental-emotionalen Ungleichgewichts betrachten. Wenn Sie das Bewerten aufgeben, verlieren Sie nicht die Möglichkeit, zu unterscheiden, abzuwägen oder etwas einzuschätzen. Wenn Sie Ihrem bewertenden Verstand erst einmal auf die Schliche gekommen sind, können Klarheit, Ausgeglichenheit und Gelassenheit zunehmen.

## Dynamisches Gleichgewicht

Für Geschäftsleute, die rasches Arbeiten schätzen und stolz darauf sind, unter Druck aufzublühen, mag die Vorstellung von *Ausgeglichenheit* spontan eher niedlich, aber ehrlich gesagt auch recht langweilig und unproduktiv erscheinen. Denken Sie einmal an Hochseilartisten: Diese Künstler wissen um die Bedeutung des Gleichgewichts; für sie geht es bei Balance um Leben und Tod. Sie müssen Hunderte winziger Anpassungen vornehmen, um auf dem Seil im Gleichgewicht zu bleiben, und sie müssen ihre Nerven, ihre Angst und ihre Reaktionen auf visuelle Ablenkungen im Griff haben. Balance ist der Schlüssel, aber sie bedeutet nicht mangelndes Abenteuer, zu wenig Aufregung oder Risiko. *Ohne* Balance wäre dieser Spaß einseitig.

Betrachten Sie Gleichgewicht auch aus einem anderen Blickwinkel: In den 60er und 70er Jahren stellte ein hervorragender amerikanischer Läufer, Lee Evans, Weltrekorde über 400, 500, 600 und 1.600 Meter Hürden und in vielen anderen Disziplinen auf. Viele dieser Rekorde blieben bis in die 80er Jahre hinein ungebrochen. In seiner Zeit als Läufer war Evans als extrem hart trainierender Läufer bekannt, den eigentlichen Unterschied aber machte etwas anderes aus: Lee war nicht der eleganteste Läufer, aber er hatte gelernt, daß er sich, um schneller laufen zu können, nicht stärker *anspannen* durfte, sondern daß er sich tiefer *entspannen* mußte. Während des Laufens selbst forderte er sich immer wieder auf, sich zu entspannen und einen Laufstil im „Flow"-Zustand zu finden. Er lief schneller und gewann beinahe jedes Rennen. Eine tiefere Ebene des inneren Gleichgewichts half ihm, schneller und anmutiger zu laufen.[2]

Ein drittes Beispiel ist ein leistungsstarkes Auto. Man muß intelligent die Gänge wechseln, um mit einem Ferrari stark zu beschleunigen. Mit jedem Schalten kann der Motor effizienter arbeiten, so daß man schneller fahren kann und dabei den Motor schont. Ein Hochleistungswagen wie ein Ferrari muß immer gut eingestellt sein, um ein dynamisches Gleichgewicht aufrechtzuerhalten und um höhere Geschwindigkeiten zu erzielen. Ohne den Motor, die Räder, entsprechenden Treibstoff und die notwendige Schmierung ständig aneinander anzugleichen und dieses Gleichgewicht beizubehalten, läuft der Wagen schlecht oder, noch schlimmer, kann außer Kontrolle geraten. Geschwindigkeit ist nach wie vor das Ziel, aber das Gleichgewicht ist der Weg dahin. Wichtig ist, ständig darauf zu achten, daß die verschiedenen Faktoren einander angepaßt sind.

Stellen Sie einen Bezug zwischen diesen Beispielen und Ihrem Tagesablauf her: Rasen Sie umher, um mehr zu schaffen, und verschleißen Sie sich dabei? Oder könnten Sie persönlich strategische Momente schaffen, um langsamer zu werden, einen Schritt zurückzutreten und eine ausgeglichenere, effizientere Art zu entdecken, um die Arbeit zu erledigen – mit weniger Belastung für Sie selbst? Wie würde sich das auf Ihr Zeitgefühl auswirken, auf Ihre Produktivität, Ihre Beziehungen oder die Qualität Ihrer gesamten Kommunikation?

## Anmerkungen

1. Das HeartMath-Institut ist eine gemeinnützige Einrichtung, die 1991 gegründet wurde. *HeartMath LLC* ist eine neugegründete Fortbildungs- und Beratungsfirma, die die Rechte für die Methoden des Instituts weltweit verkauft. Die *HeartMath LLC* ist eine Gesellschaft mit beschränkter Haftung.
2. Lee Evans und Bruce Cryer arbeiteten während der Olympischen Spiele in Los Angeles 1984 zusammen. Sie führten mehrere Monate lang zahlreiche Gespräche über seine Disziplin und seine Einstellung, die ihn zu einem so großartigen Läufer machte, und über die Einstellung, die andere hervorragende Athleten mittelmäßig bleiben ließ.

## 2. Dynamik

# Kohärente Kommunikation

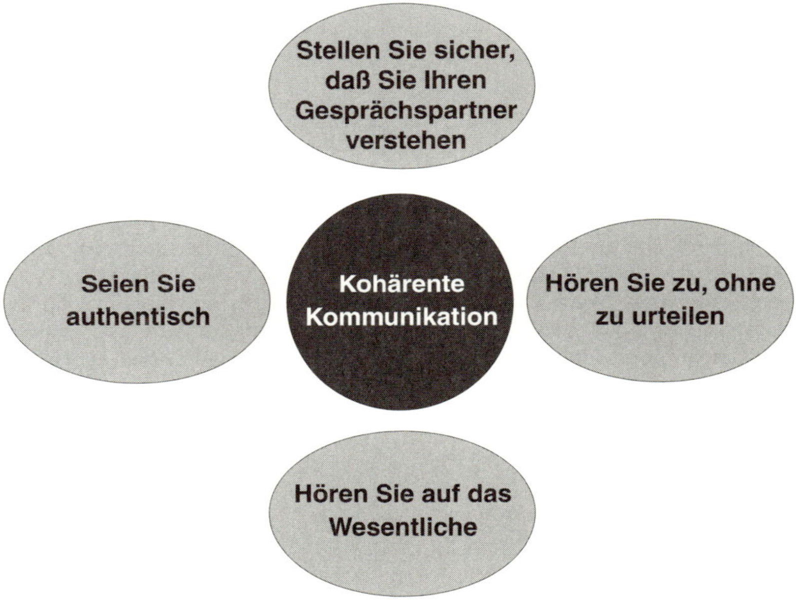


1. Damit Kommunikation effektiv ist, müssen Sie *erst sicherstellen, daß Sie Ihren Gesprächspartner/Ihre Gesprächspartnerin verstehen.* Wie leicht glauben wir, die Ansichten eines Kunden, Kollegen oder Auftraggebers zu verstehen, ohne genau zu wissen, ob das der Fall ist.
2. Durch *urteilsfreies Zuhören* können sich Intelligenz und Verständnis vollständig entwickeln. Dazu ist erforderlich, sorgfältig auf unser Denken über andere Menschen und über uns selbst zu achten. Andere schnell zu beurteilen, blockiert uns, ihre Sichtweise wirklich zu verstehen.
3. *Auf das Wesentliche einer Kommunikation zu hören* bedeutet, genau die Kernaussage zu erfassen, ohne sich von oberflächlichen Merkmalen oder dem Tonfall ablenken zu lassen.
4. *Ein authentischer Dialog* fördert Klarheit; er verringert den „Lärm" in jedem System. Authentizität bedeutet auch, üble Nachrede, widersprechende Meinungen oder das Bunkern von Informationen intelligent zu transformieren.

# Kapitel 7

# Authentische Kommunikation

Die 2. Dynamik (kohärente Kommunikation) ist das Kernstück persönlicher Erfüllung und unternehmerischer Widerstandsfähigkeit. Mit Hilfe kohärenter Kommunikation könnten fast alle besser zuhören, und die meisten von uns könnten ihre Ideen und die Erkenntnisse ihres Herzens klarer und präziser ausdrücken. Viele Unternehmen ersticken an zahllosen Kommunikationsproblemen durch Konfliktvermeidung, Unklarheit im System, schlichter Informationsüberflutung, beschränkende Geschlechterrollenspiele und Mißtrauen. In einer Zeit, in der der wirkliche Grund dafür, warum Menschen ihren Arbeitsplatz verlassen, häufig die Unfähigkeit ist, mit ihrem Vorgesetzten zurechtzukommen, wird eine bessere Kommunikation rasch persönlich und strategisch notwendig. Woran fehlt es? Eine naheliegende Antwort wäre, daß es an Herz fehlt. Aber wir meinen damit keineswegs, daß die Kommunikation sentimentaler oder emotionaler sein sollte. Vielmehr sind Mitgefühl, Reife, Verständnis und intuitive Sensibilität gefragt, um die Verzerrungen in der Kommunikation unserer Welt zu überwinden.

Authentische Kommunikation hat damit zu tun, aufrichtig, sicher und ausgeglichen zuzuhören und zu sprechen. Sie impliziert Fülle, Vollständigkeit und Direktheit in unserer Kommunikation, die tief aus unserem Inneren kommen. Eine solche Kommunikation ist nicht äußere Maske oder Fassade. Robert Forster sagte: „Etwas, das wir zurückgehalten haben, schwächte uns, bis wir merkten, daß wir selbst das verursacht hatten." *Aufrichtigkeit* ist das Öl, das die Kommunikation schmiert und das die metallische Reibung auflöst, die in dieser mit Informationen überschwemmten Welt so verbreitet ist. *Sicherheit* entsteht aus dem tiefen Wissen, daß alles in Ordnung ist; die lateinische Wurzel von deutsch „sicher" wie englisch „secure" lautet *securus* und bedeutet „sorglos" , seltener auch „geschützt", „sicher". Ausgeglichenheit ermöglicht uns, uns selbst genau zu beobachten. Dann kann Herzintelligenz die entscheidende Frequenz, das eigentliche Betriebssystem, sein, das unser Sprechen und Zuhören lenkt.

Wenn Unternehmen die verlorene Produktivität und den Streß *messen* würden, die aufgrund unausgesprochener, aber bestehender Bedenken, Ängste und widersprechender Meinungen bestehen, wären sie schockiert. Die Kluft zwischen dem, was die meisten Menschen *fühlen*, und dem, was sie *sagen*, ist enorm – und sie ist kostspielig. Umfragen in den USA belegen, daß 70 % der Angestellten Angst davor haben, am Arbeitsplatz ihre Meinung zu sagen. (In manch anderen Ländern ist der Prozentsatz noch viel höher.[1]).

Wir plädieren hier nicht dafür, daß jede und jeder völlig ungeniert aus Spaß an der Freud die Wahrheit sagen soll; das wäre in einer emotional unreifen Umgebung sogar recht schädlich. Manche geben unkontrollierte Emotionen und Urteile als Authentizität aus; sie sagen von sich, sie seien eben „geradeheraus" aus. Wirkliche Authentizität reagiert nicht; sie kommt von innen her zum Ausdruck – voll von Mitgefühl, Verständnis und Intuition. Authentizität ist auch nicht nachgiebig oder unverbindlich. Die Unfähigkeit, authentisch zu sein, und die daraus resultierende Inkohärenz kosten uns mehr, als wir wissen wollen. Wie geht es *Ihnen*, wenn Sie es nicht schaffen, bei einer unvernünftigen Entscheidung Ihre Meinung zu sagen, wenn Sie wissen, daß Ihr Mut zu sprechen mit Gegenstimmen aufgenommen und zu Ihrer Isolation führen würde? Haben Sie in Ihrer Berufslaufbahn erlebt, daß sich das Unvermögen, ein Problem anzusprechen, als kostspielig erwies? Hierfür gibt es tragische Beispiele. Das Problem des Raumschiffs Challenger zum Beispiel war vor dem Start bekannt. Die Unfähigkeit, Tacheles zu reden, kostete der gesamten Crew das Leben. Jeden Tag *merken* Menschen in Unternehmen überall auf der Welt Dinge, die kostspielig werden könnten, aber diese Beobachtungen bleiben, oft aus Furcht, unerwähnt. Die persönliche Schuld und die Selbstvorwürfe, die man erlebt, wenn man seine Meinung nicht gesagt hat, können einen allerdings manchmal jahrelang verfolgen.

Viele Bücher über Organisationstheorien betonen naheliegendes: Effektive Kommunikation ist entscheidend für erfolgreiche Beziehungen und erfolgreiche Unternehmen. Wir aber schlagen etwas vor, das viel tiefgreifender ist: Authentische Kommunikation versetzt Sprecher und Zuhörer gleichermaßen in eine neue Dimension von Klarheit, Resonanz und Harmonie („Entrainment").

In ihrem Buch erzählen Robert Cooper und Ayman Sawaf (1997), wie ein weiser Tibeter diese authentische Kommunikation des Herzens beschreibt:

„Sie müssen verstehen (...), daß das nicht etwas ist, was der Verstand macht. Es kommt aus dem Herzen. Wir nennen dies authentische Präsenz – wörtlich aus dem

Tibetischen übersetzt: „Kraftfeld". Wenn wir aus ihm leben, von innen heraus, dann können wir offen und ehrlich miteinander reden und die Dinge sagen, die wir tief im Inneren fühlen, selbst wenn es schwierig ist, sie zu sagen. Wir machen uns selbst und einander dafür verantwortlich, in allen Dingen unser Bestes zu geben. Wir suchen nach unserer Berufung, nach dem Weg, den einzuschlagen wir geboren wurden. Jeder Mensch hat so eine Berufung und erlebt vielleicht Mühe und Probleme, aber er ist nicht mit ihnen identifiziert. Dies ist sehr schwierig, aber es gelingt uns; wir können diese Mühen beiseite legen."[2]

Dieser Haltung liegt das Prinzip zugrunde, daß authentisches Kommunizieren mit anderen Ehrlichkeit sich selbst gegenüber und zunehmende Selbstentwicklung erfordert. Authentische Kommunikation beginnt damit, sich selbst zuzuhören, vor allem der manchmal recht provokativen Stimme Ihres Herzens. So vieles im Leben kann Menschen davon überzeugt sein lassen, ihr Verhalten zu rechtfertigen, und so vieles wirft sie zurück in eine unsichere und furchtsame Gemütsbewegung. Die FREEZE-FRAME-Herzintelligenzübung und der neutrale Zustand sind zwei Methoden, die Sie wieder ins Gleichgewicht bringen und Ihnen helfen, sich Ihrer Gefühle, den Konsequenzen dieser Gefühle und möglichen, für Sie stimmigen Lösungen ganz bewußt zu werden.

## Bioelektrische Kommunikation

Einige Forscher behaupten, daß die gesprochenen Worte nur zu einem geringen Teil bestimmen, wie wir eine Kommunikation aufnehmen. 58 % unseres Verständnisses beruht auf unserer Interpretation (aufgrund unserer Wahrnehmung) der *Körpersprache*, 35 % darauf, wie wir den *Tonfall* wahrnehmen, und nur 7 % beruht auf unserem Verständnis der *Worte* selbst. Dies öffnet natürlich Mißverständnissen und Inkohärenz Tür und Tor.

„Wie sie strahlt!" „Er hat eine solche Ausstrahlung und Präsenz!" „Der ganze Raum war wie elektrisiert, als sie die Pläne für das nächste Jahr bekanntgab." Diese und ähnliche Wendungen zeugen von einem tiefen, intuitiven Verständnis davon, daß Kommunikation nicht nur auditiv, sondern auch visuell geschieht – und auch elektromagnetisch: Die Forschung hat gezeigt, daß das Herz ein elektromagnetisches Feld erzeugt, das mit der heutigen Technologie mindestens drei Meter vom Körper entfernt gemessen werden kann. Sobald Sie sich jemandem auf drei Meter nähern, wirken

Ihre beiden Felder aufeinander. (Ein weiterer Grund dafür, warum überfüllte U-Bahnen so an den Nerven zehren?) Die Forschung hat nachgewiesen, daß sich das Feld des Herzens je nach emotionalem Zustand meßbar ändert: Frustration läßt das Feld stagnieren, Wertschätzung oder Fürsorge hingegen machen es zunehmend kohärenter (siehe Abb. 7.1).

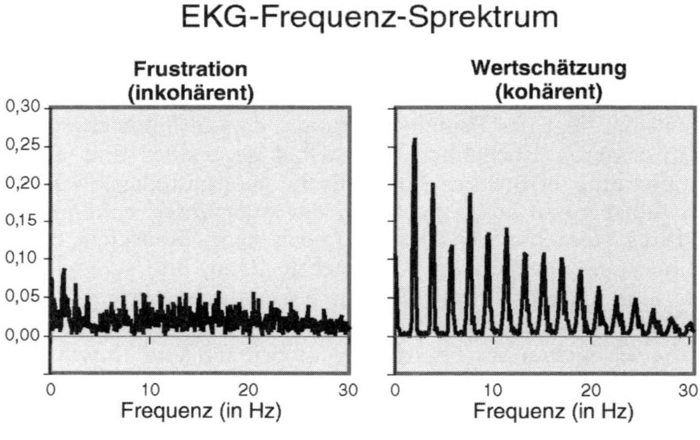


*Abbildung 7.1: Zu sehen sind hier EKG-Frequenzspektren: Gefühle beeinflussen die Informationen des elektrischen Signals, das in alle Zellen des Körpers übertragen wird. Die Graphik links zeigt den bioelektrischen ‚Lärm' im Herzen bei einer negativen emotionalen Verfassung, wie zum Beispiel bei Frustration. Dies wird inkohärentes Muster genannt, weil die Signale verzerrt sind. Die Graphik rechts zeigt kohärente elektrische Muster, die vom Herzen in einer positiven emotionalen Verfassung erzeugt werden, in diesem Fall bei Wertschätzung. Beachten Sie, wie klar, geordnet und harmonisch die Linien sind.*

## Die Elektrizität der Berührung

Weitere Untersuchungen im HeartMath-Institut haben ergeben, daß es bei Berührung durch Händeschütteln oder Umarmung zu einer meßbaren Übertragung elektrischer Energie zwischen den beiden Personen kommt (siehe Abb. 7.2). Ob jemand glücklich, traurig, liebevoll oder unsicher ist, spielt dabei keine Rolle: Bei Berührung wird elektrische Energie übertragen. Sogar unmittelbare Nähe zwischen zwei Menschen, die nur 45 cm nah beieinander stehen, ruft eine elektrische Wirkung hervor.[3]

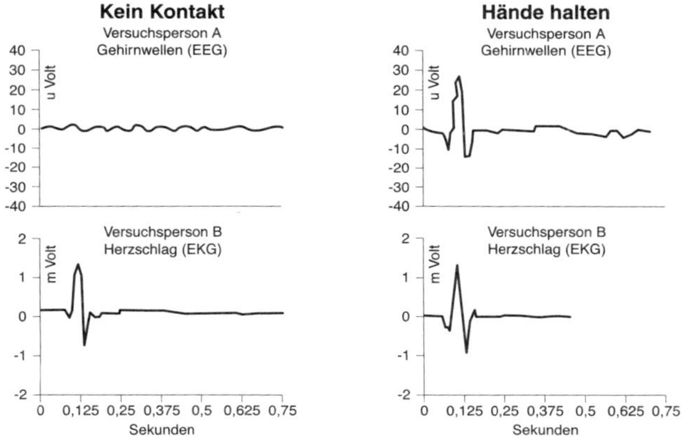


*Abbildung 7.2: Die Elektrizität der Berührung wird durch Techniken darstellbar, die Durchschnittswerte von Signalen liefern. Gezeigt werden die gemittelten Wellenformen des Herzschlags: Das elektrische Signal, das vom menschlichen Herz ausgestrahlt wird, geht bei Berührung auf eine andere Person über, wie in diesen beiden Graphiken dargestellt. Bei beiden Versuchspersonen wurde gleichzeitig gemessen: die Gehirnwellen von Person A und das Elektrokardiogramm (EKG) von Person B. Die Graphiken links zeigen die jeweiligen Messungen, wenn die Personen circa 1,2 m voneinander entfernt sitzen. Wenn sie sich jedoch berühren, wie in den rechten Graphiken dargestellt, taucht das Elektrokardiogramm von Person B im Gehirnwellenmuster von Person A auf und belegt eine meßbare elektrische Übertragung während der Berührung.*

Ihre Worte senden eine Botschaft aus, Ihr Tonfall eine weitere, Ihre Körpersprache noch eine; und Ihr Herz strahlt eine unleugbare, schlecht zu verbergende bioelektrische Nachricht aus. Die Quantentheorie würde vorbringen, daß die Ebene der Quanten solche Begrenzungen nicht kennt, obwohl die bioelektrische Energie menschlicher Kommunikation vielleicht nur 30 - 40 cm weit strahlt. Wieder einmal wird deutlich: Wir leben in einem Meer von Frequenzen. Informationen sind überall.

Wir senden und empfangen gleichermaßen. Die Klarheit der Wahrnehmung hängt vollständig von der Klarheit des Empfängers ab – von

Ihnen. Haben Sie schon einmal ungeduldig jemandem zugehört und versucht, die Unterhaltung etwas voranzutreiben, indem Sie die Sätze des Sprechers zu Ende führten und sie oder ihn wissen ließen, daß Sie schon verstehen, nur um dann festzustellen, daß Sie total danebenlagen? Falls Sie das noch nie getan haben, ist es Ihnen zweifellos schon selbst widerfahren und hat Sie wahnsinnig gemacht. Innerer Lärm aufgrund von unkontrolliertem, emotionalen Streß behindert eine klare, effektive Kommunikation, die tief aus dem Inneren kommt, mit am stärksten.

## Konzentriertes Zuhören

Wenn Sie mit anderen tiefer und authentischer kommunizieren wollen, wie könnten Sie da nicht bei sich selbst anfangen und den Gefühlen aus dem Bauch heraus, dem Instinkt, der leisen, kleinen Stimme im Inneren besser zuhören? Wie oft gehen Sie über ein intuitives Gefühl hinweg, weil der rationale Verstand oder frühere Erfahrungen den Zugang versperren? Denken Sie daran, daß die intuitive Intelligenz in einem unterentwickelten Frequenzbereich der menschlichen Intelligenz brachliegt. Von Zeit zu Zeit haben Sie vielleicht einen Geistesblitz oder eine deutliche Ahnung, aber wie zufällig oder unvorhersagbar erscheinen solche plötzlichen Einsichten. Es erfordert Übung, auf die intelligente Stimme des Herzens zu hören, besonders wenn der Verstand laut dröhnt. Aber es ist eine Übung, die sich in jedem Lebensbereich auszahlt. Wenn Sie diszipliniert üben, sich selbst zuzuhören, werden Sie Meister oder Meisterin darin. Wenden Sie im Laufe des Tages immer wieder den FREEZE-FRAME-Fünfschritt an, um die feinen Signale zu empfangen, daß etwas unkoordiniert ist, daß etwas Ihrer Aufmerksamkeit bedarf, daß „ich mich dringend mit XY beschäftigen muß". Suchen Sie sich bestimmte Zeiten am Tag aus, in denen Sie Ihren inneren Radarschirm auf unbeachtete Probleme oder Bedenken hin absuchen. Rechtzeitiges „Monitoring" auf dem täglichen Weg zur Arbeit, in der Mittagspause und während anderer Pausen bietet Ihnen eine ausgezeichnete Gelegenheit, einen Schritt zurückzutreten und auf die innere Stimme zu hören. Sie können dann auf sie reagieren, sie beachten oder abschalten. Ein beträchtlicher Teil des täglichen Stresses resultiert daraus, daß wir versäumen, auf unsere eigenen intelligenten Kommentare zu hören. Können Sie sich an Situationen in der vergangenen Woche, im letzten Monat oder gar Jahr erinnern, in denen Sie sich hätten ohrfeigen können, etwas nicht getan zu haben, oder in denen Sie bedauerten, etwas gesagt zu haben, von dem Sie im Grunde Ihres

Herzens wußten, daß es unangemessen war? Bei den meisten Menschen kommt so etwas recht häufig vor. Wenn Ihnen keine eigenen Beispiele einfallen, überlegen Sie, ob Sie bei anderen welche finden – wenden Sie das FREEZE-FRAME-Sofortprogramm an, um selbst klarer zu werden.

Wenn Sie sich selbst zuhören wie einem Kind oder einem Freund, das oder der ein Problem hat, kann Ihr Mitgefühl für sich selbst und dann für andere rasch wachsen. Die meisten Menschen beherrschen einen überstrapazierten Teil des Zuhörens ganz perfekt – die Kunst, der eigenen Selbstverurteilung und den Selbstvorwürfen zuzuhören. Sie lassen stundenlang ihre persönlichen „Ich-bin-hilflos"-Kassetten ablaufen, die nur dem Zweck dienen, sie in ihrer vertrauten Verzweiflung und Unerfülltheit gefangenzuhalten. Ein neuer, einfühlsamerer Fokus ist nötig, um den neutralen Zustand einnehmen zu können und lange genug ruhig zu sein, um der tieferen Intelligenz unter dem emotionalen Schmerz oder Durcheinander lauschen zu können. Wenn Sie dann erst einmal Expertin oder Experte darin sind, sich selbst zuzuhören, wird das authentische Handeln sozusagen von innen heraus angeordnet. In Anbetracht intelligenter Wahlmöglichkeiten wird deutlich, wie sehr eine Handlungsunfähigkeit die unsinnigen Verhaltensweisen verstärkt, die Sie verändern wollen. Einen neuen Grad der Selbststärke erreichen Sie, wenn Sie aus dem Herzen heraus handeln. Von dieser neuen Ausgangsbasis aus können Sie stärkere innere Kohärenz und authentische Kommunikation entwickeln.

Ob es nun Ihre Aufgabe ist, andere zu führen oder „nur" sich selbst – ein gründliches Verständnis davon, was Sie fühlen und wahrnehmen ist die Voraussetzung dafür, zu verstehen, was andere denken und fühlen. Es ist leicht, die „Fassade" zu beherrschen, über die wir sprachen. In einer Gesellschaft, in der gut auszusehen und sich dabei schlecht zu fühlen immer ernstere Konsequenzen hat, ist es an der Zeit, die Weisheit des Herzens unser Handeln leiten zu lassen. Beginnen Sie damit, stärker auf Ihre feinen Gefühle zu achten. Versuchen Sie, sie zu verbalisieren oder engen Freunden mitzuteilen. Hören Sie mit dieser Übung nie auf, wenn Sie sich zum Ziel gesetzt haben, kontinuierlich zu wachsen und Ihre Intelligenz voll zu entwickeln. Es bringt uns unerwartete Klarheit, wenn wir die eigenen tiefsten Erkenntnisse auch mitteilen.

## Was effektive Kommunikation behindert

Es gibt zwei Arten von Hindernissen für effektive, authentische Kommunikation: Fehler verschlüsseln und Fehler dekodieren. *Verschlüsseln* bezeichnet die Bedeutung, die wir der Kommunikation, die wir senden, zuschreiben. *Dekodieren* bezeichnet den Prozeß, dem Gehörten Bedeutung zu verleihen. Zu Verschlüsselungsfehlern kommt es, wenn wir als Sprecher oder Sprecherin

- uns aufgrund übermäßigen emotionalen „Lärms" nicht im klaren darüber sind, was wir ausdrücken wollen
- nicht wissen, was wir genau meinen
- Wörter verwenden, die nur für uns eine Bedeutung haben, die dem Zuhörer aber nicht ganz klar sind.

Ähnlich kommt es zu Dekodierungsfehlern, wenn wir als Zuhörer oder Zuhörerin

- das Wesentliche aufgrund unserer Wahrnehmung der Körpersprache, des Tonfalls oder der Worte falsch interpretieren
- den Sprecher beurteilen
- nur oberflächlich zuhören
- zwischen den Worten des Sprechers und einer früheren Erfahrung eine unangemessene Verbindung herstellen
- nicht merken, daß unser innerer Lärm das Signal übertönt.[4]

Intuitives Zuhören ist eine Technik, mit der Sie diese Fehler reduzieren und dadurch zu stärkerer Kohärenz gelangen können.

## Intuitives Zuhören

Wenn Sie schon einmal einen Kurs für Managemententwicklung oder Kundenservice, ein Verkaufstraining oder einen Elternworkshop besucht haben, kennen Sie die wesentlichen Punkte für gutes Zuhören bereits: ständiger Blickkontakt, eine offene empfängliche Körperhaltung, die wichtigsten Punkte umschreiben. All das gehört zur guten „Fassaden-Kommunikation". Intuitive Kommunikation bedeutet, daß eine tiefere Ebene (Intelligenz, Effizienz und Effektivität) beteiligt ist, wenn Sie erst an den Figuren im Schaufenster der Fassade vorbei sind. Gutes Zuhören erfordert sowohl eine geeignete Hardware als auch Software, es erfordert Zuhören *und* Verstehen. Beim Zuhören gibt es drei unterschiedliche Ebenen:

1. Die *verbale Ebene*, auf der es zu viel Fehlkommunikation kommt: Wie viel Streitereien und Mißverständnisse gibt es über die verwendeten Worte und nicht über die wirkliche Bedeutung? Die Worte an

sich sind nur die Spitze des Eisbergs der wirklichen Kommunikation und von dem, was jemand mitteilen will. Oft finden Menschen die Worte nicht, um zu beschreiben, was sie sagen wollen; andere beherrschen das Sprechen einfach nicht, obwohl sie vielleicht ihre Gefühle sehr ausdrucksstark zeigen können. Was eine Person von *ganzem Herzen* meint, kann sich völlig von dem unterscheiden, was jemand anderes meint. Worte sind Käfige, die Frequenzen begrenzen. Manchmal sind sie grobe Versuche, das Entscheidende einer Idee zu erfassen und sie deutlich und präzise mitzuteilen. Sie sind notwendig, reichen aber nicht immer aus und stiften oft Verwirrung.

2. Unter den Worten, die wir aussprechen, liegt die *Gefühlsebene*, auf der wir die tiefere Bedeutung finden. Wir alle haben schon einmal jemandem zugehört, der das eine sagte, aber wir dachten, er meine etwas ganz anderes. Gefühle sind ein Thema, über das die meisten Menschen nur ungern reden; zudem bestehen hier offensichtlich Unterschiede zwischen Männern und Frauen. Und dennoch sind Gefühle oft der Punkt, an dem Beziehungen eingegangen werden oder auseinandergehen. Gefühle werden, besonders im Beruf, oft durch den Tonfall oder die Körpersprache zum Ausdruck gebracht. Weniger oft werden sie authentisch ausgedrückt.
3. Die tiefste Kommunikationsebene könnte man als die *Ebene des Wesentlichen* oder der Essenz bezeichnen. Erinnern Sie sich an eine Unterhaltung mit jemandem, mit dem oder der Sie sich so in Übereinstimmung fühlten, daß Sie das Gefühl hatten, die Person weiß genau, was Sie meinten oder fühlten. Hier ist äußerst effiziente Kommunikation möglich, die sich auch dann Bahn bricht, wenn Worte unzureichend sind oder die tiefste Bedeutung nicht vermitteln. Zum Wesentlichen vorzudringen spart Zeit, fördert das Verständnis und stellt eine echte Verbindung her.

Das Wesentliche, die Essenz, zu finden bedeutet, an der Fassade vorbei nach innen ins ‚Lager' zu kommen. Was lagert auf den Regalen im Inneren, ist es aufgeräumt, ist es sorgfältig zugeordnet? Wir verwenden diese Metapher etwas zögerlich, um zu verdeutlichen, daß es darum geht, nicht den Bestand eines Gesprächs zu verstehen, sondern intuitiv den Kern, die wirkliche Substanz unter der Oberfläche, zu verstehen. Wir Menschen haben nicht mehr soviel Zeit, um sie nur auf die Worte oder auf verletzte Gefühle zu verschwenden – es ist Zeit für *das Wesentliche*. Es ist nicht von Nachteil, das Wesentliche eines Themas oder den Standpunkt eines anderen verstehen zu wollen. Es mag zeitraubend klingen, aber das Ziel intuitiven Zuhörens ist erheblich größere gegenseitige Achtung, Verständnis und Energieersparnis. Wenn Sie Ihre intuitive Intelligenz nutzen, handeln Sie tief aus Ihrem Inneren heraus. Deshalb können Sie leichter das Wesentliche eines anderen Menschen oder einer anderen Botschaft hören. Sprecher und Zuhörer fühlen sich nicht nur besser, weil ihr Austausch gelingt, auch die Kohärenz ist spürbar stärker. Das wiederum führt zu kreativen Lösungen – und die übersteigen das, was möglich ist, wenn die Atmosphäre voller Verzerrung und Streitigkeiten ist. Intuitive Kommunikation gibt sehr viel Energie. Wenn Sie das Gefühl haben, jemand hört Ihnen zu, kann Sie das ungeheuer erleichtern und Energie für Produktiveres freisetzen. Das gilt besonders bei emotional besetzten Themen.

Intuitives Zuhören erfordert vom Zuhörer eine neutrale oder sogar positive emotionale Haltung:

- Versuchen Sie, die andere oder den anderen *als Person* wertzuschätzen, damit Sie den größeren Zusammenhang sehen und nicht nur die eingeschränkte Sichtweise haben, die die Nachricht selbst oder eine Ihrer alten Erinnerungen hervorruft.
- Das bedeutet, der Sprecherin oder dem Sprecher die Zeit und den Raum zuzugestehen, um Gedanken zu Ende zu führen, ohne zu unterbrechen, zu beurteilen oder zu drängen.
- Das bedeutet, Ihre vollständige Aufmerksamkeit dem Sprecher zu widmen und nicht gedanklich bei anderen Aufgaben zu sein, weil Sie „so viel zu tun haben“.
- Das bedeutet, wenn nötig, das, was Sie für das Wesentliche der Äußerung des Gegenübers halten, zu wiederholen, um sicherzustellen, daß die andere Person das Gefühl hat, Sie hören ihr zu – bevor Sie mit Ihrer Sichtweise oder Meinung antworten.
- Das erfordert ein gewisses Maß an emotionaler Reife, um nicht einfach abwehrend zu reagieren, wenn Sie Feedback bekommen. Auf dieser Basis der Reife kann sich eine tiefe Beziehung entwickeln. Dies ist mit Kunden und Klientinnen ebenso wichtig wie mit Freunden und Kolleginnen.

Wenn wir in Workshops Übungen zum intuitiven Zuhören durchführen, sind wir immer wieder beeindruckt, wie schnell tiefe und bereichernde Beziehungen aufgebaut werden können; wir sind auch begeistert von der Effizienz intuitiver Kommunikation. Herz und Verstand des Zuhörers lärmen weniger und sind kohärenter; viel weniger Zeit und Energie gehen für Wortgefechte, Rangeleien und die eigene Verteidigung drauf. Aufgrund der harmonischen Bemühungen beider Seiten tauchen sehr rasch kreative Lösungen auf. Bei einem Kurs, den wir kürzlich für eine weltweite Beratungsfirma durchführten, notierten wir folgende Kommentare: „Ich kann kaum glauben, wie gut wir uns in fünf Minuten kennenlernen konnten!“ „Wenn sich die andere Person darauf konzentriert, sicherzustellen, daß ich das Gefühl habe, sie hört mir zu, und daß sie mich nicht unterbricht, klärt das augenblicklich meine Gedanken!"

Jedes dieser Prinzipien sollten wir sowohl mit uns selbst als auch in unserer Kommunikation mit anderen anwenden. Vor einigen Jahren hatte ein neues Mitglied in unserer Belegschaft gewisse Schwierigkeiten, sich an unsere einzigartige Unternehmenskultur anzupassen. Als studierter Betriebswirtschaftler mit sehr viel Beratungserfahrung an der Wall Street fand er das Maß an Kooperation, Zusammenarbeit und Kameradschaft zwar faszinierend, aber auch etwas beunruhigend, weil es so stark von seiner sehr wettbewerbsorientierten Berufserfahrung abwich. Einmal begann er über die Dynamik im Team zu grummeln. Wir fragten ihn, ob er bereit sei, das Thema offen in einer Teambesprechung auf den Tisch zu bringen. Er stimmte zu, obwohl er dafür viel Mut brauchte. Während der Besprechung teilte er uns eindringlich seine Bedenken mit, denn er nahm eine Kluft zwischen den leitenden Mitarbeitern und den anderen wahr und fühlte sich deshalb äußerst frustriert. Wir hörten ihm zu und merkten, daß wir an seiner Stelle leicht die gleiche Sichtweise hätten haben können. Wir blieben an der Botschaft hinter seinen Worten interessiert und versuchten, uns nicht von der emotionalen Botschaft aus der Bahn werfen zu lassen (der neutrale Zustand erwies sich da als recht praktisch). Er brauchte Mut, seine Meinung zu äußern und seine Angst zu zeigen, die er über die von ihm beschriebene Kluft empfand. Bevor wir aber irgendwelche Bemerkungen dazu machten, vergewisserten wir uns, daß wir das Wesentliche seiner Aussage verstanden hatten, indem wir es ihm paraphrasierten. Dann fragten wir ihn, ob wir ihn richtig verstanden hätten. Plötzlich warf er seine Arme in die Luft und sagte: „Endlich hat mir jemand zugehört!" Die Erleichterung in seinem Gesicht und in seiner Haltung war enorm. Die Spannung darüber, daß er sich ungeschickt ausdrücken und das zu Repressalien und Isolation führen könnte, war weg. Wir beendeten den Austausch mit dem Vorschlag, „off-line", also informell weiterzureden und sicherzustellen, daß wir seine Bedenken wirklich verstanden hatten.

Im anschließenden privaten Gespräch wurde die Bedeutung des intuitiven Zuhörens noch deutlicher. Er merkte nämlich, daß ihm, sobald er „das Gefühl hatte, gehört zu werden", klar werden konnte, daß sein Hauptproblem seine Wahrnehmung war. Er dankte uns dafür, daß wir ihm zugehört hatten, und bis heute verbindet uns Offenheit, Vertrauen und Respekt.

Immer wieder haben wir erlebt, wie die Macht intuitiver Intelligenz eine gewöhnliche Unterhaltung verwandelt hat. Leistungsbeurteilungen, auf die keine der beiden Parteien scharf ist, schwierige Verhandlungen oder Interaktionen mit Klienten – sie alle werden erfüllender und effizienter, wenn die innere Kohärenz wächst, der Lärm nachläßt und das

Herz mit im Spiel ist. Der Leiter einer australischen Softwarefirma erzählte folgendes:

„Heute, einen Tag nach dem Ende des HeartMath-Kurses, standen für mich Verhandlungen an, die, wie ich erwartete, die schwierigsten meines Lebens werden würden. Ich verhandelte über die Vertriebsvereinbarung mit einer bestimmten Firma. Solche Verhandlungen hatte ich zwar schon oft in meinem Leben geführt, doch diesmal verhandelte ich mit meinen gesamten Ersparnissen, was den Druck für mich beträchtlich erhöhte. Der Vertrag, den ich vor ungefähr zwei Monaten von der Firma bekam, entsprach nicht genau dem Inhalt des Vertrages, den wir mündlich ausgehandelt hatten. Darüber fühlte ich mich sehr im Zwiespalt. Von Australien aus betrachtet, hatte ich das Gefühl, daß sich die Firma aus dem Vertrag zurückziehen wollte, den wir mündlich vereinbart hatten. Schritte, die ich unternahm, weil ich die grundlegenden Vertragsbedingungen verletzt sah, trugen auch nicht dazu bei, meine Meinung zu ändern, daß sie sich nicht an die Vereinbarung hielten. Sie reagierten nicht auf Anrufe oder E-Mails. Schließlich, und das war für mich das Entscheidende, schickten Sie mir keinen endgültigen Vertragsentwurf, worum ich sie gebeten hatte. Daher hatte ich allen Grund (aus der üblichen geschäftlichen Sicht), das Schlimmste zu befürchten. Nachdem ich aber der Firma gegenüber meine Einstellung geändert hatte, waren dies die glattesten Verhandlungen, die ich je führte. Ich wandte oft das FREEZE-FRAME-Sofortprogramm in fünf Schritten an und schickte in Gedanken den Verhandlungspartnern so oft ich konnte Liebe aus meinem Herzen. Sie willigten in jeden wichtigen Punkt ein, insgesamt ungefähr 15 Punkte, nur bei einem Punkt nicht, der, meiner Meinung nach, nur eine unbedeutende Überlegung war. Diese Verhandlung lief wie am Schnürchen und alle wichtigen Punkte, wie Vertragsbedingungen, Vertragslaufzeit, Schiedsverfahren und Quoten, gingen so aus, wie ich es wollte.“[5]

Auf den ersten Blick scheint es ermüdend, sicherzustellen, daß Sie die wesentliche Aussage eines anderen Menschen verstehen. Reden nicht die meisten Leute ohnehin zu langsam und in umständlichen Sätzen? Ist es nicht viel effizienter, sich einzuschalten und der anderen Person zu helfen, ihre

Gedanken zu klären? Wenn man auf Tempo aus und immer in Eile ist, um vermeintlich mithalten zu können – wie leicht ist es da, eine gefühllose, ineffektive Kommunikation zu rechtfertigen, die sich hinter einem Urteil versteckt. Ironischerweise entsteht durch überstürzte Entscheidungen und hektische Gedankenprozesse viel Chaos, aber wir reden uns selbst ein, sie seien für unsere Firma oder unsere Laufbahn wichtig.

Wenn wir das mentale Gerede bremsen und gleichzeitig das emotionale Getöse neutralisieren, dann wird die schnelle und subtile intuitive Intelligenz hörbar. Das Herz kann mentale Geschütze und emotionale Granaten entschärfen. Eine Untersuchung an der *Johns Hopkins University* zeigte, daß Eheleute, die die Gefühle ihres Partners oder ihrer Partnerin präzise wiedergeben konnten (als Nebenwirkung davon, intuitiv auf das Wesentliche zu hören), ihren Blutdruck senken konnten.

Denken Sie an die großen Führungspersönlichkeiten unserer Zeit oder an einen Mentor, der bei Ihnen einen bleibenden Eindruck hinterließ. Wir können vermuten, daß die Integrität dieses Menschen einen Teil Ihres Herzens ansprach. Wahrscheinlich besaß diese Person die Gabe (oder sie hatte die Fähigkeit entwickelt), ‚tief' zuzuhören; und diese Tiefe hat auch seine oder ihre Worte durchdrungen. Die Kraft und die Authentizität ihres persönlichen Ausdrucks schienen aus einer tiefen Leidenschaft und einem tiefen Wissen heraus widerzuhallen.

Viele Unternehmen profitieren meßbar davon, daß sie die Methoden kohärenter Kommunikation anwenden. Bei einem weltweiten Energieversorger hatten nur 14 % der Mitglieder eines wichtigen Strategieteams das Gefühl, die Besprechungen seien gut organisiert. Nach sechsmonatiger Anwendung der Inner Quality Management-Methoden war diese Zahl auf 53 % geklettert. Vor dem IQM-Training hatten nur 43 % der Mitglieder den Eindruck, sie hörten einander zu, sechs Monate danach empfanden 73 % das Zuhören als gut. In demselben Team fühlten sich vor der IQM-Schulung nur 57 % frei, ihre Meinung zu äußern, sechs Monate nach der IQM-Intervention waren es 93 %.

Eine andere wichtige Dimension ist die kohärente Kommunikation eines Teams mit anderen Teilen der Organisation, ebenso wie die Netzwerke von Beziehungen, die das Team außerhalb seines unmittelbaren Kontaktes aufbauen kann. Die Kohärenz innen aufrechtzuerhalten erfordert Kohärenz im Außen. In einer Studie der *Harvard Business School* wirkte sich die Art, wie ein Team oder eine Einheit mit anderen verbunden war, ungeheuer auf die Leistung aus. In einer multinationalen Elektronikfirma beispielsweise konnten die am besten verknüpften Firmeneinheiten Produkte 30 % schneller auf den Markt bringen als der Durchschnitt.[6] Ein anderes Beispiel: Mit einem Mobiltelefon zu telefonieren oder Daten über ein Modem zu übermitteln braucht eine Verbindung; wenn diese Verbindung aber gestört oder voller Lärm ist, kann man mit ihr wenig anfangen.

## Betriebliche Anwendungsmöglichkeiten

Kohärente Kommunikation kann in Unternehmen vielfältig genutzt werden.

- *Sitzungen*: Vor dem Beginn einer Sitzung ist es hilfreich, wenn Sie die Grundprinzipien intuitiven Zuhörens wiederholen: nicht-urteilendes Zuhören, auf das Wesentliche hören, sicherstellen, daß Sie den Sprecher oder die Sprecherin verstehen und authentisch reden. Schreiben Sie diese Punkte zur Erinnerung auf ein Flip-chart oder an die Tafel. Fassen Sie das Wichtigste jedes Diskussionspunktes oder jeder Präsentation kurz zusammen, um sicherzustellen, daß die ganze Gruppe übereinstimmt. Diskutieren Sie so lange, bis Klarheit herrscht. Ein Beispiel aus der Praxis: Ein gutes Team der Firma *Hewlett-Packard* wandte diesen Prozeß an, um zu überprüfen, ob die angekündigte neue Strategie von allen verstanden worden war. Die neue Strategie anzukündigen, hatte nicht einmal fünf Minuten gedauert; aber es dauerte länger als eine Stunde, bis die verschiedenen Interpretationen vorgetragen worden waren. Wenn man sich diese Zeit nicht genommen hätte, wäre es zu beträchtlicher Unsicherheit und Verwirrung gekommen; es hätte in der Folge viele Stunden gekostet und hätte möglicherweise törichte Entscheidungen nach sich gezogen. Ist so etwas in Ihrem Unternehmen auch schon einmal vorgekommen?
- *Telefonate*: Die Prinzipien des intuitiven Zuhörens und authentischer Kommunikation tragen zu einem schnelleren und für beide Seiten günstigeren Ergebnis bei, was belebend wirkt, unabhängig davon, ob es sich um ein Telefonat mit einem Kunden, einem Verkäufer oder einer Auftraggeberin handelt. Besonders wenn Sie sich nicht auf die Körpersprache oder andere visuelle Hinweise verlassen können, hilft es, sich darauf zu konzentrieren, in einem emotional neutralen oder positiven Zustand zu bleiben und sicherzustellen, daß Sie der Gesprächspartnerin oder dem Gesprächspartner zuhören. Das kostet Sie viel weniger Energie, als wenn Sie statt dessen werten oder ungerechte und ungenaue Vermutungen anstellen.
- *Leistungsbewertungen*: Leistungsbewertungen zehren sehr an der emotionalen Energie und werden in Unternehmen häufig gemieden. Dennoch können sie eine ergiebige Wachstumschance sein. Authentische Kommunikation in diesem Zusammenhang heißt, das Wohl der Person zu Ihrem Hauptziel zu machen. Stellen Sie sicher, daß bei Ihrer Bewertung genug Zeit bleibt, auf die Stärken der Person einzugehen – und stellen Sie sicher, daß die Person Ihre Wertschätzung wirklich hört. Wenn Feedback nötig ist, wählen Sie eine nicht-wertende,

sondern konstruktive und direkte Ausdrucksweise. Wenn Sie unmittelbar vorher den FREEZE-FRAME-Fünfschritt durchlaufen, können Sie Ihre Angst neutralisieren oder reduzieren und ein stärkeres Feld aus Rapport statt Antagonismus aufbauen.

- *Beziehungen nach außen*: Beurteilen Sie die Qualität der Kommunikation zwischen Ihrem Team und anderen wichtigen Abteilungen in der Firma. Wo mangelt es an Kohärenz? Wo herrscht Kohärenz? Untersuchen Sie besonders die Bereiche umfassender Kommunikation, in denen sich Mitarbeiter mit bestehender Inkohärenz und mit Antagonismus abgefunden haben. Dies ist ein guter Ansatzpunkt, um die Produktivität anzukurbeln. Typische Beispiele verhärteter Beziehungsstrukturen sind: Produktion versus Marketing, Verkauf versus Buchhaltung, Marketing versus Verkauf.
- *Lärm im System*: Fragen Sie sich immer wieder, ob in irgendeinem Teil des Systems „Lärm" herrscht:
  - die Verkäufer sind frustriert über fehlende Serviceleistungen und Unterstützung aus dem Haus
  - die Verwaltung wird von der Infrastruktur oder durch ineffiziente Prozesse behindert
  - die Mitarbeiter aus der Produktion sind verärgert über Verzögerungen beim Design oder über ständige Veränderungen
  - das mittlere Management sitzt im Niemandsland zwischen der Vorliebe der Unternehmensspitze für die Aktionäre (oder den Aufsichtsrat) und dem Zynismus der Basis (oder der Mitglieder) fest.

Im folgenden gehen wir von der zwischenmenschlichen Kommunikation in den Bereich der Elektronik über und überlegen, wie sich die Ideen unternehmerischer Kohärenz auf die Informationstechnologie anwenden lassen.

## Anmerkungen

1. Robert Cooper und Ayman Sawaf, *Executive EQ: Emotional Intelligence in Leadership and Organizations*. New York: Grosset/Putnam, 1997, S. 68; dt. *EQ: emotionale Intelligenz für Manager*. München: Heyne, 1998.
2. Ibid. S. XXI (zitiert nach der Originalausgabe).
3. Rollin McCraty, Mike Atkinson, Dana Tomasino und William Tiller, „The Electricity of Touch: Detection and Measurement of Cardiac Energy Exchange Between People", in: *Proceedings of the Fifth Appalachian Conference*

*on Neurobehavioral Dynamics: Brain and Values*. Mahwah, NJ, USA: Lawrence Erlbaum Associates, 1998.

4. Dr. Alan Watkins, der in Großbritannien, Europa und Asien intensiv mit den IQM-Methoden gearbeitet hat, trug viel zu diesen Ideen des Verschlüsselns und Dekodierens bei.
5. Aus einem Gespräch mit Gerard McMullan, *No Fear Software Services*, Sydney, Australien.
6. Zitiert in Sarah Cliffe, „Knowledge-Management – The Well-Connected Business“, in: *Harvard Business Review*, Juli-August 1998, S. 17.

## Kapitel 8

# Technologie, innere Technologie und die Meßbarkeit von Humankapital

Wie in praktisch jedem Bereich der Gesellschaft vollzieht sich auch im Bereich Technologie ein massiver Wandel. Dabei stehen wichtige Entscheidungen über die künftige Richtung an. Organisationen wie das in Silicon Valley ansässige *Institute for the Future* zeichnen die Trends in der Informations- und Kommunikationstechnologie sorgfältig auf und versuchen, die Wirkung dieses Wandels vorherzusagen; und zwar die Auswirkungen auf die Wirtschaft, die Umwelt, die Gesellschaft und auf jeden einzelnen. Das Bild ist chaotisch, soviel ist sicher. Die Leistung von Computern übertrifft bereits das Gesetz von Moore, wonach sich die Geschwindigkeit von Mikroprozessoren alle 18 Monate verdoppelt. Die Geräte werden immer kleiner, kompakter und vielseitiger, die Zukunft erscheint wie ein Paradies für Technik-Freaks. Viel von dieser neuen Technologie wird unermeßlich zu unserer Fähigkeit beitragen, über Grenzen und Zeitzonen hinweg zu lernen und zu verstehen. Aber um welchen Preis? Bedenken über Cyber-Kriminalität, Kinder, die vor Computerbildschirmen kleben, der Zusammenbruch der traditionellen Gemeinschaft, eine wachsende Kluft zwischen Armen und Reichen sind nur einige mögliche Auswirkungen.[1]

Das Leben, so wie wir es kennen, hängt mittlerweile vollständig davon ab, daß Computer und die Netzwerke, die sie verbinden, korrekt funktionieren. Diese „Cyberökologie“ ist heikel – Störungen irgendwo im Netz der Computer und in Verbindungen können sich auf das ganze System auswirken. Viele Bereiche sind davon betroffen: das Bankwesen, Geldautomaten, die Kontrollsysteme in der Luftfahrt, Informationsnetzwerke, Kraftwerke, Telekommunikation, die eingebauten Chips in weiten Bereichen der Handwerks- und Produktionssysteme.

Eine Reuters-Studie[2] aus dem Jahr 1997 behauptet, daß wir Zeuge werden vom Aufkommen einer neuen Generation von „Dataholikern“.

Basierend auf einer Umfrage unter 1.000 Menschen in den USA, Großbritannien, Irland, Deutschland, Singapur und Hongkong ermittelte man folgendes:

- Mehr als 50 % fühlen sich nicht in der Lage, mit der Informationsflut an ihrem Arbeitsplatz umzugehen.
- 61 % glauben, daß an ihrem Arbeitsplatz derzeit eine Informationsüberfülle herrscht, und 80 % sagen voraus, daß sich die Situation verschlimmert.
- 47 % nehmen Arbeit mit nach Hause oder machen Überstunden, um mit der Informationsmenge mithalten zu können.
- 55 % sind besorgt, Kinder könnten zu „Informationsjunkies" werden; von ihnen sind 36 % „äußerst beunruhigt", daß Kinder mit zu vielen Informationen konfrontiert seien.
- Beinahe die Hälfte aller Eltern geben an, daß ihre Kinder Computer Gleichaltrigen vorziehen.

Zwei Forscher haben ermittelt, daß sich immerhin 85 % der Bevölkerung beim Thema Technologie unwohl fühlen.[3] Die 15 %, die nichts gegen das Thema einzuwenden haben, lassen sich aber von Technik durchaus frustrieren, einschüchtern oder stressen. Selbst Technik-Gelehrte empfinden Druck. Die Zahl der Mitteilungen oder anderen Reize, die unsere Aufmerksamkeit auf sich ziehen – Telefonate, E-Mails, Anzeigen im Fernsehen, „Junk mail" aus dem Internet und andere – belaufen sich täglich auf Zehntausende. Als wir an diesem Buch arbeiteten, rief uns eines Tages ein Klient an, der als Führungskraft in einem weltweit tätigen Technologieunternehmen arbeitet. Er beklagte sich über den unglaublichen Energieaufwand, weil er sich mit 200–250 E-Mails pro Tag beschäftigen müsse. Die meisten würde er löschen, ohne sie gelesen zu haben. Doch die Absender gehen davon aus, daß sie kommunizieren.

E-Mails können die Inkohärenz in Firmen rasch verschärfen. Wenn man, selbst wenn es versehentlich ist, negativ auf eine neue Politik oder auf eine beliebige Situation reagiert, kann man sein Mißfallen augenblicklich Dutzenden von Menschen mitteilen. Hier ist ein einfaches Beispiel: In einer großen Firma, die Finanzdienstleistungen anbietet, gab ein zorniger Angestellter via E-Mail einem Kollegen eine feindselige Rückmeldung und schickte 15 anderen Leuten Kopien, darunter dem Chef des Vorgesetzten des Kollegen. Der Teamleiter mußte dann wiederum auf elektronischem Weg die Angelegenheit klären, auf zwei höheren Ebenen der Geschäftsleitung Rechenschaft ablegen sowie den Kollegen beruhigen, der öffentlich und zu Unrecht gedemütigt worden war. Ähnlich können Beschwerden von Kunden auf elektronischem Weg sehr leicht auf hohe Ebenen eines Unternehmens vordringen, was viele Personen in ein emotionales Drama verwickeln kann. In beiden Beispielen ist nicht die E-Mail der Übeltäter; E-Mails sind neutral. Aber sie sind eine praktische Methode, um Inkohärenz und emotionale Unkontrolliertheit zu verbreiten.

Das Phänomen der Informationsüberlastung nimmt weltweit zu. Eine andere Umfrage von Reuters[4], die unter Managern in Großbritannien, in den Vereinigten Staaten, Australien, Hongkong und Singapur durchgeführt wurde, brachte einen enormen mentalen Streß und körperliche Krankheiten ans Licht. Grund sei die „Informationsmüdigkeit" der Manager.

- Jeder vierte der 1.300 befragten Manager gab an, als Ergebnis der Informationsmenge, die er bewältigen müsse, unter einer schlechten Gesundheit zu leiden.
- 48 % waren sich einig, daß das Internet das Problem in den nächsten Jahren noch verschlimmern werde.
- Zwei Drittel der Manager gaben an, daß es aufgrund des Stresses im Zusammenhang mit der Informationsüberlastung zu Spannungen mit Kollegen und zum Verlust der Arbeitszufriedenheit komme.
- 43 % der leitenden Manager litten unter einem schlechten Gesundheitszustand als direkte Folge des Stresses im Zusammenhang mit der Informationsfülle.
- 62 % bestätigten, daß ihre privaten Beziehungen als Ergebnis der Informationsmenge litten.
- 44 % glaubten, die Kosten für die Informationsbeschaffung überstiegen den Wert der Informationen für das Unternehmen.

Wie viel von dieser Mode, Informationen zu sammeln – und mit ihr die daraus resultierende persönliche und unternehmerische Ineffizienz – rührt von der Angst her, abgehängt zu werden, von der Furcht, jemand anders wird das Geschäft machen und schneller auf den Markt kommen, von der Unsicherheit, daß unser Wert in Frage gestellt wird und wir letztlich zur Seite gedrängt werden, wenn wir nicht ständig „angeschlossen" sind?

Es ist faszinierend, einen Schritt zurückzutreten und wahrzunehmen, wie schnell die Informationstechnologie in unserem Leben eine zentrale Rolle einnahm. Können Sie sich an die Zeit erinnern, als Sie noch keinen Videorecorder besaßen, als niemand Ihnen Faxe oder E-Mails schickte, als Personalcomputer (selbst in Firmen) etwas ganz Neues waren, als es keine Pieper gab und als Autotelefone Präsidenten und Premierministern vorbehalten waren? Diese ländliche Szene stammt aus dem Jahr 1980! Kommen Sie rasch wieder in die Gegenwart. Wir leben in den Industrienationen heute eindeutig in einer anderen Welt. Heutzutage arbeiten und leben viele von uns in einer Umgebung voller Technologie – und es werden immer mehr. Unser Zuhause spiegelt zunehmend die Technologieverrücktheit in Unternehmen wider. Und die Intensität und das Tempo des Wandels werden auf jeden Fall noch zunehmen. Es ist kein Ende in Sicht, daß sich dieser Trend verlangsamen oder seine Richtung ändern könnte.[5] Nur wenn die negativen Folgen uns teuer zu stehen kommen, werden wir wahrscheinlich die Grundannahme in Frage stellen, daß eine stets wachsende Fülle von Grundinformationen per se gut sei. (Man kann an allem sterben, das zuviel ist, auch an Wasser.)

Innerhalb sehr kurzer Zeit, innerhalb ungefähr 15 Jahren, wurden Computer und die Informationstechnologie rasch die wichtigsten Pluspunkte von Unternehmen und bestimmten ihr Handeln. Heute geben Firmen beinahe die Hälfte ihrer Kapitalaufwendungen für Computer, Netzwerke und Software aus – der größte Einzelposten der Ausgaben.[6] Fast jeder Angestellte in Organisationen des privaten und öffentlichen Sektors muß in der Lage sein, mindestens eine, gewöhnlich aber mehrere Arten von Geräten der Informationstechnologie zu bedienen: Computer, Laptops, Modems, Faxe, E-Mails, Funk, Mobiltelefone und anderes.

## Herzintelligenz und Informationstechnologie

Da sich die Informationstechnologie rasch in unserem Privat- und Berufsleben ausbreitet, können wir nur erwarten, daß der Wandel weitergeht und sich beschleunigt. Wie bewältigen wir das alles? Ziehen wir den technologischen Stecker heraus und kehren zu einer einfacheren Lebensform zurück? Dies ist in Unternehmen weder praktisch noch möglich, doch im Privatleben haben wir eindeutig die Wahl. Außerdem bestimmt die Art und Weise, wie wir Technologie und ihre Anforderungen und Veränderungen in unserem Leben *wahrnehmen*, ob der Wert der Technologie ihren Preis übersteigt.

Als erstes gilt es, das entscheidende Paradox der Technologie zu erkennen. „Technologie versetzt uns nicht in ein idyllisches Paradies, sondern in ein aufreibendes Paradoxon", behauptet David Glen Mick von der *University of Wisconsin* in Madison.[7] „Ein Paradoxon ist per se unlösbar. Es ruft einen emotionalen Konflikt im Menschen hervor, was zu beträchtlichem Streß führen kann. Die Notwendigkeit, mit diesem Streß umzugehen, wirkt sich auf das Konsumverhalten des Menschen aus." Mick und seine Forschungskollegin Susan Fournier von der *Harvard Business School* haben acht Paradoxa aufgeführt, die das Verhältnis des Konsumenten zur Technologie prägen:

- Technologie gewährleistet stärkere *Kontrolle* oder aber verschlimmert das *Chaos*
- Technologie verspricht *Freiheit* oder aber erzeugt neue *Abhängigkeit*
- das Bedürfnis nach der *allerneuesten* Technologie versus die Furcht, *altmodisch* zu werden
- Technologie regt unsere *Intelligenz* an und läßt uns ebenso gelegentlich *dumm* fühlen, was uns demütigt
- Technologie verspricht größere *Effizienz* und ebenso die Tatsache, daß sie neue weitere Arbeiten mit sich bringt, die *Ineffizienz* hervorrufen
- Technologie verspricht, daß sie *Bedürfnisse erfüllt*, während sie faktisch *neue Bedürfnisse weckt*
- der Wert von Technologie besteht darin, daß sie die *Assimilierung* und Vernetzung zwischen den Menschen verstärkt, gleichzeitig hat sie die Tendenz, Isolation zu fördern, indem sie den persönlichen Kontakt *verringert.*

Im Informationszeitalter brauchen Menschen eine neue Art von Intelligenz, um all die jetzt verfügbaren Daten und Wahlmöglichkeiten zu sichten, zu filtern und effektiv zu verarbeiten. Wenn Sie Herzintelligenz entwickeln, können Sie, egal ob Sie Technologie nutzen oder entwickeln, den wirklichen Wert der Informationen oder eines neuen Produktes aus einer umfassenderen Perspektive einschätzen. Wer nur aus einem überforderten Verstand heraus – ohne Herzintelligenz – handelt, ist leicht überwältigt und reagiert nur auf die lauteste und sich ständig wiederholende Information oder nutzt veraltete, vertraute Standardprozesse. Neue Informationen intelligent einzuschätzen ist schwierig. Im Extremfall schottet man sich defensiv ab und nimmt überhaupt keine neuen Informationen wirklich auf. In dem Maß, in dem Sie Ihre Wissensgrundlage erweitern und Ihren inneren Lärm wirksam reduzieren können, können Sie Ihr inneres Wissensnetz blitzschnell durchsuchen und lineare Suchprozesse eher umgehen. Die innere Wissensgrundlage in Verbindung mit der Intuition gestattet einen Sprung über die bekannten Möglichkeiten hinaus, um bei Bedarf neuartige Lösungen zu finden. *Dies stellt heutzutage für jede und jeden in Unternehmen einen enormen Einfluß (der wie ein Hebel wirkt) dar.*

Wenn Technologie also die Bandbreite möglichen Informationstransfers radikal erweitert hat – mehr Möglichkeiten für Verbindungen, mehr Leitungen für den Informationsfluß und mehr Möglichkeiten, die den einzelnen überwältigen können – wie wäre es da, wenn wir die Technologie aktiv einsetzen würden, um die Qualität dieser Information zu verbessern?

„Arno Penzias war es, der Nobelpreisträger in Physik im Jahre 1978, der als erster darüber theoretisierte, daß die Computerwissenschaften und die Kommunikation sich getroffen haben, daraus die Vernetzung entstand und daß letztlich alles verbunden sein werde. Kurz gesagt hatten die Computerwissenschaften nie mit dem Komprimieren von Daten zu tun; Datenkompression war das Mittel; Vernetzung war das Ziel. Deshalb werden die Datensüchtigen und die Cyber-Pioniere niemals die Welt erben. Die Kommunikationsrevolution fand auch nicht wegen der Maschinen und der Leistungen, die sie erreichten, statt; Faxgeräte, Modems, interaktives Fernsehen und Internet-Provider waren die Mittel; Vernetzung war das Ziel. Die Wege der Computer- und der Kommunikationswissenschaften haben sich nicht nur gekreuzt; sie haben fusioniert. Und bei dieser Fusion entstand Vernetzung. Aber auch sie ist letztlich nicht das Ziel. Sie ist ein Existenzzustand, nicht mehr. Das wirkliche Ziel ist das, was geschieht, wenn Dinge verbunden sind und wenn die Vernetzung selbst mit der Information verschmilzt.“[8]

Dem fügen wir hinzu: Verbundensein ist großartig, wenn die Signale klar sind und der Inhalt bleibenden Wert hat. Aber wie oft ist die Verbindung gestört – es ist der Lärm der Inkohärenz auf Seiten des Senders oder des Empfängers. Was ist der bleibende Wert der gesendeten Mitteilungen? Wie können wir den inneren Zustand der *Menschen* verbessern, die mit der Technologie arbeiten?

Torrey Byles ist Betriebswirtschaftler und schrieb über den elektronischen und digitalen Handel. Er vertritt folgende Ansicht:

„Wenn wir mit unseren Wahrnehmungen klarkommen, können wir nicht nur mit den Anforderungen der neuen Technologie-Welt umgehen, sondern wir können darüber hinausgehen und die unglaublichen Möglichkeiten, die uns diese Technologie bietet, wirklich nutzen. Der Schlüssel dafür, mit unseren Wahrnehmungen zurechtzukommen, besteht darin, als erstes unsere körperliche und emotionale Verfassung ins Gleichgewicht zu bringen. Das Herz mit der Informationstechnologie zu verbinden, ist der nächste Schritt – ein Quantensprung, wenn wir die Technologie an unserem Arbeitsplatz und Zuhause einführen. Dies ist meiner Ansicht nach die einzige Möglichkeit, alles im Gleichgewicht zu halten. Ich glaube, die einzige Art, das Potential der Informationstechnologie wirklich zu erkennen, besteht ironischerweise darin, sich stärker dem Herzen zuzuwenden. Wir werden über die Dimension der Technologie hinausgehen, wir werden uns in eine höhere Dimension begeben, um Technologie mit den Bedürfnissen des Menschen und des Planeten in Einklang zu bringen. Ich habe festgestellt, daß man mit Hilfe der HeartMath-Methoden die kohärente Herzintelligenz nutzen kann, dann ein Joint-venture mit dem Verstand herbeiführen kann und dann positive und enthusiastische Stimmungen erlebt, und nicht Angst und Verzweiflung."[9]

## Mit der Herz- und Informationstechnologie die menschliche Produktivität steigern

Byles weist darauf hin, daß Computer, wie jedes andere Werkzeug auch, in erster Linie dafür gedacht sind, die menschliche Produktivität zu steigern. Call-Center und Serviceabteilungen verwenden Computer, um die Kundendatei anrufender Kunden aufzurufen. Mit dem Zugriff auf die Informationen im Computer können die Angestellten des Call-Centers wesentlich besser auf die speziellen Probleme, Bitten oder andere, für den Kunden relevanten Informationen eingehen, als ohne diese Möglichkeit. Als Ergebnis davon, so hoffen wir alle, bleibt der Kunde der Firma treu und ist zufrieden über seinen Kontakt. Wie steht es aber um die innere Einstellung des Angestellten? Fühlt sich der Kunde während des Gesprächs verstanden und respektiert oder nur abgefertigt, damit ein anderer Anruf entgegengenommen werden kann? Technologische Effizienz kann die Wärme menschlichen Respekts und aufrichtigen Zuhörens steigern, aber niemals ersetzen.

Sie können irgend jemanden in praktisch jedem Unternehmen fragen: Er oder sie wird Ihnen sagen, daß es Streß bedeutet, die Informationstechnologie zu nutzen – man bringt die Geräte nicht dazu, das zu tun, was man gern von ihnen hätte, sie gehen ständig kaputt, stürzen ab oder funktionieren unabhängig vom gesunden Menschenverstand.

Ein anderes Beispiel: Eine Forscherin an einer staatlichen Gesundheitsbehörde nutzt den Computer für vielfältige Zwecke: Sie sucht Datensätze von Forschungsberichten oder anderen Informationen, sie simuliert physiologische Prozesse und führt statistische Analysen zu Laborexperimenten durch. In beiden Beispielen ist der Computer eine enorme Verbesserung für die Art, ein Ziel zu erreichen. Ohne Computer wären in diesen Fällen entweder entschieden mehr Angestellte nötig, um zu dem gleichen Ergebnis zu kommen, oder die gleichen Ergebnisse könnten im gleichen Zeitraum und zu den gleichen Kosten unternehmerisch nicht erzielt werden. Unglücklicherweise können Computersysteme schlecht entwickelt und an den Arbeitsplätzen ungenügend eingerichtet sein, so daß sie der produktiven menschlichen Leistung entgegenwirken. In solchen Fällen frustrieren Computer nur, sie überwältigen oder blockieren den effizienten Arbeitsfluß.

Byles behauptet außerdem, daß das Herz und das persönliche emotionale Gleichgewicht entscheidend dabei seien, die Produktivität von Informationssystemen bestmöglich zu nutzen.

„Beim Entwickeln und beim Einsatz von Computern führen ausgewogene Emotionen auf seiten des Designers zu effektiven Computersystemen für den Benutzer. Die ausgeglichenen Emotionen gestatten dem Benutzer in seiner täglichen Arbeit am Computer, das System so zu benutzen, wie es konzipiert war. Emotionale Ausgeglichenheit verhindert auch, von Computern frustriert und überwältigt zu werden. Mit anderen Worten, durch die Verbindung von emotional ausgeglichenen Menschen und den Möglichkeiten der Informationstechnologie können Unternehmen bahnbrechende Ergebnisse erzielen.“[10]

## Herz und Humankapital

In welchem Maß Computer wirklich die menschliche Produktivität gesteigert haben, wird immer wieder von Ökonomen und Führungskräften diskutiert. Bei einem Mittagessen mit einem Klienten, bei dem er die Flut von E-Mails beklagte, wollte ein Angestellter einer High-Tech-Firma wissen, ob unserer Meinung nach die positiven Auswirkungen von Technologie die eindeutig streßerzeugenden Nachteile aufwiegen. In eine Zeit, in der das Massenbewußtsein anscheinend annimmt, daß mehr Technologie automatisch bessere Ergebnisse bringe, sagen viele, daß es keine soliden Messungen gibt, die eindeutig belegen, daß Computer die Arbeitsleistung steigern. Andere sagen, daß man die Wirkung von Computern unmöglich „1:1“ messen kann, weil sie die Art der

Arbeitsleistung (was die Produktqualität angeht, die Möglichkeit, ein Produkt auf die individuellen Vorlieben der einzelnen Kunden abzustimmen, die Produktionsgeschwindigkeit, die Anforderungen an die Fähigkeiten der Beschäftigten und andere Faktoren) völlig verändern. Dennoch stimmen die meisten Ökonomen und andere Finanzfachleute darin überein, daß Computer und Informationstechnologie Zeichen eines neuen Verständnisses von menschlichem Wirtschaftswachstum sind: Wissenskapital und der umsichtige Umgang mit Wissen.

Nach diesem neuen Verständnis ist der Inhalt des menschlichen Intellekts (die Imaginationsfähigkeit, das Wissen, die kreativen Ideen, die Fähigkeiten, Stärken und Pläne, die Fähigkeit, Bitten zu äußern und Versprechen zu geben, die Erwartungen an die Zukunft etc.) die Quelle allen Reichtums. Materielle Produkte sind nur Nebenprodukte des Intellekts. Materielle Gegenstände können nur entstehen, wenn Menschen sie ersonnen, dafür gearbeitet und bestimmte praktische Methoden angewandt haben, um sie zu bekommen. Das Immaterielle und Intellektuelle kommt zuerst und ist von Natur aus wertvoller als das Greifbare und Materielle. (Wir sind der Ansicht, daß der Intellekt nur einen Aspekt der privaten und betrieblichen Intelligenz darstellt. Wie erfrischend ist aber die Information, daß manchmal etwas so Immaterielles wie der Intellekt tatsächlich in Unternehmen gemessen wird.)

Leif Edvinsson, der erste Vizepräsident im schwedischen Unternehmen *Skandia*, und Michael S. Malone, ein bekannter Autor von Wirtschaftsbüchern, fassen diesen Punkt gut zusammen:

„Alle individuellen Fähigkeiten, das Wissen, die Fertigkeiten und die Erfahrung der Beschäftigten und Manager eines Unternehmens wird mit dem Begriff ‚Humankapital' bezeichnet. Aber es muß mehr sein als einfach die Summe dieser Menge; es muß auch die dynamischen Elemente eines intelligenten Unternehmens in einer sich verändernden, wettbewerbsorientierten Umgebung umfassen. Ein Beispiel: Bringen Angestellte und Manager ihre Fertigkeiten ständig auf den neuesten Stand und erwerben sie neue Fähigkeiten? Erkennt die Firma diese neuen Fertigkeiten und Kompetenzen an und bezieht sie sie in ihr Handeln mit ein? Werden diese neuen Fertigkeiten, ebenso wie die Erfahrungen langjähriger Mitarbeiter der ganzen Firma mitgeteilt? Oder zehrt statt dessen die ganze Firma noch von einer Reihe veralteter und zunehmend obsoleter Fertigkeiten, ignoriert (ja bestraft) sie neue Kompetenzen von Mitarbeitern, und hält sie Wissen zurück, um so Macht und Einfluß im Unternehmen zu monopolisieren?"[11]

Da wir ja wissen, wie wichtig – und meßbar wertvoll – der Intellekt ist, was sagt er uns über die emotionalen und intuitiven Seiten des Menschen? Wie wäre es, wenn wir ein Gleichgewicht aller menschlichen Faktoren kohärent orchestrieren könnten, so veränderlich und dynamisch sie auch sind? Der Nutzen der intellektuellen Fähigkeiten wird vom emotionalen Zustand eines Menschen bestimmt. Ein ärgerlicher oder depressiver Wissenschaftler ist ein Wissenschaftler mit geringem Wissenskapital. Ein fröhlicher und enthusiastischer Installateur ist ein Installateur, der enormes intellektuelles Kapital mitbringt (Kreativität, Wissen, Fertigkeiten etc.), um seine Wohnung schön zu gestalten. Zu der Zeit, als manche Unternehmen das „Wissenskapital" entdeckten, haben wir das „Humankapital" entdeckt. Gutes Humankapital – mit anderen Worten: intellektuelle und emotionale Ausgeglichenheit – ist eine Voraussetzung dafür, daß ein Mensch Zugang zu seinem oder ihrem intellektuellen Kapital findet.

Byles erwähnt einen anderen Punkt, dessen Betrachtung lohnt. Die Menschen haben im Laufe der Jahrtausende viele unglaubliche Werkzeuge erfunden. (Anthropologen sagen, daß das Herstellen von Werkzeugen ein grundlegender menschlicher Wesenszug sei.) Als Spezies sind wir jetzt an einen Punkt gelangt, an dem wir erkennen, daß unsere Werkzeuge nicht nur materiell, sondern auch immateriell sind. Wir arbeiten jetzt systematisch daran, immaterielle Werkzeuge herzustellen und zu nutzen – in Software-Programmen, in Unterricht und Ausbildung sowie im Wissen, das auf verschiedenen elektronischen Medien gespeichert ist. Mit dem Informationszeitalter und seinen Werkzeugen (nämlich Computern) bricht eine Zeit an, in der es übliche und weitverbreitete Gesellschaftspraxis sein wird, bei der Arbeit immaterielle Werkzeuge zu benutzen. Computer sind so eine Art Bindeglied: ein Teil ist materiell und einer immateriell. Sie verbinden die materielle Welt mit der intellektuellen Welt, der Welt der Ideen und des Intellekts.[12] Die Techniken zum umsichtigen Umgang mit Emotionen sind eine Reihe weiterer immaterieller Werkzeuge. Die Informationstechnologie gilt zwar als Werkzeug des Intellekts, doch der Intellekt ist viel machtvoller, wenn er von gut „gemanagten" Emotionen angetrieben wird. Die Herzintelligenz ist das „Betriebssystem".

Das HeartMath-Institut hat ein Instrument entwickelt, das die maßgeblichen Faktoren des Humankapitals mißt und das genau aufzeigt, an welchen Stellen Streß die volle Leistungsfähigkeit einschränkt. Die POQA (*Personal and Organizational Quality Assessment*; ein Maßstab zur Beurteilung der menschlichen und betrieblichen Qualität) mißt 19 einzelne Bereiche und verwendet die Gesundheit und die Unternehmensleistung als Indikatoren. Die POQA mißt folgende betriebliche Begriffe:

soziale Unterstützung, Klarheit der Ziele, Zufriedenheit am Arbeitsplatz, Produktivität und die Effektivität der Kommunikation. Die persönlichen Begriffe, die gemessen werden, sind: allgemeine negative Gemütsbewegung (Stimmung), Traurigkeit, Depression, Ärger, Leid, Müdigkeit, positive Gemütsbewegung (Stimmung), innerer Friede und Vitalität. Die gemessenen Streßsymptome sind Schlaflosigkeit, Angst, körperliche Schmerzen, Verdauungsbeschwerden und Herzrasen.

Das POQA wird eingesetzt, um die Gesundheit und das Humankapital einer Firma mit den Daten von Weltklasse-Unternehmen zu vergleichen und um die Veränderungen zu messen, die aus der Anwendung der IQM-Technologie resultieren. (Die im Anhang aufgeführten Daten der Fallstudien wurden durch das POQA ermittelt. Eine Ausnahme stellen die biomedizinischen Daten dar; sie wurden durch standardisiertes medizinisches Monitoring ermittelt.) Wenn diese Informationen dem Teilnehmer und der Geschäftsleitung zurückgemeldet werden, können eindeutige Schritte unternommen werden, um den „Lärm“ in Unternehmen zu reduzieren. Das führt zu einem höheren Humankapital.

## Mit intuitiver Intelligenz den Informationsaustausch fördern

Kohärenter Informationsaustausch ist eindeutig ein Schlüssel für Erfolg in der Zukunft – und eine Hauptmöglichkeit, Streß zu reduzieren. Technologien erweitern zwar die Bandbreite der Kommunikation, doch immer noch sind Menschen für die Qualität zuständig. Das Inner Quality Management legt Wert darauf, den einzelnen dabei zu unterstützen, seine eigenen Fähigkeiten auszubilden und die Kommunikation mit sich selbst zu verbessern – und sie dann ins Team einzubringen (oder in die Familie), in seine Abteilung (oder sein soziales Umfeld), in das Unternehmen (oder die Gesellschaft) etc.

Wir haben festgestellt, daß sich über diesen Informationsaustausch leicht predigen läßt, er aber recht schwer zu verwirklichen ist, wenn die Wirtschaft sich immer schneller entwickelt. Damit Menschen lang genug innehalten, um sich an die Wichtigkeit des Austausches zu erinnern (wenn sie „tausend andere Dinge zu tun haben“), brauchen sie spezielle Methoden für diesen Prozeß des Zurücktretens. Die Fähigkeit, sich zurückzuziehen und Frustration, Ärger oder Ängstlichkeit zu erkennen, ist der erste wichtige Schritt auf dem Weg zu einer effektiven, energiesparenden Lösung, um vom Chaos zur Kohärenz zu gelangen.

## Das Freeze-Frame-Sofortprogramm und innere Technologie

DasFreeze-Frame-Sofortprogramm ist eine wirkungsvolle Methode, um die Bandbreite der verfügbaren Intelligenz augenblicklich zu erweitern: mehr Informationen, um Entscheidungen zu treffen, und mehr Fürsorge für sich selbst und die Situation, in der man sich befindet. Für den Kommunikationsprozeß selbst bedeutet dies: Der Freeze-Frame-Fünfschritt, mit dem man die Herzintelligenz entdecken und entwickeln kann, führt zu *Mehrwert-Informationen* und ermöglicht einen viel stärkeren Einfluß und breiteren Handlungsspielraum. Wenn dem Wunsch nach Austausch wirkliche Fürsorge zugrunde liegt, sind alle folgenden Aktivitäten von einer anderen Dimension der Kraft und Effektivität geprägt.

Man kann dies auch aus einem anderen Blickwinkel betrachten: Die Bedeutung einer Sendung zu erkennen ist das eine, Zeit darauf zu verwenden, um sicherzustellen, daß der Empfang gut eingestellt und störungsfrei ist, ist das andere. Die meisten Unternehmen sind recht gut im ersten Teil, aber ignorieren den zweiten völlig. Für einen wirklichen Informationsaustausch ist es erforderlich, die Feinheiten und Nuancen der Informationsübertragung zwischen *Menschen* zu verstehen. Dann wird daraus der Transfer *lebendiger Informationen*.

Sobald Menschen beteiligt sind, müssen wir daran denken, daß wir es mit nicht-linearen Systemen zu tun haben, die fühlen und denken. Der Mensch ist in physiologischer und psychischer Hinsicht ein lebendes Beispiel der angewandten Chaostheorie. Geschicklichkeit darin, Menschen zu verstehen, erzeugt das Resonanzfeld, in dem nahtloser, störungsfreier Informationstransfer möglich ist. Mit einfachen Worten: Wenn man daran denkt, in seiner Kommunikation einfühlsam und fürsorglich zu sein, kann der Zuhörer die Botschaft viel leichter hören. Um diese Fertigkeit zu entwickeln, muß man üben; Leistungen müssen öffentlich positiv verstärkt werden. Wenn Sie beispielsweise *innehalten und über die verschiedenen Reaktionsmöglichkeiten* auf eine E-Mail, die Sie verschicken wollen, *gründlicher nachdenken*, können Sie beträchtlich Streß sparen und Ihre Produktivität erhöhen. Wenn Sie das geeignetste Kommunikationsmittel oder die vielfältigen Begleitumstände in Betracht ziehen, wird Ihre Botschaft besser aufgenommen und hinterläßt mehr Eindruck. „Aber ich habe Ihnen eine E-Mail dazu geschickt!" ist keine Ausrede für eine unzureichende Kommunikation.

## Eine kreative Vision für die Informationstechnologie der Zukunft

Die Informationstechnologie von heute ist im Vergleich zur zukünftigen sehr primitiv. In 20 Jahren werden wir auf die Computer von heute zurückblicken, auf schnurlose Kommunikationsgeräte, das Internet und so weiter und sie für sehr einfache Werkzeuge halten, einige vielleicht sogar für unangebracht. Byles ist der Meinung, daß „Emotionen und andere menschliche Charakteristika in der Zukunft die Informationstechnologie prägen werden“.[13] Es gibt wohl keine Alternative. Was machen wir in der Zwischenzeit?

Praktische Beispiele dafür, wie man mit der technologischen Überlastung umgehen und Streß reduzieren kann, beinhalten folgende Maßnahmen: Nehmen Sie sich einen Augenblick Zeit, um den FREEZE-FRAME-Fünfschritt zu praktizieren, *bevor* Sie eine E-Mail lesen und sie beantworten. Fragen Sie sich, was die wichtigste Information darin ist und wie Sie am effizientesten reagieren können. Bleiben Sie in einem neutralen Zustand, um Ihre Reaktionen zu managen, während Sie die ansonsten unwesentlichen Informationen zur Kenntnis nehmen. Wenn Sie emotional neutral bleiben, wird der Streß nicht klammheimlich auf dem Rücken bewertender Gedanken, Bedenken oder Frustration zunehmen. Wählen Sie den Zeitpunkt und die Art Ihrer Reaktion strategisch. Denken Sie daran, daß Sie, wenn Sie blindlings reagieren, nicht mit Ihrer ganzen Intelligenz und Sorgfalt reagieren.

Bei der *HeartMath LLC* haben wir eine einfache Methode eingeführt, die uns beim Lesen von E-Mails und beim Setzen von Prioritäten schon erheblich Zeit gespart hat. Weil manche E-Mails nur eine einfache Wendung sein können, wie „Kommen Sie bitte um 3 zur Besprechung“ oder „Der Bericht muß bis 16.30 Uhr fertig sein“, haben wir bei uns vereinbart, daß alle Nachrichten, die in ein paar Worten zusammengefaßt werden können, mit einem * beginnen. Dieses *-Symbol in der Betreffzeile informiert den Leser, daß die ganze Nachricht in der Betreffzeile enthalten ist und daß er die E-Mail nicht öffnen muß, weil dort nichts mehr steht. Unser Verwalter schickt uns beispielsweise eine Erinnerung mit folgenden Worten: „*Straßenkarte ist in Ihrem Fach!“

Wir lesen einfach diese Betreffzeile in der Liste der E-Mails und löschen sie dann. Sie wären entzückt, wie viel Zeit dies spart, besonders wenn Sie die Zahl der Angestellten bedenken, die Zahl der Stunden, die man auf E-Mails verwendet, und die Anzahl der Arbeitstage. Diese Maßnahme löst zwar nicht das ganze Problem des übermäßigen Gebrauchs von E-Mails in vielen Unternehmen, doch es fördert eine effiziente, präzise Kommunikation, die auf die Bedürfnisse und die Arbeitsbelastung der Empfänger Rücksicht nimmt.

Wir wissen von mindestens einem milliardenschweren Unternehmen, das seinen überarbeiteten Angestellten gestattete, E-Mails 24 - 48 Stunden lang nicht zu beantworten, um angesichts des E-Mail-Überschusses ein besseres Gleichgewicht zu ermöglichen. Diese Politik führte zu gemischten Ergebnissen, da die Kultur weiterhin verdeckt die Überarbeitung belohnt und sich die Arbeitsgewohnheiten der Angestellten so nur langsam ändern. Die wirkliche Arbeit muß auf der Ebene der Einstellung stattfinden.

Wie bereits in einem vorangegangenen Kapitel erwähnt, müssen Unternehmen *besprechen*, wie die Kommunikation funktioniert, in welcher Hinsicht sich Menschen überlastet fühlen, in welchen Bereichen sie sich zu wenig informiert fühlen, so daß Herz und Verstand gemeinsam effektive Wege der Kommunikation entwerfen können, von denen alle Beteiligten profitieren.

Ihre intuitive Intelligenz nimmt zu, wenn Sie immer wieder aus der Tretmühle aussteigen und über eine effektivere Reaktion nachdenken. Einer der kostbarsten Rohstoffe für uns alle ist Zeit; und wir alle könnten unsere eigene und die der anderen viel besser respektieren.

Anrufbeantworter sind eine weitere allgegenwärtige Kommunikationsform, die unsere Art zu kommunizieren drastisch verändert hat. (Wann haben Sie das letzte Mal ein Unternehmen von erheblicher Größe angerufen und das Besetztzeichen gehört? Uns ist das erst kürzlich so gegangen, und einen Moment lang konnten wir damit gar nichts anfangen.) Auf die Nachrichten auf dem Anrufbeantworter und den oft angestrengten oder ärgerlichen Tonfall der Sprecher zu reagieren, ruft häufig Frustration und Angstgefühle hervor und untergräbt die Kohärenz – das läßt sich wohl in praktisch allen Unternehmen beobachten. Was wäre, wenn Ihr Computersystem die Inkohärenz aufzeichnen könnte, die während oder nach dem Anhören von Nachrichten auf dem Anrufbeantworter auftritt, und wenn er außerdem die eingeschränkte Entscheidungsfindung verfolgen könnte, die gesundheitlichen Folgen und den Produktivitätsverlust? Sie wären wahrscheinlich über diese Daten schockiert. Wenn Sie sich einen Moment Zeit nehmen, um die FREEZE-FRAME-Herzintelligenzübung zu machen und in einen neutralen Zustand zu finden, bevor oder während Sie Nachrichten abhören, bleiben Sie mehr in Balance und können das Wesentliche der Nachricht hinter dem ärgerlichen oder ungeduldigen Tonfall leichter hören. Intuitives Zuhören gewährleistet, daß Sie die eigentliche Botschaft hören und aus Ihrer Tiefe heraus reagieren. Die Alternative dazu ist ein ständig wachsendes Maß an Inkohärenz – persönlich und beruflich.

Auch weit über die intellektuelle Stimulation hinaus kann Technologie zu positiven Erfahrungen verhelfen. Bildschirmschoner könnten Sie daran erinnern, wichtige Elemente in Ihrem Leben wertzuschätzen. Digitalisierte Bilder auf Ihrem Computerbildschirm können Ihnen helfen, ein Gefühl von Frieden und Erfrischung wiederzuerleben. Manche Unternehmen sehen zwar den persönlichen Gebrauch der Computer nicht gerne, doch ständig sinkende Produktivität und ein wachsendes Unbehagen lassen erkennen, daß Computer und Informationssysteme der positiven Verstärkung von Verhaltensweisen dienen sollten, die das Betriebsklima fördern.

Eine der beliebtesten Follow-up-Methoden, die wir entwickelten, ist eine einfache Internet-Gruppe, die die Teilnehmer des letzten IQM-Ausbildungsprogramms regelmäßig besuchen. Jede Woche erhalten mehr als 1.000 Menschen überall auf der Welt eine E-Mail, die zwei oder drei Absätze über die Anwendung der Methoden wiederholt, die sie gelernt haben. Wir hören immer wieder, daß diese einfachen E-Mails schnell gelesen und aufgenommen werden, so sicher sind sich die Leser, daß dies eine absolut positive, nützliche und fürsorgliche Nachricht ist. (Vielleicht die einzige in der Woche.) Es muß nichts weiter getan werden; es wird keine Antwort erwartet, es muß kein Bericht geschrieben werden. Es ist ein kurzes Intermezzo, um sie an etwas Essentielles zu erinnern, um wieder kohärent zu werden, um mechanische Gewohnheiten hinter sich zu lassen und Herz und Verstand in Einklang zu bringen. Wir haben unseren Firmenkunden darin unterstützt, ähnliche Diskussionsgruppen einzurichten, um die Themen zur betrieblichen Kohärenz im Lärm der Arbeit präsent zu halten.

Wie wäre es, wenn Computer und andere Informationsgeräte der Zukunft Ihren körperlichen und emotionalen Zustand aufzeichnen und Sie daran erinnern könnten, Ihre Wahrnehmung umzuschalten? Wie wäre es, wenn sie auf dem Bildschirm Ihren unkoordinierten Herzrhythmus anzeigen und Sie ihn, nach einem Knopfdruck, wieder ins Gleichgewicht bringen und Ihren ganzen Organismus für die nächsten Stunden erfrischen könnten? (Wir sind gerade dabei, computergestützte Technologien in Verbindung mit dem FREEZE-FRAME-Programm genau dafür zu entwickeln. Sie soll die Anwender wie ein Videospiel animieren und gleichzeitig ihre persönliche Effizienz und Produktivität erhöhen; sie wenden FREEZE-FRAME an, und während sie ihren Herzrhythmus ins Gleichgewicht bringen, ruft ihre innere Kohärenz andere Bilder auf dem Monitor hervor.) Wie wäre es, wenn Sie regelmäßig Designer-Musik auf Ihrem CD-Laufwerk laufen lassen würden, um Ihre Produktivität und die Klarheit Ihrer Gedanken zu steigern und um kreative Durchbrüche zu erleben? (Designer-Musik wird zur Entspannung komponiert, und zwar nach wissenschaftlichen Parametern. Entsprechende Musik von Doc

Childre – *Heart Zones* – ist bereits auf deutsch erschienen.) Wie wäre es, wenn Hardware- und Software-Ingenieure künftig ständig erforschen würden, wie sie diese Methoden in den Dienst des Wachstums der Menschen stellen könnten, und Technik nicht mehr nur als Vehikel für mehr Informationen sähen?

Goh Chok Tong, der Premierminister von Singapur, drückt es so aus: „Wir sollten uns darauf konzentrieren, Fähigkeiten, Widerstandskraft und ‚Heartware' für die Zukunft zu entwickeln."[14] In der nächsten Dynamik geht es darum, die Methoden des psychischen Selbstmanagements und der kohärenten Kommunikation zu integrieren. Sie behandelt das nächste dynamische Element: das Betriebsklima.

## Anmerkungen

1. Das *Institute for the Future* ist eine gemeinnützige Forschungseinrichtung. Der Präsident Robert Johansen hat zusammen mit Mary O'Hara-Devereaux folgendes Buch geschrieben: *Global Work: Bridging Distance, Culture and Time*. San Franzisko, Jossey-Bass, 1994. Mit Rob Swigart zusammen schrieb er *Upsizing the Individual in the Downsized Organization*. Reading, MA, USA: Addison-Wesley, 1996. Die Kontaktadresse der Firma ist: 2744 Sand Hill Road, Menlo Park, California, 94025-7020, USA; Tel. 001-415-854-6322.
2. „Study Reveals Growing Danger of Information Addiction", in: *Reuters* (10. Dezember 1997).
3. Eine Unterhaltung mit den Autoren der Firma *Technostress*, Michell M. Weid und Larry D. Rosen, am 25. Oktober 1997.
4. „Information Fatigue Syndrome", in: *Reuters* (25. Oktober 1997).
5. Viele technologische Verbesserungen, wie die Leistungsfähigkeit von Mikroprozessoren und ihr alles entscheidendes Preis-Leistungs-Verhältnis sowie die Möglichkeit, mittels Licht Daten zu übertragen, zeigen, daß viele entscheidende Informationstechnologien gerade am Anfang ihrer kommerziellen Nutzung stehen. Erst in einigen Generationen werden wir hier an die physikalischen Grenzen stoßen. Daraus läßt sich ableiten, daß wir heute gleichzeitig ehrfürchtig und gestreßt von Computern und dem Internet sind – häufig nehmen wir das aber nicht so wahr.
6. Aus Gesprächen mit Torrey Byles, einem Wirtschaftsanalytiker und Berater, der sich auf den Handel im Internet und auf die digitale Wirtschaft spezialisiert hat. Die Gespräche fanden zwischen August und Dezember 1997 statt. Sie können Byles erreichen unter: *Granada Research*, P. O. Box 2601, El Granada, California, 94018, USA; Tel. 001-650-726-3002.

7. Zitiert in David Champion, „Marketing: Technology's Garden of Paradox", in: *Harvard Business Review* (Juli-August 1998), S. 12.
8. Jim Taylor und Watts Wacker mit Howard Means, *The 500-Year Delta: What Happens After What Comes Next*. New York: HarperCollins, 1997, S. 115.
9. Aus einem Gespräch mit Torrey Byles.
10. Ibid.
11. Leif Edvinsson und Michael S. Malone, Intellectual Capital: *Realizing Your Company's True Value by Finding Its Hidden Brainpower*. New York: HarperCollins, 1997, S. 34.
12. Aus einem Gespräch mit Torrey Byles.
13. Ibid.
14. Die Vision des Premierministers Goh Chok Tong für *Singapur 21*, zitiert nach *The Straits Times* (7. Juni 1997). *Singapur 21* ist eine Initiative auf hoher Regierungsebene, um das Land zu unterstützen, seine Stärken im 21. Jahrhundert zu bewahren. Gleichzeitig will die Initiative sicherstellen, daß die Menschen zunehmend besser in der Balance bleiben können.

# 3. Dynamik

# Das Betriebsklima verbessern

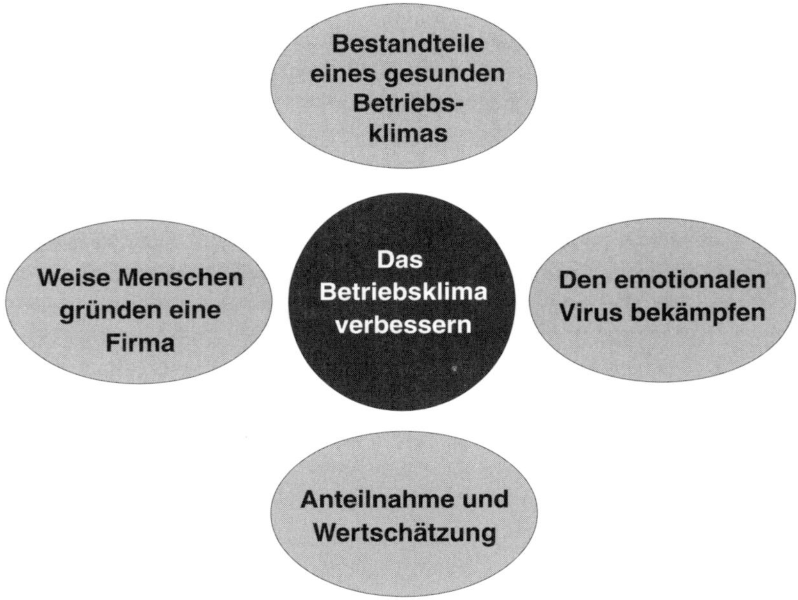


1. Ein gesundes Betriebsklima erhöht erwiesenermaßen die Produktivität. Zu einem guten Betriebsklima gehören: eine *unterstützende Geschäftsleitung, der eigene Beitrag, Selbstausdruck, Anerkennung, Klarheit und Herausforderung.*
2. Ein *emotionaler Virus* befällt heutzutage viele Unternehmen. Er tritt bei einem unangemessenem Umgang mit Emotionen und kurzsichtigen Managementpraktiken auf. Dazu gehört, daß ein Unternehmen *dann gut lernen kann, wenn sein „Immunsystem" stark und leistungsfähig ist.*
3. Ein förderliches Betriebsklima beruht auf menschlichen Eigenschaften wie *Anpassungsfähigkeit, Flexibilität, Anteilnahme* und *Wertschätzung.*
4. Für das Bestehen eines Unternehmens ist entscheidend, zwischen *Wissen* und *Weisheit* zu unterscheiden. Die nächste Herausforderung für Firmen besteht darin, weise Firmen aufzubauen, indem die Menschen in ihnen weise werden.

## Kapitel 9

# Das Betriebsklima und emotionale Viren

Die meisten von uns wissen intuitiv, daß das Klima am Arbeitsplatz das Befinden und die Leistung der Belegschaft beeinflußt. Die 3. Dynamik „Das Betriebsklima verbessern“ beschäftigt sich mit den verschiedenen Dimensionen dieses Themas. Sie gibt außerdem einen Überblick über Studien, die das Betriebsklima im Hinblick auf die Produktivität untersuchen. Noch wichtiger ist, daß wir Lösungen und Möglichkeiten suchen, die wenig greifbare Vorstellung vom *Betriebsklima* zu messen.

Mit dem Begriff *Betriebsklima* bezeichnen wir die gesamte Atmosphäre eines Arbeitsplatzes: Einstellungen, Wahrnehmungen und Kräfte, die die Leistung der beteiligten Menschen Tag für Tag beeinflussen. Dieses Klima ist, wie das Wetter, nicht statisch oder unveränderlich. Doch wie für jeden Ort das Wetter, so sind bestimmte klimatische Muster typisch für jedes Unternehmen. Im Gegensatz zum Wetter jedoch, und das ist entscheidend, tragen wir alle täglich zum Entstehen unseres Betriebsklimas bei. Zuerst untersuchen wir das erste Thema dieser Dynamik:

Ein gesundes Betriebsklima erhöht erwiesenermaßen die Produktivität. Zu einem guten Betriebsklima gehören: eine *unterstützende Geschäftsleitung, der eigene Beitrag, Selbstausdruck, Anerkennung, Klarheit* und *Herausforderung.*

Fast ein Jahrhundert lang haben Forscher die Ursachen von Arbeitsunfällen untersucht, die in manchen Unternehmen beträchtliche Kosten verursachen und eines der frühesten Anzeichen für betriebliche Inkohärenz sind. Zuerst nahm man an, daß manche Arbeitnehmer stärker zu Unfällen neigten als andere, aber Studien widerlegten, daß es sich um ein festes Persönlichkeitsmerkmal handelte. Die Forschung ging dann dazu über, die Persönlichkeitsmerkmale zu ermitteln, die Arbeiter, die sich verletzten, von denen unterschied, die Verletzungen vermieden. Die Psychologie der Sicherheit am Arbeitsplatz zu betrachten wurde wichtig, als Unternehmen wie *OSHA* und die Behörde für Sicherheit am Arbeitsplatz in den Vereinigten Staaten feststellten, daß 90 % aller Unfälle auf unsicheres Handeln zurückzuführen sind, nur 10 % hingegen auf unsichere Arbeitsbedingungen.[1]

Die große Mehrheit der Arbeitnehmer ist heute nicht im produzierenden Sektor tätig. Die Bedenken zur Sicherheit am Arbeitsplatz beziehen sich heute mehr auf Themen wie Ergonomie, Arbeitsbelastung und mentale und emotionale Prozesse – statt auf die schwere körperliche Arbeit unserer Vorfahren. Dennoch schnellen in Amerika die Schadensersatzansprüche gerade von Arbeitnehmern, die nicht in der Produktion tätig sind, in die Höhe. Themen wie Gesundheit, Sicherheit und Umwelt gewinnen an Bedeutung, besonders in Industriezweigen wie Technologie, Petroindustrie und in der Luftfahrt; hier kann es katastrophale Folgen haben, diese Themen nicht zu berücksichtigen.

Laut Dr. Phil Smith, einem in Großbritannien und Hongkong tätigen Organisationspsychologen, kommt ein Überblick über 61 Studien zu Burnout am Arbeitsplatz zu folgendem Schluß:

> „Von den drei Facetten von Burnout – *emotionale Erschöpfung, Entpersönlichung und das Gefühl, immer weniger zu leisten* – ist die emotionale Erschöpfung am anfälligsten für Faktoren, die das Klima am Arbeitsplatz negativ beeinflussen. Sie ist auch das stärkste Anzeichen für Loyalität der Firma gegenüber. Interessanterweise hat der Streß der eigenen sozialen Rolle, mit Arbeitsbelastung und durch Konflikte einen unverhältnismäßig hohen Einfluß auf die emotionale Erschöpfung; sie stehen in keinem Vergleich zu der Erleichterung, die Ressourcen verschaffen wie soziale Unterstützung, Verbesserung des Arbeitsplatzes und das System von Auszeichnungen. Dies läßt vermuten, daß Versuche, die Auswirkungen einer stressigen Arbeitsumgebung durch zusätzliche Ressourcen zu kompensieren, nicht erfolgreich sein dürften."[2]

Smith fährt fort: „Ein emotional gutes Betriebsklima ist zwar an sich keine Garantie für Erfolg, aber ein schlechtes verhindert ihn ganz bestimmt."

## Die Studie von Brown und Leigh

Das Modell des Inner Quality Management geht von dem Verständnis aus, daß Ihre Effektivität bei allem, was Sie in Angriff nehmen (Karriere, Ehe, Beziehungen, Unterhaltung), darauf beruht, sich selbst, Ihre Umgebung und die Personen, mit denen Sie zu tun haben, möglichst intelligent wahrzunehmen. Die meisten von uns würden diesem Grundsatz zustimmen. Studien, die eine direkte, meßbare Verbindung zwischen der Wahrnehmung des Betriebsklimas und der eigenen Leistung herstellen, fehlen allerdings. Eine bahnbrechende Studie von Steven P. Brown und Thomas V. Leigh, die 1996 im *Journal of Applied Psychology* veröffentlicht wurde, erforschte, wie das Arbeitsklima mit dem Engagement, dem Einsatz und der Leistung der Beschäftigten in Beziehung steht.[3] Erfrischend an dieser Untersuchung war, daß die Forscher 178 Verkäufer in drei verschiedenen Firmen als Testpersonen ausgewählt hatten. Die Verkaufsergebnisse wurden überwacht und mit den Vorhersagen der Studie verglichen. Dieses Vorgehen lieferte Erkenntnisse über grundsätzliche Zusammenhänge.

Brown (Professor an der *Cox School of Business* an der *Southern Methodist University*) und Leigh (Professor am *Terry College of Business* an der *University of Georgia*) entwarfen ihre Studie auf der Grundlage zahlreicher früherer Untersuchungen und ermittelten sechs psychologische Aspekte des Betriebsklimas[4] (siehe Abb. 9.1):

- *unterstützende Vorgesetzte*: das Maß, in dem sich Menschen von ihren unmittelbaren Vorgesetzten unterstützt fühlen
- *Klarheit*: das Maß an Klarheit darüber, was von einem Menschen erwartet wird
- *der eigene Beitrag*: das Gefühl, daß der eigene Beitrag wertvoll ist
- *Anerkennung*: das Gefühl, daß der eigene Beitrag anerkannt und wertgeschätzt wird
- *Selbstausdruck*: die Freiheit, die Art, wie Aufgaben erledigt werden, in Frage zu stellen
- *Herausforderung*: das Gefühl, daß die eigene Arbeit eine Herausforderung darstellt.

Jeder dieser Punkte wurde als Anzeichen dafür betrachtet, wie psychologisch sicher und sinnvoll ein jeder Mitarbeiter die Arbeitsumgebung einschätzte. Diese Aspekte bauen auf der Forschungsarbeit des letzten Jahrhunderts auf, indem die Zufriedenheit am Arbeitsplatz und die speziellen Unternehmensziele miteinbezogen wurden.

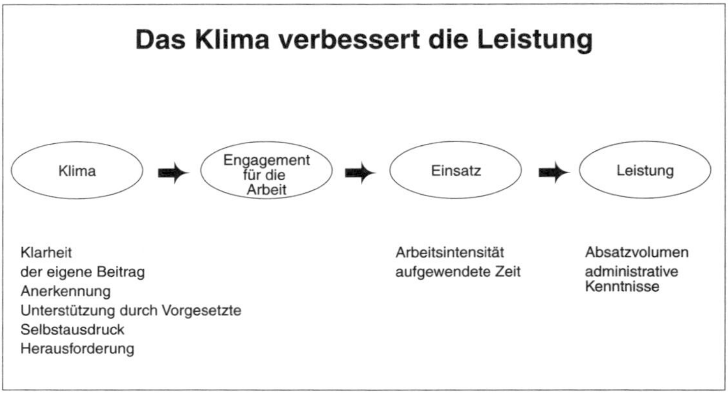


*Abbildung 9.1: Modell der Studie von Brown und Leigh zum Betriebsklima (vgl. Brown, Leigh 1996).*

In der Studie wurde eine Gruppe von 178 Verkäufern, die teilweise in einer Firma für Schreibbedarf, teilweise in einer Firma für Bürobedarf arbeiteten, über die Einstellung ihrer Vorgesetzten zu den genannten sechs Aspekten und über das Arbeitsklima befragt. Die Verkäufer wiederum wurden von ihren Vorgesetzten in drei Bereichen ihrer Arbeitsleistung beurteilt: die erreichten Verkaufsziele, der Grad an technischem Wissen sowie die administrative Leistung. Die Untersuchungsergebnisse waren eindeutig und bestätigten die Annahmen der Forscher. Ein Betriebsklima, das die Angestellten als psychologisch sicher und sinnvoll empfinden, beeinflußt die Produktivität positiv. Dies tritt ein, wenn

- die Geschäftsleitung als unterstützend wahrgenommen wird
- die Arbeitsrollen klar definiert sind
- die Angestellten sich frei fühlen, ihre Meinung zu sagen und sie selbst zu sein
- die Angestellten das Gefühl haben, einen sinnvollen Beitrag zu leisten
- die Angestellten für ihren Beitrag angemessen anerkannt werden
- die Angestellten ihre Arbeit als Herausforderung empfinden.

Unter diesen Umständen sind die Arbeitnehmer und Arbeitnehmerinnen engagierter bei der Arbeit und setzen sich stärker ein.[5] Dies wiederum führt zu meßbar besseren Verkaufszahlen, einer besseren Verwaltungsleistung und zu besseren Produktkenntnissen. (Weiter unten wird eine Möglichkeit beschrieben, diese Diskussionen um das Betriebsklima zu messen und produktiv umzusetzen.)

## Wenn das Betriebsklima ignoriert wird

In einer Langzeitstudie an Beamten in Großbritannien wurden die gesundheitlichen Folgen untersucht, wenn das Arbeitsklima ignoriert wird. Die Studie belegte, daß Beamte, die wenig Einfluß auf ihre Arbeitsumgebung nehmen können, einem erheblich höheren Risiko einer Herzerkrankung ausgesetzt sind, als die mit Einflußmöglichkeiten. „Unsere Forschungen bestätigen, daß Krankheit am Arbeitsplatz zu einem gewissen Grad ein Thema der Leitung ist", sagt Michael G. Marmot, Direktor des *International Centre for Health and Society* am *University College* in London und Verfasser dieses Forschungsberichts.[6] „Die Art, wie die Arbeit organisiert ist, scheint eine maßgebliche Rolle zu spielen für die Verbindung zwischen der sozioökonomischen Stellung und dem Risiko eines Herzinfarkts", ergänzt er. In der Studie wurden fast 7.400 Frauen und Männer der Londoner Verwaltung durchschnittlich über fünf Jahre beobachtet. Die Studie ergab, daß diejenigen in niedrigen Positionen, die nur wenig Kontrolle über ihre Aufgaben hatten, einem 50 % höheren Risiko ausgesetzt waren, Symptome einer koronaren Herzerkrankung zu entwickeln, als diejenigen in höheren Positionen. Seit 1992 hat Großbritannien Firmen für den Streß ihrer Angestellten haftbar gemacht. Arbeitnehmer strengten zahlreiche Prozesse gegen ihre Arbeitgeber an, die ein stressiges Arbeitsumfeld geschaffen hatten, und gewannen. Eine ähnliche Gesetzgebung in den Vereinigten Staaten ist bislang abgeblockt worden. In der recht prozeßsüchtigen amerikanischen Kultur kann man sich das wirtschaftliche und soziale Chaos leicht vorstellen, das durch solche Klagen heraufbeschworen würde. Doch von der Haftung einmal ganz abgesehen, müssen sich Unternehmen rund um die Welt tagtäglich mit den Folgen eines ungesunden Betriebsklimas auseinandersetzen.

## Den emotionalen Virus aufspüren und bekämpfen

Dies bringt uns zum zweiten Prinzip der dritten Dynamik:

Ein *emotionaler Virus* befällt heutzutage viele Unternehmen. Er tritt bei einem unangemessenen Umgang mit Emotionen und kurzsichtigen Managementpraktiken auf. Dazu gehört, daß ein Unternehmen *dann gut lernen kann, wenn sein „Immunsystem" stark und leistungsfähig ist.*

Wir haben schon gehört, daß Betriebsberater beabsichtigte Veränderungen *Unternehmensviren* nennen, in der Hoffnung, die Firma mit ihrer Ansicht der notwendigen Veränderung zu infizieren. Ihre Absicht besteht darin, wie die Hacker bei Computern schnell ins System rein- und wieder herauszugelangen, bevor das Immunsystem der Firma eingreift und den Eindringling hinausbefördert. Diese Analogie ist faszinierend und recht zutreffend, aber wir würden sie gerne *umkehren*.

Ein Unternehmen ist einem Organismus sehr ähnlich. Es braucht recht unterschiedliche Nährstoffe und Ressourcen, um gesund zu sein; es kann krank werden als Reaktion auf äußere Stressoren oder auf ein inneres Ungleichgewicht und kann, wenn es nicht lernt, sich selbst zu heilen, schließlich schwer erkranken und sterben.

Wenn eine Firma heute feststellt, daß etwas nicht in Ordnung ist, dann besteht die Lösung typischerweise darin, sich auf Kosteneinsparungen, auf ein Umstrukturieren der Prozesse und auf die Verbesserung der Produkte oder des Kundenservices zu konzentrieren. Diese gutgemeinten Ansätze sind zwar in der Regel notwendig, doch reichen sie nicht aus. Sie konzentrieren sich auf die *Symptome*, nicht auf die *Ursache*. In vielen Firmen führt dieser klassische, behelfsmäßige Ansatz faktisch zu mehr Frustration, Ärger und Angst, und das Unternehmen oder der Organismus wird noch kränker davon. Wenn die Belegschaft erst einmal emotional ausgelaugt ist, ist die kreative Energie, die zur Entwicklung neuer Ansätze nötig ist, geschwächt. Dann wird noch zusätzliche Energie auf ineffiziente Möglichkeiten verwendet, die die Menschen weiter belasten – die Abwärtsspirale dreht sich immer schneller. Bissige Bemerkungen, Mißtrauen, widersprechende Meinungen und Vorwürfe sind nur einige emotionale Reaktionen, die dann am Arbeitsplatz Einzug halten. Mit dem Finger auf jemanden zu zeigen wird zum Lieblingssport, und die dringend benötigte Quelle der unternehmerischen Kreativität wird, wenn niemand eingreift, erschöpft.

Im CSC-Index (*Computer Sciences Corporation Index*) aus dem Jahr 1994 wurden in einem „Bericht über das Reengineering“ folgende Statistiken veröffentlicht:

- 50 % der befragten Firmen berichteten, daß der schwierigste Teil des Reengineering darin besteht, mit der Furcht und Angst im Unternehmen umzugehen.
- 73 % der Betriebe sagten, daß sie ein Reengineering durchführten, um durchschnittlich 21 % der Arbeitsplätze abzubauen.
- Die Ergebnisse von 67 % der 99 abgeschlossenen Reengineerings wurden als mittelmäßig, als marginal oder als Fehlschlag eingestuft.

Hier ein Beispiel: Ein leitender Angestellter geht zu seiner jährlichen Routineuntersuchung. Mit seiner Gesundheit scheint alles zum Besten zu stehen, die Untersuchung sollte reine Routine sein. Freilich war er in letzter Zeit etwas müde gewesen, aber wie sollte es auch anders sein bei all seinen internationalen Reisen, bei dem Druck rund um die Uhr und dem Gefühl, nie genug Unterstützung zu erhalten. Der Arzt betrachtet die Laborergebnisse, überprüft die Vitalorgane und prüft sie dann erneut. Sein Gesicht wird ernst, der Manager rechnet bereits mit dem Schlimmsten. „Ihr Blutdruck ist gerade noch im zweiten Stadium von Bluthochdruck, Ihre Cholesterinwerte sind schon fast nicht mehr in der Tabelle verzeichnet, und Sie haben beginnende Herzrhythmusstörungen. Ich verordne Ihnen ein Programm mit viel Bewegung, eine fettarme Ernährung und keinen Streß mehr!“ Das Leben dieser Führungskraft wurde damit auf den Kopf gestellt. Durch die schockierenden Befunde des Arztes mußte er seinen gesamten Lebensstil von Grund auf neu überdenken. Es senkt weder den Blutdruck noch die Cholesterinwerte, wenn man an so einem Punkt einen weiteren Arzt befragt. Nun blieb dem Manager die Frage, wie er es anstellen sollte, keinen Streß mehr zu haben.

Übertragen Sie diese Geschichte auf eine Firma, die boomt, die Märkte im Sturm erobert und sich unbezwingbar fühlt. Ihre neue Technologie ist der Kitzel der Wall Street, und eine Titelgeschichte in *Fortune* ist in Arbeit. Einige Systeme scheinen gelegentlich etwas Mühe zu haben, aber das wird einfach als Wachstumsschmerz betrachtet. Doch dann wird eine Reihe von neuen Produkten ein Flop und der Weggang von zwei Führungskräften macht die Belegschaft nervös. Nach kurzer Zeit sind Börsenkenner besorgt, daß die Aktien überbewertet sein könnten und die Firma ihren Technologiebedarf nicht decken kann. Deshalb zieht die Geschäftsleitung ein Beraterteam heran, das ein Reengineering der Firma empfiehlt. Aber die Situation wird rasch kritisch. Nachdem zwei Quartale hintereinander Verluste gemacht wurden, schreitet der Aufsichtsrat ein und bestimmt ein Downsizing. Jetzt hat jeder das Gefühl, er habe einen grippalen Infekt aufgeschnappt, aber für diese Krankheit gibt es kein Alka-Seltzer.

In einer Zeit des Firmenchaos begegnen wir jetzt einem neuen Phänomen: dem emotionalen Virus. Der Virus befällt sein Opfer, das Unternehmen, unerwartet, das scheinbar ohne Symptome ist, bis der Organismus plötzlich recht krank ist und vielleicht einen radikalen Eingriff braucht. Die Wurzeln der Krankheit sind emotional. Der Virus wächst und gedeiht in Unternehmen bei emotionaler Unausgeglichenheit, Gefühllosigkeit und Überreaktionen. Der Virus ist der Gegenpol zu betrieblicher Kohärenz. Je stärker die Inkohärenz, desto mehr Nährstoffe hat der Virus zum Wachsen.

## Was ist der Virus?

Doc Childre prägte den Begriff *emotionaler Virus* erstmals bei einer Beratung mit einem CEO, der an einem IQM-Programm in Kalifornien teilnahm. Dieser Teilnehmer war über das Lästern einiger Führungskräfte sehr besorgt, denn es wirkte sich eindeutig nicht nur auf die Moral, sondern auch auf die Produktivität in einer zentralen Abteilung aus. Der emotionale Virus wurde wie folgt beschrieben: Er ist das Ergebnis von emotionalem Mißmanagement oder dem ungeschickten Umgang mit Emotionen innerhalb eines Unternehmens. Wie andere Viren ist auch der emotionale Virus hochansteckend. Die Belegschaft glaubt, es sei in Ordnung, zu jammern, zu klagen und sarkastisch zu lachen – über die unausgeglichenen Kollegen, über den gestreßten Chef, der die Nachrichten auf dem Anrufbeantworter oder die E-Mails ignoriert, über die Abteilung, die einfach ihre Sachen nicht auf die Reihe bringt – und merkt nicht, daß sie diesen emotionalen Virus aufgeschnappt hat.

Jede beiläufige Beschwerde und jedes unbewußte Urteil ist, wie einen Kollegen anzuhusten und die Keime negativer Emotionen zu verbreiten – ein ungesundes, unbefriedigendes Umfeld wird geschaffen. Sobald man feststellt, daß der emotionale Virus ausgebrochen ist, sollte der Arbeitsplatz unter Quarantäne gestellt werden, bis ein geeignetes Mittel gefunden ist. Aber so läuft es im Geschäftsleben nicht – noch nicht.

Bei der Bewertung langfristigen Wachstums werden Firmen, die Zeit und Geld darauf verwenden, den emotionalen Virus auszurotten, sehr von ihrer Investition profitieren. Ihn zu ignorieren und einfach im alten Gleis zu bleiben in dem Glauben, daß das „so nun einmal ist", ist ein gefährlicher Zug auf dem Schachbrett des künftigen Geschäftslebens. Die Menschen verändern sich. Der Arbeitnehmer und die Arbeitnehmerin von morgen wird eine andere Meßlatte anlegen, nach der er oder sie die eigene Zufriedenheit am Arbeitsplatz bemißt. Ein solcher Prozeß ist schon im Gange. Die Arbeitnehmer fordern bereits harmonischere Beziehungen am Arbeitsplatz. Das Einkommen steht nicht mehr so hoch oben auf der Liste, wie das früher der Fall war, auch wenn es noch wichtig ist. Beschäftigte akzeptieren oft weniger Gehalt und suchen sich einen Arbeitsplatz, der stärker mit ihren inneren Werten übereinstimmt. Eine Arbeitsumgebung, in der sich die Kollegen nicht in den Rücken fallen, in der die Geschäftsleitung und die Angestellten recht offen miteinander reden und in der sich der Arbeitnehmer mit der Firma verbunden fühlt und stolz auf sie und ihre Produkte ist, zählt zu den inneren Werten des Berufslebens, die für Menschen zunehmend wichtig werden. Der emotionale Virus zehrt an diesen Qualitäten eines Unternehmens, und viele

Menschen suchen einen Arbeitsplatz, an dem sie nicht Zeuge von Rufmord an der Kaffeemaschine oder im Pausenraum werden müssen. Es ist nicht so, daß Menschen das nicht aushalten. Millionen tun das täglich. Doch die Zeiten ändern sich. Childre sagte: „Im Interesse eines guten Geschäfts, steigender Produktivität, geringerer Fluktuation der Belegschaft und geringerer krankheitsbedingter Kosten muß man sich auf lange Sicht mit dem emotionalen Virus beschäftigen."

Ein emotionaler Virus greift nicht nur an Arbeitsplätzen um sich. Viele Arbeitnehmer leben in einem Zuhause oder in einer sozialen Umgebung, in der die Viren aktiv sind. Ohne Unterstützung für ein effektives Selbstmanagement hungern Menschen emotional aus, weil der Druck in der Gesellschaft, der Familie, im individuellen Leben und am Arbeitsplatz steigt. Sie sind nicht in der Lage, die verlorene Energie zu ersetzen – und die Menschen in ihrer Umgebung werden dann auch rasch infiziert. Wie jeder Virus verbreitet sich auch dieser in einem rasanten Tempo, wenn das Immunsystem eines Unternehmens bereits geschwächt ist.

Die einzige uns bekannte Möglichkeit, den emotionalen Virus auszurotten oder zu stoppen, bevor er außer Kontrolle gerät, besteht darin, die Angestellten eines Unternehmens zu lehren, wie sie mit ihren Gedanken und Emotionen umgehen können. Jede und jeder Einzelne prägt durch die persönliche Sichtweise das System. In der Regel ist es wichtig, ganz oben bei der Geschäftsleitung zu beginnen. Ebenso wirksam kann es sein, bei einem Team von Fließbandarbeitern zu beginnen. Der emotionale Virus springt von einem Menschen auf den anderen über, und so wirkt auch das Gegenmittel. Wenn Menschen in Unternehmen, besonders in den recht auffälligen und einflußreichen, beginnen, Veränderungen in sich selbst zu verwirklichen, werden andere folgen und sich anpassen oder in eine andere Arbeitsumgebung wechseln, die ihren Einstellungen mehr entspricht. Beginnen Sie damit, eine Atmosphäre der Wertschätzung zu fördern. Lassen Sie keine Urteile durchgehen, ohne auf sie hinzuweisen. Kommunizieren Sie fürsorglicher, und treffen Sie große und kleine Entscheidungen mit Herzintelligenz, besonders, wenn die Entscheidungen andere betreffen. Es gibt noch mehr als diese Vorschläge, aber wenn Sie diese aufrichtig und konsequent anwenden, werden Sie sich zumindest vor einer Infektion bewahren und Ihren Kollegen und Ihrem Unternehmen sehr helfen.

## Wer ist schuld?

Führungskräfte oder Mitarbeiter in exponierten Positionen übernehmen oft offiziell die Verantwortung dafür, Überträger eines ‚Virus' zu sein, der die Firma befallen hat. Denken Sie nur an die unangenehmen öffentlichen Rücktritte von CEOs bei *Apple* – dreimal in fünf Jahren; dabei ist *Apple* eine Firma, die einmal für ihre innovative Vision und ihre an Menschen orientierte Kultur berühmt war. Oder betrachten Sie, wie blind amerikanische Autohersteller der „Krankheit" ihrer Firmen gegenüber waren, während die Japaner die Führung übernahmen und Marktanteile gewannen. Wirtschaftsmagazine schreiben hämische Nachrufe auf einst begehrte Führungskräfte und tragen so dazu bei, daß ihr Ende bekannt wird. Keine Firma ist gegen den emotionalen Virus und sein Wüten gefeit. Doch selten achten Branchenanalytiker auf die emotionale Kohärenz eines Unternehmens – viel einfacher ist es, verfehlte Auslieferungstermine, ungünstige Entscheidungen oder andere äußere Faktoren (die tiefere Ursachen haben) anzuprangern.

Es ist vielleicht verführerisch, den emotionalen Virus als isoliertes Phänomen zu betrachten und zu sagen: „Das passiert bei uns nicht." Denken Sie noch einmal an einige der oben aufgeführten Statistiken. Der plötzliche Zusammenbruch einiger Volkswirtschaften 1997 in Asien erzwang eine größere Neubewertung des Wirtschaftspotentials in diesem Teil der Welt, und er wirkte sich auf den Handel weltweit aus. Welche Rolle spielte die emotionale Mißwirtschaft, das heißt der ungeschickte Umgang mit Emotionen (Gier, ein ungesunder Wettbewerb und ähnliches) in diesem Drama? Könnten in ähnlicher Weise die Ausgaben für die Folgen von Streß und die produktivitätsbezogenen Ausgaben in der europäischen und nordamerikanischen Wirtschaft heute zumindest teilweise auf emotionaler Mißwirtschaft und auf Unternehmensstrukturen beruhen, in deren Klima der Virus wunderbar gedeihen kann? Wir vermuten, daß die Situation sich verschlimmern wird, wenn die wachsende Globalisierung zu Umständen führt, in denen sich neue Arten des emotionalen Virus wunderbar ausbilden können. Ebenso erging es Bevölkerungsgruppen, die jahrhundertelang isoliert waren und dann von einer Krankheit dahingerafft wurden, die ihre Eroberer einschleppten. Nur wenige Menschen und Unternehmen haben die emotionale Widerstandsfähigkeit aufgebaut, die nötig ist, um mit unvorhergesehenen Veränderungen und Unsicherheit umzugehen. In einem Zeitalter der Vernetzung ist niemand mehr isoliert.

## Das Immunsystem des Unternehmens stärken

Die neuere physiologische Forschung hat maßgebliche Aspekte für die Gesundheit des Immunsystems und ihre Parallelen im Verhalten von Unternehmen aufgezeigt – das Unternehmen wird dabei als Organismus betrachtet. Im menschlichen Körper schwächen Gefühle wie Ärger, Frustration und Gereiztheit das Immunsystem und rauben die Vitalität; man wird anfälliger für Erkältungen und ernstere Erkrankungen. Eine Forschungsstudie[7], die kürzlich vom HeartMath-Institut durchgeführt und im *Journal for Advancement of Medicine* veröffentlicht wurde, zeigt, daß bereits die fünfminütige Erinnerung an eine ärgerliche Erfahrung einen entscheidenden Faktor des Immunsystems bis zu sechs Stunden unterdrücken kann. Die Studie belegt, daß auch die Umkehrung zutrifft: Einstellungen wie Wertschätzung, Fürsorge und Mitgefühl stärken das Immunsystem beträchtlich und machen uns Krankheiten gegenüber widerstandsfähiger (siehe Abb. 9.2). Wenn diese positiven Gefühle in Ihnen vorherrschen, erholen Sie sich, selbst wenn Sie krank sind, schneller und gleichen die verlorene Energie aus. Je ausgeglichener Ihr System ist, desto intuitiver können Ihre Erkenntnisse sein – Sie nutzen Ihre Intuition und können Ihre Probleme wahrnehmen, bevor sie schlimmer werden.

Bei Unternehmen ist das erstaunlich ähnlich. Eine Arbeitsumgebung, in der beträchtlicher Streß, Streitigkeiten und Angst herrschen, nährt Unsicherheit und Unproduktivität und verhindert kreative Lösungen. Menschen sind nicht gern in so einem rigiden und unflexiblen Arbeitsklima. Die negativen Einstellungen verschlimmern den Druck auf das ohnehin belastete Unternehmen. Nach innen wenden sich die Leute in der Regel als letztes, wenn sie Antworten suchen; als erstes werden viele nach jemandem oder etwas suchen, dem sie die Schuld zuschieben können, – so verstärken sie die bestehende Rigidität.

Die gleichen Einstellungen, die erwiesenermaßen das Immunsystem eines Menschen stärken, machen bekanntermaßen auch einen Arbeitsplatz harmonisch, produktiv und kreativ. Wo Menschen geachtet und wertgeschätzt werden und wo für sie gesorgt wird, produzieren sie mehr, sind ihrem Arbeitgeber gegenüber loyaler und sind kreativer (siehe Abb. 9.3). Einstellungen wie Wertschätzung, Fürsorge und Mitgefühl sind nicht einfach nur nett; sie sind wirksame Medizin gegen den Virus.

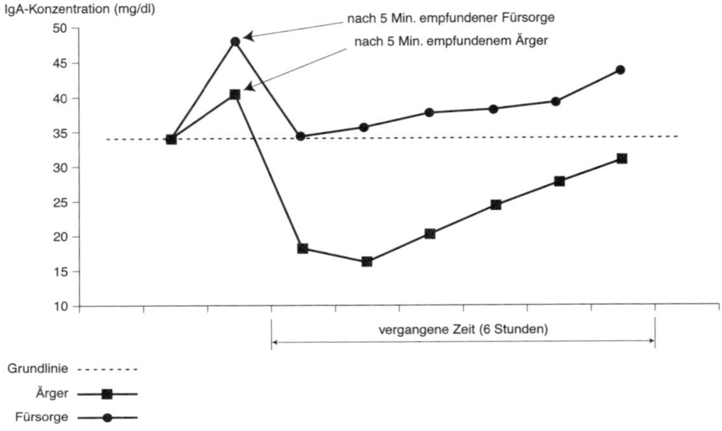


*Abbildung 9.2: Emotionen können die erste Verteidigungslinie des Körpers gegen Bakterien, Viren und andere Krankheitserreger beeinflussen. In der dargestellten Studie wurde festgestellt, daß das IgA (Immunglobulin A im Speichel), ein entscheidender Antikörper des Immunsystems, beinahe sechs Stunden lang unterdrückt wird, wenn man sich fünf Minuten lang an Ärger erinnert. Wenn man andererseits fünf Minuten lang aufrichtig Fürsorge empfindet, führt dies kurzfristig zu einem erheblichen Anstieg der IgA-Konzentration und zu einem langsamen Anstieg über einen Zeitraum von sechs Stunden.*

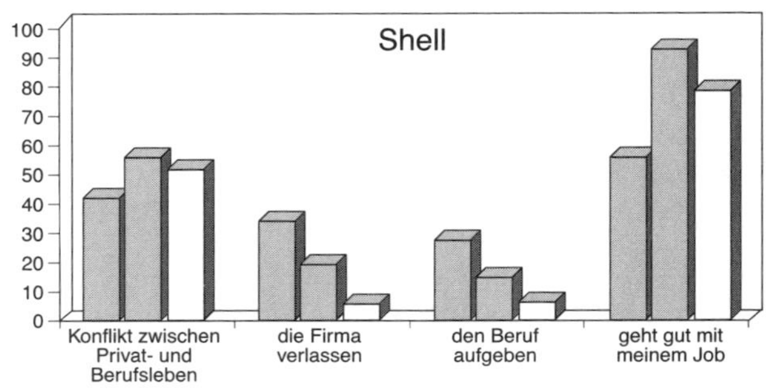

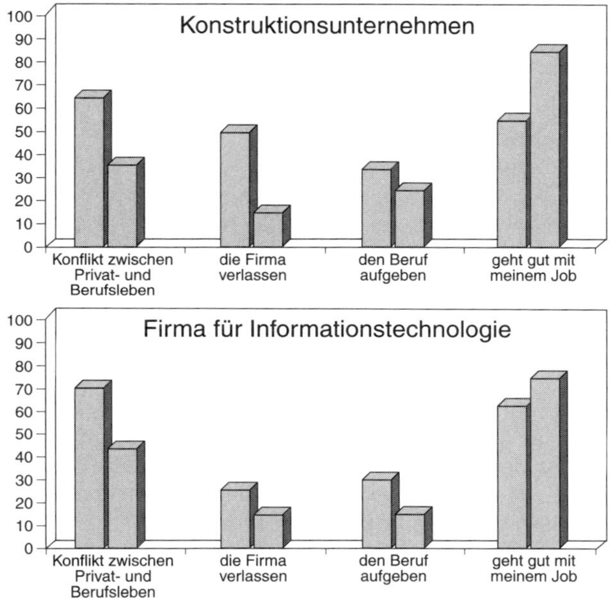


*Abbildung 9.3: Weniger Belastung: Die Abbildungen zeigen die Zusammenfassung der sich bessernden Situationen der Angestellten in drei Unternehmen, die die IQM-Technologien anwenden. Die Daten spiegeln die Reaktionen wider auf Fragen nach Konflikten Zuhause und am Arbeitsplatz, den Wunsch, die Firma zu verlassen, den Wunsch, den Beruf aufzugeben, und eine positive Einstellung zur Arbeit. Die Daten wurden über einen Zeitraum von sechs Monaten erhoben und zeigen eine deutliche Verbesserung in allen Angaben. In allen Bereichen stellen die drei Balken die Daten von vorher, von nachher (sechs Wochen) und von noch später (sechs Monate) dar.*

## Den emotionalen Virus ausfindig machen

Es ist eine Herausforderung, den emotionalen Virus ausfindig zu machen und wieder zu gesunden – sie hängt mit der Wahrnehmung zusammen. So wie die Fische im Hudson River annehmen, daß das verschmutzte Wasser das eigentliche Wasser sei, so sind viele Symptome des emotionalen Virus so weit verbreitet, daß es keine Alternative zu geben scheint.

Die Symptome können aber auch für uns unsichtbar sein, so sehr haben wir uns an ihre Auswirkungen fehlangepaßt. Hier sind einige häufige Symptome:

- bitterer Humor
- dauerndes Jammern
- Mut- und Hoffnungslosigkeit
- Groll
- Cliquenwirtschaft
- Argwohn
- häufige Kommunikationsstörungen
- ständige Müdigkeit oder ein überstürztes Arbeitstempo
- Gefühle von Angst, Furcht, Intoleranz, Resignation, Feindseligkeit, Verzweiflung.

All diese Symptome sind in Kantinen, um den Kaffeeautomaten herum, am Kopiergerät, in den Poststellen, in den Sitzungssälen und am Eßtisch gleichermaßen zu beobachten, zu hören und zu fühlen. Die beste Sicherheitsvorkehrung gegen den emotionalen Virus besteht darin, seine Symptome frühzeitig zu erkennen und zu verhindern.

## Die Kohärenz des Unternehmens einschätzen: der Fragebogen zur betrieblichen Kohärenz

Das HeartMath-Institut hat, aufbauend auf die beträchtliche Erforschung von Unternehmen in den letzten hundert Jahren, ein Instrument zur Umfrage entwickelt, das sorgfältig bemißt, wie die Beschäftigten das Betriebsklima empfinden. Dieser Fragebogen zur betrieblichen Kohärenz[8], der von der *Edgecumbe Consulting Group Ltd.* (Großbritannien) und dem HeartMath-Institut gemeinsam entwickelt wurde, gibt der Geschäftsleitung präzise Informationen über den Zustand des Betriebsklimas und darüber, wie es sich verbessern läßt. Der Vorsitzende von *Edgecumbe*, Dr. David Pendleton, ein Organisationspsychologe und Mitentwickler des Fragebogens, sagt:

„Es gibt immer mehr Beweise dafür, daß kohärente Unternehmen besser abschneiden als die, in denen die Angestellten nicht an einem Strang ziehen. Sie übertreffen den Markt und holen das Beste aus ihren Leuten heraus. Wir sind der Überzeugung, daß sie besser sind als ihre

Mitanbieter, *weil* sie das Beste aus ihren Leuten herausholen. Sie haben mit Sicherheit einen eindeutigen und vorhersagbaren Vorteil, weil sie effizienter koordiniert sind. Im öffentlichen Sektor bieten sie ihren Kunden dauerhaft besseren Service."[9]

Der Fragebogen soll Aufschluß darüber geben, wie kohärent ein Unternehmen ist. Pendleton betrachtet Kohärenz so:

„(...) der Zustand, in dem die Charakteristika, die von den Aktionären als wichtig erachtet werden, in hohem Maß von einem Unternehmen erfüllt werden. Kohärenz ist die Übereinstimmung zwischen Erwartungen und der Realität, die über das reine „Alignment" (auf ein Ziel ausgerichtet sein), ein Modewort der 80er und 90er Jahre, hinausgeht. Derart zielgerichtete Unternehmen können dauerhaft Normen aufstellen, die ihrer Belegschaft schaden. Kohärente Unternehmen orientieren sich an Normen, die das Beste aus ihren Mitarbeitern und Mitarbeiterinnen herausholen."[10]

Firmen werden in der Regel nicht mit Absicht inkohärent. Sie werden gewöhnlich auch nicht durch Sabotage in einen inkohärenten Zustand getrieben, noch handeln die meisten Manager und Managerinnen böswillig. Sie werden statt dessen von subtilen Faktoren unterminiert, die in der schnellebigen Welt der Wirtschaft leicht außer acht gelassen und übersehen werden. Der Fragebogen ist als Maßnahme konzipiert, die die Inkohärenz frühzeitig ermittelt und die feststellt, wie ihr angemessen begegnet werden kann. Ein einzigartiges Merkmal des Designs des Fragebogens besteht darin, daß Fragen auf zweierlei Art gestellt werden: „Wie geht es Ihnen mit diesem Thema?" *und* „Wie wichtig ist Ihnen, daß es Ihnen damit gutgeht?" Der Unterschied zwischen der *Wichtigkeit* und den *derzeitigen Gefühlen* zeigt die Kluft zwischen den Erwartungen und der Wirklichkeit sowie die Quellen von „Lärm" und Inkohärenz im Unternehmen. *Der emotionale Virus lebt und gedeiht in der Kluft zwischen Erwartungen und wahrgenommener Wirklichkeit.*

## Der Inhalt des Fragebogens

Der Fragebogen untersucht, wie die Befragten sich ganz allgemein fühlen. Er will feststellen, in welchem Maß ihre Arbeit ihnen Freude macht, sie motiviert sind, sie sich gestreßt oder nicht gestreßt fühlen, sich wertgeschätzt fühlen, stolz sind, ein Firmenmitglied zu sein, und sie sich der Firma verpflichtet fühlen. Er fragt auch, wie es ihnen nach einem typischen Arbeitstag geht. Diese Ergebnisse geben die Reaktionen an, wie sie allgemein am Arbeitsplatz behandelt werden und wie es ihnen mit ihren Erfahrungen am Arbeitsplatz geht.

Der Fragebogen zur betrieblichen Kohärenz (siehe Abb. 9.4) untersucht folgende sechs Themen:

1. *sich um das Geschäft kümmern*: der Grad, in dem sich jede zentrale Gruppe von Beschäftigten um die Interessen der Kunden, der Kollegen und der Aktionäre kümmert
2. *ein Gefühl von Wohlbefinden am Arbeitsplatz*: wie geht es Menschen am Arbeitsplatz
3. *Beziehungen am Arbeitsplatz*: wie empfinden Menschen ihre Beziehungen mit wichtigen Personen und Gruppen am Arbeitsplatz
4. *Menschen führen*: der Managementstil, mit dem die Leitung den befragten Angestellten bestmöglich fördert und seinen Einsatz langfristig aufrechterhält
5. *das Unternehmen leiten*: wie ausgewogen empfinden die Angestellten das Verhältnis zwischen ihrem Einsatz und ihrer Entlohnung dafür
6. *das Betriebsklima*: wie geht es den Angestellten damit, für ihren Vorgesetzten zu arbeiten (dieses Thema untersucht die sechs Dimensionen, die in der Studie von Brown und Leigh erforscht wurden).

Sobald klar ist, wie das Unternehmen sich selbst, die Führungspraxis und das Verhalten des Managements wahrnimmt, können eindeutige Prioritäten gesetzt und Handlungspläne aufgestellt werden, um die Situation dauerhaft zu verbessern. Viele Firmen führen jährlich oder alle zwei Jahre Umfragen zur Zufriedenheit am Arbeitsplatz durch. Weil die meisten dieser Fragebögen nur fragen, wie die Angestellten etwas *empfinden*, es aber versäumen, nach der *Wichtigkeit* zu fragen, sind diese Informationen wenig fokussiert und aussagekräftig.

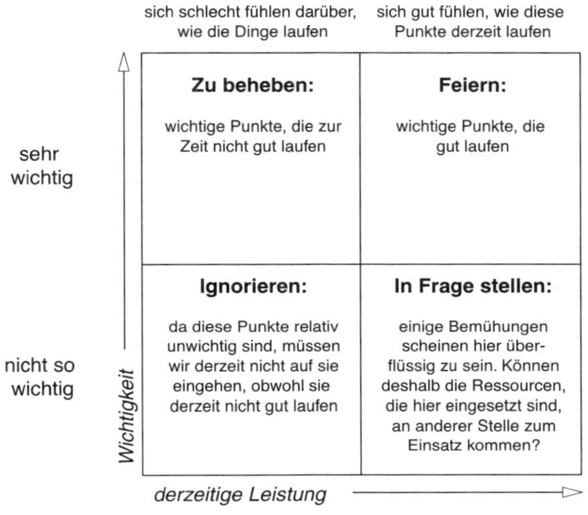


*Abbildung 9.4: Fragebogen zur betrieblichen Kohärenz: Alle Punkte bezüglich der sechs genannten Themen werden in einem Streudiagramm dargestellt und geben ihre Priorität und Wichtigkeit an. Je nachdem, wo ein Punkt in der Abbildung steht, kann er unter „zu beheben", „feiern", „ignorieren" oder „in Frage stellen" eingestuft werden.*

Zu unseren Klienten gehört eine schnell wachsende Firma innerhalb einer großen Gesundheitseinrichtung. Rasches Wachstum bedeutete, daß neue Systeme und Prozesse erforderlich waren, die unnötig waren, als die Firma noch klein war. Das schnelle Wachstum bedeutete auch eine Menge Neueinstellungen. Deshalb nahm die einzigartige Kultur der Innovation und Freundlichkeit, die für die Westküste typisch ist, allmählich ab. Die Belastung für die Firma zeigte sich in den sinkenden Zahlen bei der Zufriedenheit der Belegschaft. 1995 wurde eine Außenseiterin zur Vizepräsidentin der Marketingabteilung ernannt; der frühere beliebte Vizepräsident bekam eine höhere Position. Die neue Vizepräsidentin wurde mißtrauisch und argwöhnisch begrüßt, die Punktzahlen für die Zufriedenheit in der Marketingabteilung rutschten in den Keller. In der Hoffnung, den Abwärtstrend in ihrem Unternehmen wieder umzukehren und den emotionalen Virus zu entdecken, bat sie uns, den Fragebogen zur betrieblichen Kohärenz anzuwenden, die inkohärenten Bereiche auszumachen und den Virus zu bestimmen. Dabei traten mehrere Parallelen mit ihrem eigenen Fragebogen über die Zufriedenheit der Angestellten zutage, was zu gezielten Diskussionen und *Lösungen* führte. Sechs

Monate nach der Intervention waren die Zahlen auf dem Zufriedenheitsfragebogen doppelt oder dreimal so hoch, obwohl dies eine recht turbulente Zeit für die Abteilung war. Nebenbei erlebte die Firma einen Zuwachs ihrer Einnahmen auf Rekordhöhe und ihr Marktanteil wuchs, wobei in der Marketingabteilung und im Kundenservice das „Betriebsklima“ oberste Priorität hatte. Diese Umfrage wurde nicht isoliert durchgeführt. Die Angestellten im Marketing und im Kundenservice wurden in den IQM-Methoden ausgebildet, und diese Methoden wurden in die Besprechungen und Leistungsbeurteilungen integriert. Außerdem wurde Coaching für Manager angeboten.

Der Fragebogen zur betrieblichen Kohärenz ist auf ständiges Feedback hin angelegt. Nach einer anfänglichen Umfrage im ganzen Unternehmen oder in der Abteilung werden immer wieder repräsentative Stichproben gemacht, sagen wir alle drei Monate, damit die Informationen aktuell bleiben und die Arbeitnehmer schnell Feedback erhalten. Voraussetzung ist auch, daß die Arbeitnehmer Methoden an die Hand bekommen, um mit ihrer Wahrnehmung und ihren emotionalen Reaktionen angemessen umgehen zu können und um ein gesünderes Klima aktiv mitgestalten zu können und nicht die Opfer von Launen des Managements zu sein. Die Inkohärenz eines Unternehmens zu analysieren und gleichzeitig den Arbeitnehmern Methoden zu vermitteln, ihre emotionalen und intellektuellen Prozesse angemessen zu managen und zu verbessern, ist ein wirkungsvoller Doppelansatz, die Vitalität des Unternehmens wiederzuerlangen. Im nächsten Kapitel werden wir die Methoden und Einstellungen untersuchen, die das Betriebsklima fördern, und zwar von innen nach außen.

## Anmerkungen

1. Jon Gice, „The Relationship Between Job Satisfaction and Workers' Compensation Claims“, in: *CPCU Journal* 48, Nr. 3 (September 1995), S. 178–184.
2. Phil Smith, „Emotional Climate Is More Than Just a Feeling“, in: *The Edge Newsletter*, Edgecumbe Consulting Group (August 1997). Die *Edgecumbe Consulting Group* ist zu erreichen unter: Edgecumbe Hall, Richmond Hill, Clifton, Bristol BS8 1AT, Großbritannien, Tel. 0044-117-973-8899.
3. Steven P. Brown und Thomas V. Leigh, „A New Look at Psychological Climate and Its Relationship to Job Involvement, Effort and Performance“, in: *Journal of Applied Psychology* 81, Nr. 4 (1996), S. 358–368.
4. Ibid., S. 361.

5. Ibid.
6. Dies berichtet Ron Winslow in seinem Artikel „Underused Skills Raise Risks of Developing Heart Disease“, in: *The Wall Street Journal* (25. Juli 1997).
7. Glen Rein, Mike Atkinson und Rollin McCraty, „The Physiological and Psychological Effects of Compassion and Anger“, in: *Journal of Advancement in Medicine* 8, Nr. 2 (1995), S. 87–105.
8. Vollständige Informationen erhalten Sie bei der *HeartMath LLC*; Adresse im Anhang.
9. David Pendleton, *Organizational Coherence Survey Manual*, Institute of HeartMath, 14700 West Park Avenue, Boulder Creek, CA, 95006, USA, Tel. 001-408-38-8500.
10. Ibid.

Kapitel 10

# Grundwerte: die Basis dauerhaften Bestehens

„Da sich der Mythos der sicheren Arbeitsplätze dem Ende zuneigt, der Wandel zunimmt und die Ambiguität und Komplexität unserer Welt wachsen, laufen Menschen, deren Kontinuität und Stabilität von äußeren Strukturen abhängig sind, Gefahr, ihren Halt völlig zu verlieren. Die einzig wirklich verläßliche Quelle für Stabilität ist ein starker innerer Halt und die Bereitschaft, sich zu verändern und alles – außer diesem inneren Kern – anzupassen."
(James C. Collins und Jerry Porras[1])

Im Kern unerschütterlich, seinem eigenen Herzen treu bleiben – das ist die Voraussetzung dafür, mentale, emotionale und körperliche Widerstandsfähigkeit und Flexibilität zu entwickeln. Nach dem Kohärenzmodell ist die Kohärenz im Herzen eines Systems – individuell wie organisationell – die Grundlage für schnelle Veränderungen im Hinblick auf Effektivität, Wachstum und Motivation. Die Forschungen am HeartMath-Institut zur menschlichen Effizienz, zu Leistung und Erfüllung kamen zum folgenden Schluß – dem dritten Prinzip der dritten Dynamik:

Ein förderliches Betriebsklima beruht auf menschlichen Eigenschaften wie *Anpassungsfähigkeit, Flexibilität, Anteilnahme* und *Wertschätzung.*

# Grundwerte als Basis

Als wir am HeartMath-Institut (es taten auch andere) uns eingehend damit beschäftigten, was genau die allgemeinen Prinzipien und die besten Methoden visionärer Firmen ausmachen, führte uns diese Untersuchung zu einem allgemeinen Schluß: Im Zentrum aller erfolgreichen Organisationen – und auch aller erfolgreichen Menschen – stehen eine Reihe von Grundwerten, für die sich die Organisation (oder die Person) leidenschaftlich einsetzt. Diese Werte, die mehr bedeuten als Profite oder der Kitzel des Wettbewerbs, sind die Quelle der unternehmerischen kreativen Energie. Führungskräfte müssen sicherstellen, daß die Grundwerte und das eigene Vorhaben geschützt sind, wenn die Geschäftsstrategien sich ändern und an die aktuellen Bedürfnisse des Marktes angepaßt werden.

In unserem persönlichen Leben ist es nicht anders. Wenn wir erfüllt sind, dann sind die Werte unseres Herzens und unseres Handelns in Beruf und Familie kohärent. Unsere Beziehungen unterscheiden sich zwar, was den Grad des Vertrauens, der Liebe und des Engagements angeht, doch der Kern – das Herz –, aus dem heraus wir handeln, ändert sich nicht. Je konsequenter wir aus unseren Grundwerten heraus handeln, desto mehr entfaltet sich die Intelligenz dieser Werte, und wir können uns um so intelligenter an die Welt um uns herum anpassen.

Grundwerte sind sehr kraftvoll, denn sie verkörpern die intelligenten Handlungsprinzipien in unserem Leben und in unseren Unternehmen. Auch *Intelligenz* ist so ein Grundwert. Jeder und jede einzelne von uns kann leicht erfahren, wie wir mit Hilfe unserer wichtigsten Werte unsere Energie äußerst klug nutzen können – Intelligenz meint nicht nur intellektuellen Scharfsinn, sondern vielmehr Energieersparnis. Wir nehmen deutlicher wahr, unsere Entscheidungen sind ausgewogener, unsere Kommunikation fürsorglicher und wohldurchdacht. Grundwerte führen nicht zu pathetischem oder sentimentalem Handeln; sie sind die Ladegeräte für Weisheit. Wir sind *gescheiter*, wenn wir darauf achten, daß unsere Handlungen mit unseren Grundwerten übereinstimmen. Unsere Wahrnehmung, Kreativität und Anpassungsfähigkeit steigen sprunghaft an, wenn unsere innere Kohärenz zunimmt, weil wir dann mit den Grundwerten unseres Herzens in Einklang sind. Das ist Intelligenz!

## Noch einmal: Anpassungsfähigkeit

Anpassungsfähigkeit ist ein bedeutender Parameter. Herkett, Sasser und Schesinger[2] stellten in ihren Untersuchungen folgendes fest: Leistungsstarke Firmen unterscheiden sich von leistungsschwachen, auch wenn alle über eine starke Unternehmenskultur verfügen, in ihrer Fähigkeit, sich an die sich wandelnde Umgebung *anzupassen*, und zwar gesetzlichen, technologischen und gesellschaftlichen Änderungen ebenso wie hinsichtlich des Wettbewerbs. Die Autoren erkannten, daß das wichtigste einzelne Anzeichen für Anpassungsfähigkeit darin besteht, daß *die Geschäftsleitung an einer Reihe von Grundwerten festhält und betont, wie wichtig es ist, für die verschiedenen Beteiligten (besonders für die Kunden und die Beschäftigten) Ergebnisse zu liefern.* Und das galt als Teil des Bemühens, den Eigentümern Gewinne zu erwirtschaften. Sie zogen folgenden Schluß:

1. Eine starke Unternehmenskultur erwirtschaftet nicht so konsequent Gewinne wie eine anpassungsfähige.
2. Anpassungsfähigkeit geht zurück auf die „mentale Verfassung der Geschäftsführer“, die auf einer Reihe von Grundwerten beruht, die die Wichtigkeit des Wandels betont.
3. Unternehmen, die sich stark nach diesen Grundwerten richten und Mittel einsetzen, um diese Anpassungsfähigkeit aufrechtzuerhalten, erhöhen nicht nur enorm ihre Chancen, dauerhaft hohe Leistungen zu erzielen; sie erhöhen auch ihre Chancen, mit Veränderungen in der Führung gut zurechtzukommen.[3]

Wirkliche Anpassungsfähigkeit zeichnet sich durch angemessenes Sich-Einstellen auf äußere Faktoren aus im Gegensatz zum bereits besprochenen Prozeß der Fehlanpassung. Hier reagieren die meisten Menschen auf Stressoren immer rigider. Wirkliche Anpassungsfähigkeit ist die Fähigkeit, vom Verstand *und* vom Herzen her abzuwägen (zu analysieren und nachzuspüren) und dann die Einstellung und das Handeln zu ändern. Wie wir auf eine Krise oder ein unerwartetes Geschehen reagieren, zeigt den Grad der Anpassungsfähigkeit.

## Auf die Bedeutung kommt es an

Ihre Reaktion auf jedes einzelne Ereignis im Laufe des Tages hängt größtenteils von der *Bedeutung* ab, die Sie ihm beimessen. Betrachten Sie die Bedeutung einmal aus einer emotionalen Perspektive. Wie wichtig etwas wird, verhält sich direkt proportional zur Menge an emotionaler Energie, die Sie ihm zuschreiben. Wenn Sie sich sicher und zuversichtlich fühlen, haben unangenehme Ereignisse viel weniger Bedeutung als bei emotionaler Unausgeglichenheit. Sie sehen die Dinge in ihrer Verhältnismäßigkeit. Wenn Sie aber aus einem Defizit heraus agieren, kann der Klang der Stimme, der Tonfall oder die implizierte Botschaft in einer Unterhaltung rasch durch Ihre Wahrnehmung verstärkt werden. Dann spielt Ihr innerer Videorecorder die „Geschichte" immer wieder ab, und Sie selbst steigern sich dabei in ein immer größeres emotionales Durcheinander. Und dies geschieht alles wegen der *Bedeutung*, die Sie dem Ereignis beigemessen haben.

Manche Menschen investieren viel zu viel, indem Sie Ereignissen zu viel Bedeutung beimessen. Sie machen um fast alles sehr viel Aufhebens. Aus der ausgeglichenen Perspektive des Herzens heraus kann man leichter erkennen, wie viel Sie von der eigenen kostbaren Lebensenergie jedem Ereignis im Alltag beimessen sollten. Wenn *alles* wichtig ist, wird es schwierig, sich letztlich nicht ausgelaugt und als Opfer seiner Gefühlsregungen zu empfinden. Menschen, die langfristig gute Leistungen erbringen und mit Druck umgehen können, sind oft die, die von Natur aus ausgeglichener sind. Sie messen nichts spontan eine *über*mäßige Bedeutung bei. Dies macht sie nicht besser oder schlechter als andere, aber sie verfügen über eine Gabe, die ihnen Energie spart und ihre persönliche Produktivität aufrechterhält. Wir alle können das lernen. Das Konzept und die Übung darin, „etwas die Wichtigkeit zu nehmen", ist sehr kraftvoll. Einmal geübt, ist das sehr einfach; wenn es strategisch eingesetzt wird, sinkt der unnötige, ineffiziente Energieaufwand beträchtlich.

Es besteht ein feiner Unterschied zwischen einerseits einer verantwortungslosen Einstellung und der Haltung, Dinge einfach beiseite zu schieben, und andererseits einer intelligenten Haltung, den kniffligen Ereignissen des Lebens etwas von ihrer Bedeutung zu nehmen. Diese Unterscheidungsfähigkeit ist ein Nebenprodukt der Herzintelligenz. Es zeugt von intuitiver Intelligenz, zu wissen, wie viel emotionale Energie man auf etwas verwendet. Manches ist wichtiger als wir anfangs erkennen, wohingegen anderes nicht so wichtig ist, wie wir es zunächst einschätzten. Etwas im Übermaß zu dramatisieren oder ihm Bedeutung beizumessen, vergrößert es nur – so wie ein Feuer heller und heißer brennt, wenn man einen Holzscheit hineinwirft. Entscheiden Sie mit Ihrem Herzen, welches Feuer Sie schüren wollen.

Wenn man seine Anpassungsfähigkeit entwickelt, ist es entscheidend, den Dingen ihre Wichtigkeit nehmen zu können. Es spart Energie, die man dann bei Bedarf nutzen kann, um sich anzupassen oder sich auf etwas einzustellen. Anpassungsfähigkeit ist ein aktives Strecken und Beugen unserer inneren Muskeln, das zusätzliche Energie erfordert. Ein solches „Training“ baut Reserven im System auf, die sich in Form von echter Fürsorge zeigen. Wenn Sie lernen, den Dingen ihre Wichtigkeit zu nehmen, die nicht wirklich in Ihrem Interesse liegen, erleben Sie, wie Sie „ganz von selbst“ fürsorglicher sein können.

Die genannte Studie von Brown und Leigh zeigt, daß es für Menschen viel leichter ist, sich Veränderungen anzupassen, wenn das soziale Umfeld sie unterstützt. Falls sich jedoch in Ihrem Betriebsklima eindeutig ein emotionaler Virus tummelt, ist es immer noch in Ihrem Interesse, sich so gut wie möglich auf die Gegebenheit einzustellen, selbst wenn der Anpassungsprozeß mit einem intelligenten Ausscheiden aus der ungesunden Umgebung einhergeht. Dies gilt für das persönliche Leben ebenso wie für das Leben in Arbeitsteams oder Unternehmen, in dem man sich ungesundem Wettbewerb, unethischen Praktiken oder Einstellungen gegenübersieht, die den eigenen Grundwerten widersprechen. Anpassungsfähigkeit erfordert in diesem Zusammenhang vor allem, sich noch tiefer in den eigenen Grundwerten zu verankern und aus einer Position der Stärke und Weisheit heraus die am meisten energiesparende und kohärente mögliche Reaktion zu bestimmen.

Das Leben in Unternehmen ist heutzutage derartigen Bombardements ausgesetzt, daß wirkliche Anpassungsfähigkeit darin besteht, sich mit ganzem Herzen auf all die Minikrisen und Störungen einstellen zu können und sich dabei von der eigenen Herzintelligenz leiten zu lassen. Das kann sehr einfach sein. Man kann zum Beispiel lange genug innehalten und sich fragen: „Wie kann ich am besten zum Wohle aller Beteiligten in dieser Situation mitwirken?“ Ihr Herz kann Ihnen eine überraschende Weisheit vermitteln, wenn Sie es fragen. Wenn Sie lernen, sich erst einzulassen und dann innerlich kohärent zu werden, können Sie kohärentere Lösungen finden.

Lernen Sie, den Situationen ihre Wichtigkeit zu nehmen, die in Wirklichkeit nur ein kurzes Aufflackern auf dem Bildschirm sind; Sie sparen dadurch Energie für die wirklich wichtigen Themen – Ihre Grundwerte, Ihre Lebensfähigkeit und die des Unternehmens. Wenn die unnötig wichtigen Themen auf ein Minimum reduziert sind, wird die Energie dafür, anpassungsfähig, flexibel und innovativ zu sein, maximiert.

# Fürsorge und Anteilnahme

Ein Urinstinkt des Menschen ist es, sich zu kümmern (hier in ganz positiver Bedeutung, im Gegensatz zur übertriebenen Sorge). Wir haben in unserer Arbeit festgestellt, daß die Fähigkeit, für persönliche und unternehmerische Effektivität Fürsorge zu tragen, ganz zentral ist, wenn sie mit Effizienz in Einklang steht:

Effizienz + Fürsorge = Effektivität

Denken Sie über diese einfache Gleichung sowohl aus Ihrer persönlichen Sicht als auch aus Sicht des Unternehmens nach! Die im letzten Kapitel angeführte biomedizinische Forschung zeigt, daß das Empfinden aufrichtiger Anteilnahme für etwas oder jemanden die Immunfunktion stärkt. Das wurde am Antikörper IgA gemessen. Eine Untersuchung der Harvard-Psychologen David McClellan und C. Dirshnit aus dem Jahr 1988[4] belegt, daß der IgA-Spiegel (die erste Verteidigungslinie des Körpers gegen pathogene Eindringlinge wie Viren oder Bakterien) steigt, wenn man bewußt ein Gefühl von Fürsorge hervorrufen kann. Es ist eindeutig lohnend, seine Aufmerksamkeit auf Fürsorge zu richten. Es zahlt sich für Sie aus, über die reine Nettigkeit hinaus Anteil zu nehmen. Angemessene Fürsorge wirkt sich auf den Gebenden wie auf den Nehmenden verjüngend aus. Sie wirkt mental, emotional und körperlich wie Balsam und verbessert die mentale, emotionale und körperliche Anpassungsfähigkeit.

In diesen Abschnitten stellen wir eine der größten persönlichen und unternehmerischen Chancen für diese Zeiten des Übergangs vor: Fürsorge belohnt sich selbst. Das sagten Dichter und Philosophen schon jahrhundertelang. Ob nun die andere Person Ihr Handeln als fürsorglich betrachtet oder nicht, ist zunächst zweitrangig. Sie haben dadurch, daß Sie sich mit Ihrer Herzintelligenz auf den Streß eingestellt haben, jede Menge Energie gespart, haben sich möglicherweise eine Entscheidung erspart, die für die Firma kostspielig hätte werden können, und haben einen emotionalen und physiologischen Energieverlust in Ihrem eigenen System gestoppt.

# Das ‚Herz' des Unternehmens beleben

Die im letzten Kapitel zitierten Forschungsergebnisse zeigen auf, daß Unternehmen von Anteilnahme profitieren. Überlegen Sie einmal, wie

Sie und Ihr Unternehmen in den sechs dargestellten Aspekten des Betriebsklimas fürsorglicher sein können.

- Anerkennung
- Klarheit
- der eigene Beitrag
- unterstützende Vorgesetzte
- Selbstausdruck
- Herausforderung.

Schon allein nach diesen Aspekten zu fragen, wäre ein Zeichen von Anteilnahme; aber seien Sie auch bereit, die Antworten aufrichtig umzusetzen und durchzuziehen! Andernfalls wird der Schuß nach hinten losgehen und nur als weiteres Beispiel für die Lippenbekenntnisse des Managements den Anliegen der Belegschaft gegenüber bewertet werden – man geht dann davon aus, daß die Geschäftsleitung gar nicht beabsichtigt, anders zu handeln. Wenn Sie am Arbeitsplatz tatsächlich Anteil nehmen wollen, könnten Sie folgendes tun: Bitten Sie Ihre Vorgesetzten, daß die Mitarbeiter selbst ihre eigenen Stärken und Schwächen in jedem der sechs Bereiche des Betriebsklimas einschätzen. Diskutieren Sie dann die deutlichsten Aussagen des Feedbacks und darüber, wie bei Bedarf Unterstützung aussehen kann. Machen Sie das Gleiche mit Ihren Mitarbeitern, die Ihnen zugeordnet sind, oder, wenn Ihnen niemand zuarbeitet, mit Ihren engsten Kolleginnen und Kollegen. Sprechen Sie in der nächsten Mitarbeiterbesprechung darüber, wie sich Ihre Abteilung oder Ihr Geschäftsbereich und auch das Unternehmen als Ganzes in jedem der sechs Bereiche entwickelt. Wenn Sie die Schwächen und Stärken evaluieren, erkennen Sie, welche Bereiche der Aufmerksamkeit bedürfen. Stellen Sie auch fest, in welchen Bereichen alles gut läuft; das können Sie wertschätzen und als Grund zum feiern nehmen. Es kann aufregend sein und Sie stolz machen, festzustellen, was an dem Betriebsklima, das Sie mitgeprägt haben, gut ist. Aufrichtige Wertschätzung ist eine solide Grundlage für künftiges Wachstum.

## Aufrichtige Anteilnahme

Nur wenn Ihre Anteilnahme am Arbeitsplatz aufrichtig ist, ist sie echt. Ohne Aufrichtigkeit klingt ein geäußertes Mitgefühl hohl. Um andere Menschen wirklich zu unterstützen, ist eine aufrichtige Haltung unbedingt erforderlich. Wenn die Anteilnahme mechanisch oder unaufrichtig ist, ruft sie Widerstand und Gegenreaktionen in anderen hervor und verhindert, daß man sich aufeinander einstellt. Kollegen, Familienmitglieder, Klienten und Vorgesetzte können zwischen *erwarteter, konventioneller Höflichkeit* und *aufrichtiger Anteilnahme* unterscheiden. Einfacher gesagt: Wir können uns viel leichter auf unangenehme oder unerwartete Umstände einstellen, wenn wir unseren Arbeitsplatz oder unsere soziale Umgebung als fürsorglich empfinden. Angemessenes Mitgefühl ist wie ein Leim, der Beziehungen zusammenhält, wenn der Reiz des Neuen erst einmal weg ist. Dies gilt in Unternehmen ebenso wie im privaten Leben. Tom Peters sagt:

„Die Regale in den Läden biegen sich unter dem Gewicht neuer Produkte, doch nur wenige davon haben Herz. Serviceleistungen sind ungefähr genauso leblos. Die meisten Hotels beispielsweise haben in den letzten zehn Jahren ihren Kundenservice aufpoliert. Die Abläufe sind gut organisiert. Bravo! Aber das Herz fehlt gewöhnlich: Die wirkliche Bedeutung von ‚Willkommen in meinem Haus' entfällt; statt dessen gilt ‚Ich muß daran denken, so zu handeln, daß der Kunde den Eindruck hat, ich würde mich gut um ihn kümmern.'"[5]

Beim *Mandarin Oriental Hotel* in San Franzisko ist das anders. Es ist ein mit Preisen ausgezeichnetes Hotel im Herzen des *Financial District* von San Franzisko und hat seinen Gästen seit seiner Eröffnung in den späten 80er Jahren durchgehend einen außergewöhnlichen Service geboten. Und dennoch erkannte die Geschäftsleitung (so wie es in jedem anderen leistungsstarken Unternehmen zu erwarten ist), daß man von der Belegschaft immer höhere Standards forderte, obwohl gleichzeitig der persönliche Druck durch den zunehmenden gesellschaftlichen Streß stieg. Für das Hotelpersonal aller Ebenen wurden die Methoden des Inner Quality Management (IQM) eingeführt. Damit wollte man die persönliche wie die berufliche Effektivität auf einem möglichst hohen Niveau halten und ein Ausgeglichensein ermöglichen.

Im *Mandarin* hat man verstanden, daß die Fürsorge für sich selbst und für Kollegen Hand in Hand geht mit einem außergewöhnlich guten Service für Kunden.

Menschen in sozialen Berufen (Sozialarbeiter, Leute im Gesundheitswesen, Berater und andere) sind dann am besten, wenn sie genau *die* Unterstützung anbieten, durch die ihre Klienten sich leichter mit einer Krankheit, einer Verletzung oder einem persönlichen Rückschlag arrangieren oder sich davon erholen können. Diese „Helfer" selbst müssen jedoch lernen, wann die Anteilnahme ihre eigene Verfassung fördert und wann sie sie beeinträchtigt. Eine Untersuchung aus dem Jahr 1990[6] über die Betreuungssituation durch Krankenschwestern ergab, daß nicht Anteilnahme zu Burnout führt, sondern der Mangel an Anteilnahme oder übertriebene Anteilnahme. Die Studie belegt, daß „Anteilnehmen an sich Krankenschwestern und -pflegern gestattet, eine sehr wichtige Energie und Quelle der Erneuerung anzuzapfen". Wenn sich Krankenschwestern übermäßig mit der Not ihrer Patienten identifizierten, führte ihre Fürsorge zu Burnout.

Wachsamkeit und Aufmerksamkeit sind erforderlich, wenn Ihre Anteilnahme angemessen und verjüngend bleiben soll, egal, ob Sie sich um Patienten oder Kunden kümmern oder ob Sie unter hohem Streß und Druck selbst Fürsorge brauchen. Dies ist eine der größten Herausforderungen in einer chaotischen und komplexen Zeit. Wenn die Fürsorge nachläßt, schlägt sie oft in einem nächsten Schritt in übertriebene Fürsorge um.

## Energieverlust durch übertriebene Anteilnahme

Übertriebene Anteilnahme ist Anteilnahme, die die Grenze zur Angst und Sorge überschritten hat, die für die Gebenden und für die Empfangenden nicht mehr nährend ist und die auf der Liste des persönlichen und betrieblichen Energieverlustes recht weit oben rangiert. Übertriebene Anteilnahme beginnt als Anteilnahme, doch sie wird durch unkontrollierte Emotionen (dazu zählen unrealistische Erwartungen, emotionale Anhänglichkeit oder ein mentales Überwerten) „verdorben" und in ihrer Wirkung geschmälert. Im Extremfall wirkt sich übertriebene Fürsorge auf alle Beteiligten schwächend aus und treibt einen Keil zwischen Sie und die Person oder Situation, der Ihre Fürsorge gilt. Folgende Beispiele sind typisch für übertriebene Anteilnahme:

- Der Manager muß sich in jede Kleinigkeit in seiner Abteilung einmischen und ruft so bei seinen Mitarbeitern Streß und Ineffizienz hervor. Durch sein zwanghaftes Denken schränkt er sich selbst ein und schneidet sich von der nährenden Kraft seines Herzens ab.
- Ein Elternteil weicht nicht von der Seite eines kranken Kindes. Dadurch erzeugt er keine Atmosphäre liebevoller Unterstützung, sondern eine übertriebene, beschränkende Einmischung.

Übertriebene Fürsorge ist ein heikles Thema, denn in unserer leistungsorientierten Gesellschaft sind die scheinbar einzigen Alternativen zu übermäßiger Fürsorge Gleichgültigkeit oder Apathie. In Wirklichkeit ist übertriebene Fürsorge emotional und körperlich so energieraubend, daß sie im chronischen Zustand schließlich zu *fehlender Anteilnahme* führt. Dennoch gibt es eine gesunde und ausgewogene Alternative: Die Herausforderung besteht darin, übertriebene Fürsorge möglichst bald zu erkennen und dann mit Hilfe der Herzintelligenz ausgeglichener und fürsorglicher zu reagieren. Durch eine einfache Frage läßt sich Anteilnahme von ihrer nahen Verwandten, der übertriebenen Fürsorge, unterscheiden: „*Verschlimmert* meine Anteilnahme den Streß oder *reduziert* sie ihn?" Bei übertriebener Fürsorge werden Sie sich selbst gestreßt fühlen; bei ausgewogener Anteilnahme werden Sie mehr Zufriedenheit und Frieden empfinden.

## Übertriebene Fürsorge erkennen

Die zugrundeliegende Einstellung, nicht bestimmte Verhaltensweisen oder Handlungen, machen übertriebene Fürsorge aus. Oft wird sie als ständige Angst oder Besorgnis empfunden, die in Momenten der Wertschätzung kurzzeitig nachläßt, dann aber wieder kontinuierlich Energie raubt und die Aufmerksamkeit in Beschlag nimmt, so wie ein gekonnter Griff beim Ringkampf. Es gibt keine festen Regeln dafür, wie Handeln aus übertriebener Fürsorge heraus im Gegensatz zu anteilnehmendem Handeln aussieht. Hier einige Beispiele: Überstunden, um ein Projekt fertigzustellen, können aus echter Anteilnahme gemacht werden, solange die innere Einstellung nicht von Sorge und Angst geprägt ist. Um wie viel energetischer fühlen Sie sich, wenn Sie positiv motiviert sind, ein Projekt fertigzustellen, im Gegensatz dazu, wenn Sie Angst vor den Folgen haben, wenn Sie es nicht abschließen? Wenn Sie von Sorge oder Furcht getrieben werden, schließen Sie das Projekt vielleicht auch in der vorgesehenen Zeit ab – vielleicht sogar früher – aber auf Kosten und zu Lasten Ihrer Gesundheit und Ihrer Ausgeglichenheit auf allen Ebenen. Ähnlich ist es, wenn man es nicht schafft, ein schwieriges Personalproblem anzusprechen. Dies könnte das Ergebnis von übertriebener Fürsorge sein, wenn man sich zu viele Gedanken darüber macht, wie der oder die Angestellte reagieren könnte. Fürsorgliches Handeln hieße, sein Herz um eine eindeutige Sichtweise der Situation zu bitten und zu fragen, wie sich die Situation am effektivsten zum Wohle aller Beteiligten lösen läßt. Die Auswirkungen dieser anstrengenden, überfürsorglichen Verhaltensweisen werden nicht einfach „abgehakt!" und verschwinden. In unserem Körper existieren sie weiter als geschwächte Vitalität und emotionale Erinnerungen an diese Ereignisse, die sich in unseren Gedanken immer wieder abspulen.

Beim HeartMath-Institut fragen uns bei unserer Arbeit mit Firmenkunden immer wieder, ob diese „gewissen Extras", die wir unserer Meinung nach dem Kunden bieten sollten, wirklich den Wert steigern oder ob sie uns nur mehr Streß bereiten und dem Klienten gar nicht nützen. Wenn man die übermäßige Fürsorge eingrenzt, kann man enorm viel Energie sparen. Ein zusätzlicher Vorteil besteht darin, daß diese Art der Anteilnahme auf die Klienten, die Kunden und die eigenen Angestellten wirkt. In unseren Mitarbeiterbesprechungen fragen wir uns gegenseitig, in welchen Bereichen wir im Zusammenhang mit dem Arbeitspensum, mit Terminen oder der Leistung übertrieben fürsorglich sind. Dann suchen wir Abhilfe, um das Pensum zu verringern, oder wir erkunden, wie wir den realen Druck anders wahrnehmen können.

Wenn Sie die übermäßige Fürsorge völlig einstellen, setzen Sie eine beträchtliche Energie frei, die es Ihnen oder Ihrem Team ermöglicht, auf eine ganz neue Ebene der Effizienz und Effektivität zu gelangen; dies wiederum macht sich in besseren Geschäftsergebnissen bemerkbar.

Wie leicht kann man stundenlang innere Filme von möglichen zukünftigen Horrorszenarios anschauen; das ist dann die Folge übertriebener Sorge. Auch wenn es dann nicht zu diesen Szenen kommt, ist unser Körper doch in den Stunden, Tagen oder Wochen, in denen wir allzusehr mit diesem Thema beschäftigt waren, schneller gealtert. Eindeutig ist das keine effiziente Art, seine Energie einzusetzen! Wir wiederholen es noch einmal: Die Alternative zu übertriebener Fürsorge sollte nicht *keinerlei Anteilnahme* sein, sondern *ausgewogene Anteilnahme*. Es ist unsere Pflicht, als Leiter, Managerin oder Eltern, mögliche Bedrohungen für die Gesundheit und Sicherheit unseres Unternehmens oder unserer Lieben ernst zu nehmen. Wenn wir an uns übertriebene Fürsorge wahrnehmen, kann uns das wachrütteln, daß wir eine neue Sichtweise brauchen und anders mit einem möglichen Stressor umgehen müssen. Sobald wir übermäßige Fürsorge erkannt haben, täten wir gut daran, unsere Einstellung zu korrigieren, unsere Streßreaktion zu neutralisieren, und dann mit einer angemessenen, ausgewogenen Haltung fortzufahren.

Von der geschäftlichen und persönlichen Perspektive aus betrachtet, blockiert übertriebene Fürsorge unsere Effektivität. Der innere *Lärm* verzerrt die klare Kommunikation, unabhängig davon, ob Sie senden oder empfangen. Er schränkt unsere Fähigkeit ein, uns selbst innerlich oder äußere Kunden zufriedenzustellen oder so produktiv und erfüllt zu sein, wie es der Fall sein könnte. Die gute Seite daran ist, daß jede übermäßige Fürsorge als Anteilnahme beginnt. Doch unkontrollierte Emotionen verwässern die Anteilnahme und halten uns in Sichtweisen gefangen, die das übertriebene Verhalten aufrechterhalten. Die Herausforderung besteht darin, die Reaktion auf jemanden wieder ins Gleichgewicht zu bringen. Übermäßige Reaktionen sind eine Brutstätte für Handlungen und Einstellungen, die die zugrundeliegende übertriebene Fürsorge nur weiter bestärken. Übermäßige Fürsorge führt zu weiterer übermäßiger Fürsorge. Wenn sie unhinterfragt weiterbesteht, kann sie Reaktionen und Einstellungen hervorrufen, die dem emotionalen Virus ein guter Nährboden sind.

Welche Beispiele für übertriebene Fürsorge bei Ihnen selbst oder bei anderen fallen Ihnen ein? Nehmen Sie sich einen Moment Zeit und notieren Sie die wichtigsten Beispiele in Ihrem Leben! Achten Sie dann darauf, wie sie sich derzeit auf Sie, die jeweils betreffende andere Person, Ihr Energieniveau, Ihre Effektivität, Gesundheit und so weiter auswirken. Eine der wirkungsvollsten Methoden, um übertriebene Fürsorge zu neutralisieren, ist FREEZE-FRAME, das Sofortprogramm in fünf Schritten. Übermäßige Fürsorge ist einfach einen Schritt von einer anteilnehmenden und ausgewogenen Haltung und Handlungsweise entfernt. Doch wenn man nicht innehält und das Herz befragt, könnte diese Erkenntnis das Bewußtsein leicht umgehen. Wenden Sie die FREEZE-FRAME-Herzintelligenzübung an, um sich selbst zu fragen, wie Sie die übertriebene Reaktion wieder ins Gleichgewicht bringen und intelligente Alternativen finden können.

Bestimmte Unternehmensbereiche wie der Kundenservice und der Verkauf sind für übermäßige Fürsorge besonders anfällig. Weil die Beschäftigten dieser beiden Abteilungen normalerweise mit der Öffentlichkeit (mit Kunden) zu tun haben, leben sie in der prekären Situation, ‚zwei Herren dienen' zu müssen. Weil ihnen beide wichtig sind, ist es oft schwierig, sich für ein angemessenes Handeln zu entscheiden – sollen sie nun die Bedürfnisse der Kunden berücksichtigen oder die der Firma? Die Patentlösung wäre, daß sie sich um die Kunden kümmern und die Firma davon profitiert. Im allgemeinen ist das so, aber wenn ein unvernünftig handelnder Kunde vor einem steht, oder einer, der emotional außer sich ist, ist dieser Anspruch wenig praktikabel. Im wirklichen Leben geraten Menschen aus der Fassung, werden Erwartungen nicht erfüllt, herrscht beträchtliche Unsicherheit und werden Dinge gesagt oder getan, die den inneren Grundwerten eines Menschen nicht entsprechen. Harmonische Lösungen (oder zumindest einen geringeren Energieverlust) bedeute, daß man die übertriebene Fürsorge rasch erkennt, sie neutralisiert und hinter sich läßt.

Unter dem Deckmantel von Sorge und Bedenken behindert übertriebene Fürsorge die persönliche und betriebliche Effektivität erheblich. In vielen Unternehmenskulturen werden wir für übertriebene Fürsorge sogar belohnt. „Wie können Sie es wagen, Ihr Büro um 17 Uhr zu verlassen, um mit Ihrer Familie zusammenzusein; ist Ihnen alles egal?" „Warum sind Sie nicht besorgt wegen der Produktionsverzögerung, ist sie Ihnen egal?" „Warum ist Ihnen vor der Kundenpräsentation nicht bange, erkennen Sie ihre Bedeutung nicht?" In unserer extrem reizüberfluteten Kultur scheint es keine andere Alternative zu der chronischen und schwächenden übertriebenen Fürsorge zu geben als völlige Apathie oder Egozentrik. Doch Untersuchungen über die gesundheitlichen Auswirkungen von chronischer Angst oder Sorge (ganz zu schweigen vom emotionalen Energieverlust für das Unternehmen aufgrund ständiger Nervosität) sollten vermuten lassen, daß übertriebene Fürsorge uns bereits teuer genug zu stehen kommt. Unternehmen brauchen eine Alternative, und es gibt eine.

Wenn Sie Menschen führen, tun Sie gut daran, die Bereiche in Ihrem Managementstil zu untersuchen, die übermäßige Fürsorge enthalten könnten. Übertriebene Fürsorge nimmt anderen ihre Kraft. Übertriebene Fürsorge bei Führungspersönlichkeiten beraubt sie ihrer Anziehungskraft, die nötig ist, um Vertrauen und Hoffnung zu wecken. Übermäßige Fürsorge ist inkohärent gewordene Anteilnahme. Auch wenn Menschen sich Veränderungen widersetzen, steigt die Tendenz zu übertriebener Fürsorge. Anteilnahme ist, sich intelligent auf Veränderungen einzustellen. Anteilnahme gibt Kraft, übertriebene Fürsorge raubt sie. Wenn Sie solche Übermäßigkeiten in einem Team oder bei sich selbst feststellen, können Sie bestimmte Schritte unternehmen, um wieder zu einer ausgewogenen Anteilnahme zu kommen – wir werden sie weiter unten darstellen.

## Noch einmal: Selbstfürsorge

*Selbstfürsorge* ist ein wichtiges Element, wenn es darum geht, übermäßige Fürsorge abzubauen und das Unternehmen anpassungsfähig zu machen. In vielen Kulturen ist Selbstfürsorge schon fast ein Tabu – es herrscht die Angst, daß jeglicher Fokus auf Selbstfürsorge zu Selbstbesessenheit und zu Einstellungen führt, die das kollektive Wohlergehen untergraben. Der asiatische Fokus auf das Kollektiv macht es zu einer Herausforderung, die Bedeutung der Selbstfürsorge zu rechtfertigen. Die amerikanische Kultur scheint im Gegensatz dazu geradezu hemmungslos und äußerst selbstfürsorglich. Doch in einer reizüberfluteten Gesellschaft existiert *ausgewogene* Selbstfürsorge kaum. Für viele Menschen geht Selbstfürsorge nicht viel weiter als die ‚Selbstmedikation' mit Drogen,

Alkohol oder dem Jahresurlaub (oft ist sogar der stressig: anstrengend vorzubereiten und viel zu schnell vorüber). Die Vorstellung von Selbstfürsorge kann Bilder von obligatorischem Sport, weniger Junkfood oder cholesterinhaltigen Mahlzeiten, der Beschränkung von Alkohol- oder Tabakkonsum heraufbeschwören – Selbstfürsorge verzerrt als Selbst*verleugnung*. Unser Vorschlag betrifft hingegen viel mehr das Innerste jedes Menschen – die ausgewogene Fürsorge für sich selbst. Die Menschen nehmen es als selbstverständlich hin, daß Kinder Fürsorge brauchen, um zu wachsen und Reife zu entwickeln, daß Pflanzen regelmäßige Aufmerksamkeit und Fürsorge brauchen, damit sie gedeihen, daß Haustiere Fürsorge brauchen, damit sie die lustigen Spielkameraden sind, wie wir sie wollen. Ist das bei Ihnen selbst anders? Umfassende Selbstfürsorge könnte bedeuten, die eigenen inneren Werte regelmäßig zu reflektieren, zu prüfen, in welchen Lebensbereichen Kohärenz und Ausgewogenheit fehlen, in welchem Maß und in welcher Form man sich um die körperliche Gesundheit kümmern will – kurz gesagt, alle Dimensionen des Lebens zu berücksichtigen.

Wenn man mental und emotional für sich selbst sorgt und durch die Nutzung der Herzintelligenz ausgeglichen ist, kann die persönliche Effektivität sprunghaft ansteigen. Ein Unternehmen, in dem Selbstfürsorge hoch im Kurs steht, ist viel kohärenter als eines, das diese Bedeutung ignoriert. Stellen Sie sich ein Auto vor, das eine neue Tankfüllung verweigert.

## Die Heart Lock-In®-Herzübung

Mit der Heart Lock-In-Herzübung können Sie Ihre innere Kohärenz durch Selbstfürsorge außerordentlich verbessern. Bei dieser Methode geht es darum, zu üben, sich kontinuierlich auf die Herz-„Frequenzen" der Fürsorge und Wertschätzung zu konzentrieren. Man spricht von *Lock-in*, dem Einklinken, weil man sich in einen bestimmten Gefühlsbereich des Herzens einklinken will – so wie der Pilot eines Düsenjägers seinen Radar so einstellt, daß er sich auf ein bestimmtes Ziel einklinkt, oder so wie ein hervorragender Athlet auf eine bestimmte Leistungszone eingeklinkt bleibt, damit die mentale und emotionale Ablenkung auf ein Minimum reduziert ist und seine Leistung optimiert wird. Die Musik *Heart Zones* (7) wurde speziell zur Unterstützung der Heart Lock-In-Herzübung entwickelt. Dieses Konzept aus vier Musikstücken (komponiert und interpretiert von Doc Childre) führt Sie durch ein „Herz-Kreislauf-Workout".

Hinterher fühlen Sie sich mental und emotional erfrischt und voll Energie. Das erste Stück ist gewissermaßen zum Aufwärmen; es hilft Ihnen, sich zu beruhigen und Spannungen loszulassen. Das zweite Stück nimmt das Tempo auf und bringt die Dinge in Bewegung. Das dritte Stück ist sehr dynamisch und vermittelt Ihnen ein Gefühl von „Jetzt kann ich anpacken". Das vierte Stück ist zur Beruhigung und vermittelt ein Gefühl der Vollendung. Insgesamt will die Musik beruhigen und regenerieren. Wie bei dem FREEZE-FRAME-Sofortprogramm bleiben Sie mit Ihrer Aufmerksamkeit in der Herzgegend. Wenn Gedanken oder Sorgen auftauchen, nehmen Sie sie wahr und kehren dann mit Ihrer Aufmerksamkeit wieder zu Ihrem Herzen zurück. Viele Unternehmen bauen heutzutage diese einfache 5 - 15minütige Methode in Besprechungen oder Planungssitzungen ein, um sich zu zentrieren. Denn wenn die innere Kohärenz zunimmt, steigt auch die Kohärenz im Team.

In den vergangenen 25 Jahren haben wir viele Methoden zur Verbesserung der Anpassungsfähigkeit, zur Steigerung der Intelligenz und für die Selbstfürsorge untersucht. Wir haben herausgefunden, daß die HEART LOCK-IN-Herzübung eine ausgesprochen wirkungsvolle Methode ist, denn sie gibt täglich einen Energieschub und verhilft zu erstaunlicher Klarheit. Bei konsequenter Anwendung steigt die körperliche, mentale und emotionale Widerstandsfähigkeit drastisch. Da man sich häufiger in einem Zustand des inneren Gleichgewichts befindet, wird es viel einfacher, sich rasch an unerwartete Veränderungen anzupassen. Diese Übung wurde entwickelt, um Menschen dabei zu unterstützen, ihren „psychischen Selbstmanagement-Muskel" zu stärken. Mit dem FREEZE-FRAME-Sofortprogramm kann man leichter zu einer neutralen oder positiven Sichtweise gelangen. Ein ganzes Unternehmen, das diese Methoden anwendet, kann seine Anpassungsfähigkeit, Kreativität und sein Klima verbessern.

Wir erlebten kürzlich in Kuala Lumpur wieder einmal am eigenen Leib, wie vorteilhaft es sich auswirkt, die HEART LOCK-IN-Herzübung häufig durchzuführen. Als wir das Präsentationszubehör im *Top Performers Leadership Center* testeten, bemerkten wir, daß der Stromkonverter unterwegs den Geist aufgegeben hatte. Als wir schließlich einen Ersatzkonverter gefunden hatten, schlossen wir alle Geräte an und entdeckten, daß ein wichtiges biomedizinisches Gerät zu rauchen begann und am Schalter braunes Öl auslief. Unsere Gastgeber waren sehr besorgt; wir konzentrierten uns darauf, wie wir am besten mit der Situation umgehen konnten. Wir blieben ruhig und suchten nach Alternativen für den Fall, daß das Gerät nicht repariert werden konnte. Dabei war uns bewußt, daß die nächste Reparaturwerkstatt 10.000 Meilen entfernt war. Dadurch, daß wir selbst ausgeglichen blieben, hielten sich auch die Bedenken unserer Gastgeber in Grenzen. Die Anlage konnte schließlich von einem äußerst erfindungsreichen Mann namens Siva erfolgreich repariert werden – und wir hatten verhindern können, daß die stressige Situation sich zudem auf unsere Vitalität auswirken konnte. Dank der HEART LOCK-IN-Herzübung blieben wir gesund, klar und konzentriert.

In den beiden letzten Kapiteln sprachen wir über die Bedeutung des Betriebsklimas für die Unternehmensleistung, darüber, wie entscheidend Grundwerte für die Langlebigkeit des Unternehmens sind und wie essentiell persönliche Eigenschaften wie Anpassungsfähigkeit, Anteilnahme, Selbstfürsorge und Wertschätzung sind. Hinter diesen Ausführungen verbirgt sich das vierte Prinzip der dritten Dynamik:

Für das Bestehen eines Unternehmens ist entscheidend, zwischen *Wissen* und *Weisheit* zu unterscheiden. Die nächste Herausforderung für Firmen besteht darin, weise Firmen aufzubauen, indem die Menschen in ihnen weise werden.

Es genügt nicht mehr, gescheit zu sein – alle Technologien und Methoden der Welt sind nur dann sinnvoll und wertvoll, wenn sie mit unseren Grundwerten und dem Innersten unseres Herzens übereinstimmen. Sich Wissen anzueignen ist keine Garantie dafür, es auch in der Praxis anwenden und nutzen zu können. Weisheit bedeutet, das nötige Wissen auf reife Weise zu integrieren; Weisheit meint auch die Erfahrung und Fähigkeit, das Wesentliche vom Unwesentlichen zu trennen. Selbstmanagement und innere Kohärenz sind entscheidend dafür, daß Weisheit von Einzelpersonen und Unternehmen entwickelt wird. Ein gesundes Arbeitsklima und anpassungsfähige Teams erleichtern dies sehr. Weisheit leuchtet selbst dann auf, wenn die Informationsüberlastung (oftmals durch die *Sucht* nach Wissen verursacht) mehrere Bereiche unseres Lebens durchdringt. Für manche werden Schmerz oder eine Tragödie das Problem noch verschlimmern. Bei anderen wird die Stimme des Herzens die Wahrnehmung verändern. Sie wird drängen, in Einklang mit unserem Herzen zu leben. Die Stimme des Herzens kann ermöglichen, daß wir uns um uns selbst und um andere kümmern und daß wir im neuen Jahrtausend überleben und erfüllt sein können. Die Märkte, Auftraggeber und Mitarbeiter erwarten das von uns. Sie wollen das für sich selbst.

## Anmerkungen

1. James C. Collins und Jerry Porras, *Built to Last: Successful Habits of Visionary Companies*. New York: HarperBusiness, 1944, S. XX.
2. James L. Heskett, W. Earl Sasser und Leonard A. Schlesinger, *The Service-Profit Chain: How Leading Companies Link Profit and Growth to Loyalty, Satisfaction, and Value*. New York: The Free Press, 1997.
3. Ibid, S. 249.
4. D.C. McClelland und C. Kirshnit, „The Effects of Motivational Arousal Through Films on Salivary Immunoglobulin A", in: *Psychological Health* 2 (1998), S. 31–52.
5. Tom Peters, „You Gotta Have Heart", in: *Canadian Airlines Magazine* (Februar 1994).
6. Carol Montgomery, „The Care-Giving Relationship: Paradoxical and Transcendent Aspects", in: *Journal of Transpersonal Psychology* 23, Nr. 2 (1991).
7. Diese Musik wurde entwickelt, um das mentale und emotionale Gleichgewicht zu fördern. Doc Childre, *Heart Zones*, Planetary Publications, 1994; dt. *Heart Zones. Musik zur Förderung der Herzintelligenz*. Kirchzarten bei Freiburg: VAK, 1999 (CD und MC).

# Kapitel 11
# Kohärenz bei geschlechtsspezifischen Themen

Auf unserem Weg, kohärente Unternehmen aufzubauen, ist eines der wichtigsten Hindernisse die Dynamik zwischen Männern und Frauen am Arbeitsplatz. Zwar können sich auch verschiedene andere Themen wie die multikulturelle Gesellschaft, Partner des gleichen Geschlechts und Diskriminierung aufgrund des Alters negativ auf die betriebliche Kohärenz auswirken, doch wenn die Elemente der 1. und 2. Dynamik (psychisches Selbstmanagement und kohärente Kommunikation) fehlen, zeigt sich dies besonders in der Inkohärenz bei geschlechtsspezifischen Themen. Einer Schätzung zufolge geben amerikanische Firmen jährlich mindestens zehn Milliarden Dollar dafür aus, mehr Sensibilität und Verständnis am zunehmend vielfältigen und multikulturellen Arbeitsplatz zu lehren. Dies tun sie entweder, weil sie es selbst wollen, oder weil der Gesetzgeber sie dazu zwingt.[1]

Viel „Lärm“ herrscht heute in unseren Unternehmen aufgrund geschlechtsspezifischer Fragen. Männliche Vorgesetzte werden von Frauen, die für sie arbeiten, aufgrund fehlender Senisibilität geschlechtsspezifischen Problemen gegenüber schlecht bewertet. Weibliche Vorgesetzte agieren ‚männlich‘ und erscheinen in ihrem Verhalten rücksichtslos oder übermäßig aggressiv. Viele Männer sind verwirrt darüber, welches Verhalten überhaupt in einem beruflichen Umfeld angemessen ist (das gilt vor allem in den Vereinigten Staaten, in denen die kleinste Geste einem Vertreter oder einer Vertreterin des anderen Geschlechts gegenüber als Grundlage für eine Klage wegen sexueller Belästigung herangezogen werden kann). Viele Frauen fühlen sich durch die schlechte Behandlung von männlichen Führungskräften so verletzt, daß sie Angst haben, sie selbst zu sein, und ihren aufrichtigen Wunsch nach stärkerer persönlicher Ausgeglichenheit preisgeben; oder sie befürchten, als zu weich oder übertrieben sentimental abgestempelt zu werden, wenn sie auf das

Ungleichgewicht in der Firma hinweisen. Dies sind nur einige wenige Beispiele von Themen, die heutzutage die betriebliche Klarheit trüben.

## Biologie und Geschlecht

Die Verwirrung besteht vielleicht bereits in biologischer Hinsicht. Es gibt grundlegende biologische Unterschiede zwischen Männern und Frauen. Sie existierten bereits, bevor die Gesellschaft uns vermittelte, was unsere Geschlechterrolle jeweils ausmacht. Sehr unterschiedliche Gehirnstrukturen von Männern und Frauen sind für die beträchtlichen Unterschiede in der Wahrnehmung, der Sprache, den Fertigkeiten, ja selbst dem Alterungsprozeß verantwortlich. Von der Geburt bis zur sechsten Lebenswoche unterscheiden sich die Hormone im Gehirn sehr. Wenn die Kinder heranwachsen, treten meist eindeutige Unterschiede im Verhalten auf. Auch hormonell verarbeitet das Gehirn von Männern und Frauen die Dinge unterschiedlich. Doch spielen auch die Umwelteinflüsse eine wichtige Rolle in der Entwicklung von männlichen oder weiblichen Charakteristika. Wie bereits erwähnt, stellt die DNS das Grundmuster und die Blaupause der Gehirnentwicklung dar. Doch unsere Reaktionen auf unsere Umwelt bestimmen während unserer Entwicklung die neuralen Schaltkreise mit.

## Das Gehirn von Männern und Frauen

Das Corpus callosum, ein wichtiger Teil des Gehirns, der mit der Fähigkeit zur Intuition assoziiert wird, ist bei Frauen größer ausgebildet. Die zwei Gehirnhälften verfügen also über mehr Verbindungen. Frauen sind von Natur aus so „verschaltet“, daß sie globaler und umfassender wahrnehmen als Männer und ein tieferes Verständnis dafür haben, was ist oder sein könnte. Während ihres Denkprozesses findet zwischen den beiden Gehirnhälften mehr Interaktion statt. Karl Pribram, der das limbische System im Gehirn entdeckte und die „Theorie vom holographischen Gehirn“ entwickelte, behauptet, daß das weibliche Gehirn sich von vorne nach hinten entwickelt, das männliche hingegen von hinten nach vorne.[2] Betrachten Sie die folgenden neurologischen Unterschiede zwischen Männern und Frauen:

- Aufgrund der strukturellen Unterschiede im Gehirn von Männern und Frauen neigen, wenn beide das gleiche Problem lösen sollen, Männer stärker dazu, einen begrenzten Teil einer Gehirnhälfte zu benutzen. Frauen dagegen benutzen einen viel weniger klar umrissenen Bereich beider Gehirnhälften. Dies hat sich in Studien gezeigt.
- Die komplexe Art der Frauen, Informationen zu sammeln und zu verarbeiten, mag der Grund dafür sein, daß Männer glauben, Frauen hätten beim Problemlösen keinen Fokus. Dies mag auch der Grund dafür sein, daß kreative Denker als zerstreut gelten. Diese Fähigkeit, „über den Tellerrand zu schauen", kann, wenn sie angemessen gepflegt wird, in bestimmten Jobs von enormem Vorteil sein; und zwar in solchen, in denen es erforderlich ist, die verschiedenen Gesichtspunkte zu betrachten (wie im Management, im Verkauf oder bei Verhandlungen) oder in Jobs, in denen Kreativität gefragt ist (zum Beispiel für strategische Planung oder für Produktplanung).
- Der Unterschied in der Funktionalität des Gehirns zwischen Männern und Frauen gilt als Grund dafür, daß Frauen in der Lage sind, vielfältige Wege und Lösungen in Betracht zu ziehen. Wenn Frauen Probleme lösen, verarbeitet ihr Gehirn eine Fülle sensorischer, gespeicherter und anderer Daten, bevor sie irgendeinen Schluß ziehen; und dann ziehen sie vielleicht vielfältige Schlußfolgerungen. Männer hingegen lösen Probleme eher linear, indem sie nur eine Gehirnhälfte benutzen. Auch neigen sie dazu, einen einzigen Schluß zu ziehen.[3]

## Geschlechtsspezifische Sprachunterschiede

Unterschiede zwischen Männern und Frauen sind so grundlegend, daß sie sogar die Verarbeitung von Sprache betreffen. Frauen verarbeiten Sprache in beiden Hemisphären, Männer dagegen meist nur in der linken Gehirnhälfte.[4] Männer können lernen, Sprache in der rechten Gehirnhälfte zu verarbeiten, und Frauen können lernen, in ihrer Sprache gradliniger und bestimmter zu sein. Es geht darum, zu erkennen, wo man aus dem Gleichgewicht ist und welche Eigenschaften man entwickeln will.

Beruflicher Erfolg hängt oft davon ab, wie gut man Ideen – mündlich und schriftlich – mitteilen und verkaufen kann. Arbeitnehmer, die ihre Ideen am wirkungsvollsten präsentieren können, bekommen oft die besten Projekte und die meiste Finanzierung und stehen am stärksten in der Öffentlichkeit. Sie haben mehr Gelegenheiten, andere durch ihre Kompetenz und ihre Fertigkeiten zu beeindrucken und wichtige Aufträge zu bekommen, die ihrem Weiterkommen helfen. Recht oft liegt die einzige Möglichkeit, sich als Angestellte der höchsten Führungsebene zeigen zu können, in Briefings. Dabei wird die Kommunikationsfähigkeit auf die Probe gestellt. Wer dazu neigt, sich mündlich und schriftlich präzise auszudrücken, ist hier eindeutig im Vorteil.

## Emotionen und Geschlecht

Das Herz und die Emotionen wurden jahrhundertelang gleichgesetzt. Sir William Harvey, der als erster die Funktion des Herzens und den Blutkreislauf nachwies, bemerkte bereits 1628, daß „jeder Sorge des Verstandes, der man, entweder aus Schmerz oder aus Vergnügen, Hoffnung oder Furcht heraus Aufmerksamkeit schenkt, die Ursache einer Erregung ist, die das Herz beeinflußt“. Emotionen strömen viel schneller als Informationen entlang den Nervenbahnen auf einer feinen bioelektrischen Ebene durch den Körper. Immer wieder belegen Untersuchungen, daß der Verstand den Energiefluß anders lenkt, wenn wir unsere Wahrnehmungen und Gefühle des Herzens verfeinern, als wenn wir nur von der Verstandesebene aus wahrnehmen und reagieren. Emotionen, die nur vom Verstand kommen und geleitet sind, wirken oft wie Wasser, das eine Landschaft überflutet. Emotionen, die vom Herzen geleitet werden, verwenden dieses gleiche „Wasser“, um den „Durst“ zu stillen und dem Leben Substanz zu geben. Wenn Ihre innere Kohärenz zunimmt, haben Sie bei der Verteilung des „Wassers“ das Sagen; durch Inkohärenz wird man Opfer des willkürlichen Flusses emotionaler Ausbrüche.

Männer nehmen Frauen häufig als übermäßig emotional und sentimental wahr und nehmen an, daß das auf ihre Fähigkeit, Entscheidungen zu treffen, abfärbe. Die Sensibilität der Frauen verstärkt die intuitive Klarheit und die Entscheidungsfindung, wenn sie durch die Herzintelligenz ausgeglichen wird. Die Gefühlswelt eines Menschen bestimmt die intelligente Entscheidungsfindung. Ohne das Gefühl ist die Fähigkeit des Verstandes, zu argumentieren und zu denken, ein klassisches Beispiel für etwas *notwendiges*, aber nicht *ausreichendes*. Die ausgewogene Verbindung von Gefühl und Vernunft führt zu einem Höchstmaß an Intelligenz, Weisheit, Klarheit und Erfüllung.

# Hormonelle Körperbereiche

Das System des Menschen hat drei hormonelle Hauptbereiche. Der untere Teil des Körpers produziert Steroidhormone (sie haben mit den Streßreaktionen zu tun), DHEA und die Sexualhormone Östrogen, Progesteron und Testosteron. Der obere Teil des Körpers produziert die Hormone des Gehirns, wie Noradrenalin, Serotonin und Dopamin. Viele dieser Hormone des Gehirns beeinflussen unsere Gefühle, unsere Wahrnehmung und Einstellung. Die Hirnanhangdrüse beispielsweise schüttet Oxytocin und Vassopressin aus, die mit emotionalem Bonding in Verbindung gebracht werden. Oxytocin wirkt länger als die meisten anderen Hormone. Es wird zum Beispiel ausgeschüttet, wenn man verliebt ist. Deshalb kommt man so schwer über eine Liebe hinweg. Bei Säugetieren, die große Mengen von Oxytocin bei ihrer ersten Paarung ausschütten, entsteht eine lebenslange emotionale Bindung. Säugetiere mit geringen Oxytocin-Konzentrationen wechseln öfter ihren Geschlechtspartner.

Die Hormone des unteren und oberen Teils des Körpers beeinflussen den ganzen Körper. Kortisol wird von den Nebennieren im unteren Teil des Körpers ausgeschüttet. Es wird als *Streß*hormon bezeichnet, denn seine Konzentration steigt, wenn wir Streß empfinden, besonders bei emotionalem Streß wie Ärger, Gereiztheit, Frustration oder Angst. Chronisch hohe Kortisolkonzentrationen lassen bekanntlich die Gehirnzellen altern und zerstören sie. Die Menge an produziertem Kortisol wird vom Sympathikus und vom Hypothalamus gesteuert, die beide durch Streß aktiviert werden. Erstaunlicherweise sagen 30 % der Frauen wie der Männer, sie erlebten beinahe täglich „starken Streß“. Bei Streß produzieren unsere Drüsen ständig Adrenalin und Kortisol. Daraufhin steigt der Blutdruck an, die Atmung und die Herzfrequenz beschleunigen sich, und es werden Zucker und Fette in den Körper ausgeschüttet. Bei chronischem Streß kann es zu Bluthochdruck kommen. Es wird geschätzt, daß derzeit jeder vierte über 18 unter erhöhtem Blutdruck leidet. Er ist der gefährlichste Risikofaktor für Herzerkrankungen und Schlaganfälle[5] – und über die Hälfte der Menschen mit Bluthochdruck ist übergewichtig.

Der dritte wichtige hormonelle Körperbereich, das Herz, liegt in der Mitte – zwischen dem oberen und dem unteren genannten Bereich. Das Herz produziert auch zwei Hormone, BNP und ANP. ANP wird von den Wissenschaftlern oft als das *Ausgleichshormon* bezeichnet, denn es hat im oberen und im unteren Körperbereich Rezeptoren. Es beeinflußt die Hirnanhangdrüse und die Nieren. Das Herz hilft, den oberen und den unteren Hormonbereich auszugleichen. Das Herz balanciert auch den parasympathischen und den sympathischen Ast des Nervensystems, die im Körper von oben nach unten verlaufen. Geschlechtsspezifische Unterschiede, wie der Körper mit den „Herzhormonen“ umgeht, sind nicht bekannt. Doch bei allen Menschen reduzieren positive Emotionen die sympathischen Signale des Gehirns und erhöhen die parasympathischen. Diese schützen Herz und Körper, senken den Blutdruck und steigern die Immunaktivität. Könnte der Grund dafür, daß Grundwerte sich so stark auf Menschen und erfolgreiche Unternehmen auswirken, der sein, daß sie die Zellen und das Herz selbst ins Gleichgewicht bringen? Herzintelligenz entwickelt sich, wenn Menschen sich konsequent auf ihr Herz und seine äußerst komplexe und integrierende Funktion besinnen.

## Emotionale Intelligenz bei Frauen und Männern

Emotionale Intelligenz scheint bei beiden Geschlechtern relativ gleich ausgeprägt zu sein. Einer neuen Studie zufolge gibt es jedoch zwischen Männern und Frauen einige bemerkenswerte Unterschiede. Frauen scheinen erheblich mehr zwischenmenschliche Fähigkeiten zu haben, Männer ein stärkeres Gefühl für sich selbst. Eine Studie maß mit Hilfe des *BarOn Emotional Quotient Inventory Test* (etwa: BarOn-Test zur Feststellung der emotionalen Intelligenz) die emotionale Intelligenz von 4.500 Männern und 3.200 Frauen in den USA und in Kanada. Der Verfasser der Studie, Steven Stein, stellt fest: „Unsere Ergebnisse legen nahe, daß sich Frauen ihrer eigenen Gefühle und der anderer stärker bewußt sind und mehr soziale Verantwortung empfinden. Männer hingegen haben mehr Selbstachtung und können besser mit Streß umgehen.“

Wenn es darum geht, eine Emotion bei jemand anderem zu bestimmen, ist das Gehirn von Frauen weniger aktiv als das eines Mannes. Männer tun sich schwerer, die Emotion auf dem Gesicht einer Frau zu bestimmen, sie können schwerer ermessen, was sie empfindet und wie ihre Reaktion zu deuten ist. Dies könnte eine Erklärung dafür sein, warum Männer schnell frustriert sind, wenn sie versuchen, weibliche Emotionen zu verstehen, und warum die Kommunikation zwischen den Geschlechtern schwierig ist.

Ein Grund dafür, warum viele Frauen im Verkauf außerordentlich erfolgreich sind, ist ihre Fähigkeit, Menschen einschätzen zu können und auf ihre Bedürfnisse zu reagieren. Diese Fähigkeit hat ihnen viele Kunden beschert. Umfragen zur Kundenbetreuung haben immer wieder gezeigt, daß viele Kunden der Überzeugung sind, Frauen hörten genauer auf ihre Bedürfnisse als Männer und seien stärker darauf bedacht, auf sie einzugehen. Diese Kunden hatten insgesamt das Gefühl, daß sie für diese Verkäuferinnen mehr waren als eine Nummer und daß ihre Anliegen ernst genommen und wertgeschätzt wurden.[6]

## Kommunikationsstile

Männer und Frauen kommunizieren offensichtlich sehr unterschiedlich. Dies kann an einem von Männern dominierten Arbeitsplatz viel Verwirrung stiften und mißverstanden werden. Da in den Führungspositionen immer noch die meisten Führungskräfte Männer sind, ist es wichtig, sich die verwirrenden Signale, die in einer Kommunikation auftreten können, zu vergegenwärtigen:

- Manche Frauen versuchen sich nach Kräften auf eine Präsentation oder Besprechung vorzubereiten, bewerten sich aber innerlich ungenügend. Wenn die Herzintelligenz eine inkohärente Emotion wie Furcht, Angst oder Unsicherheit registriert, dann wird dieses elektromagnetische Signal ausgestrahlt, auch wenn die Worte und die äußere Erscheinung gelassen, ruhig und gefaßt sein mögen. Dies kann eine Erklärung dafür sein, warum Frauen oft ignoriert werden, wenn sie ihre Ideen vortragen und der Mann, der das als *seine* Idee wiederholt, die ganze Anerkennung bekommt.
- Männer wie Frauen können auf unterschiedliche Art indirekt kommunizieren. Männer sind oft ungenau, wenn es um Themen wie Gefühle oder Emotionen geht. Frauen sind oft ungenau, wenn sie ihren Mitarbeitern Aufträge erteilen. Männer sind eher direkt, wenn sie andere bitten, etwas zu tun; deshalb betrachten sie die Indirektheit einer Frau eventuell als Zeichen von Schwäche oder Unentschlossenheit. Wenn Sie bei Ihrer Kommunikation mit Hilfe Ihrer Intuition zuhören und das FREEZE-FRAME-Sofortprogramm anwenden, bevor Sie sprechen, dann sind Sie auf dem besten Weg, Ihre Kommunikation flexibel zu machen und zu stärken. Sie können intuitive Intelligenz entwickeln, mit der Sie mit dem anderen Menschen angemessen kommunizieren können.
- Frauen achten sehr oft auf ihre Worte, deren Folgen und Eindruck auf andere. Viele Frauen fügen in ihre Geschäftssprache öfter „bitte“ und „danke“ ein als Männer. Frauen versuchen auch häufig dazu beizutragen, daß Menschen sich wohlfühlen, aber dieser Zug kann auch als Widerwillen angesehen werden, die Verantwortung zu übernehmen. Um es noch einmal zu wiederholen: Wenn Sie den einflußreichsten Teil Ihres Körpers – das Herz – entscheiden lassen, wie oft Sie

bestimmte Wendungen benutzen und wie Sie interagieren, dann haben Sie den Schlüssel dafür, wie Sie mit anderen in Verbindung treten können, ohne Ihren Grundwerten untreu zu werden.

## Die geschlechtsspezifischen Unterschiede global betrachtet

Geschlechtsspezifische Themen in der Gesellschaft können die Kohärenz eines Unternehmens beeinflussen. Frauen haben in vielen Ländern ihre Rechte erweitert, doch die meisten Frauen sind weltweit immer noch Bürger zweiter Klasse. Entwicklungsländer orientieren sich an den Standards des Westens, doch der Zusammenbruch der modernen westlichen Familie und die Herausforderungen, denen sich „westliche" Frauen heute gegenübergestellt sehen, sind nicht unbedingt die Zukunft, die sich Entwicklungsländer vorstellen, oder Standards, die sie übernehmen wollen. Wie Frauen im sogenannten Westen diese Themen angehen, entscheidet, ob sie ein positives Rollenvorbild für den Rest der Welt sein werden oder nicht.

Kürzlich trafen wir uns mit den fünf ranghöchsten weiblichen Führungskräften eines großen, multinationalen Unternehmens. Sie erklärten, in ihrer Firma habe sich wegen des Trends zur politischen Korrektheit die Rolle der Frauen in den letzten Jahren verschlechtert. Vor 20 oder 30 Jahren waren Männer Frauen gegenüber, die sich in Unternehmen hochzuarbeiten versuchten, ganz offen feindselig eingestellt. Jetzt wissen die gleichen männlichen Angestellten, daß solche Äußerungen angesichts vieler erfolgreicher Frauen in der Öffentlichkeit tabu sind – doch die Frauen erfahren die Ächtung dennoch, sie geschieht jetzt nur versteckter. Besagte fünf Frauen sehnten sich nach den „alten Zeiten" zurück, als die Feindseligkeit zumindest eindeutig war und zum Ausdruck gebracht wurde.

Viele Frauen haben das Gefühl, daß ihr Weiterkommen unterstützt wird bis zu dem Punkt, an dem die zuständigen Männer sich entschließen, den Riegel vorzuschieben. Mittlerweile beklagen sich viele Männer, daß Frauen anscheinend beides wollen: Sie wollen umsorgt, ernährt und verhätschelt werden *und* all die betrieblichen Vergünstigungen und die Macht obendrein. Dies wird von vielen Männern als doppelte Botschaft angesehen, die für das männliche Ego verwirrend und oft auch bedrohlich ist. Sexuelle Belästigung, körperlich ausgedrückte Aggression,

Vergewaltigung und Mißbrauch nehmen zu bzw. werden bekannt. Die 90er Jahre wurden zu einer Zeit ungeheurer Frustration und Wut zwischen den Geschlechtern. Oft wird das Ventil empfohlen „Laß nur alles raus", um Dampf abzulassen. Doch das reine Ausagieren und Loslassen bringt keine Erleichterung. In vielen Frauen- und Männergruppen ist es immer noch üblich, Männern, Frauen, Eltern, der Regierung, der Gesellschaft oder sonstwem wegen bestehender Probleme Vorwürfe zu machen. Doch Vorwürfe schwächen den Einzelnen, und sie verstärken die Opferhaltung. Vom physiologischen Standpunkt aus halten Vorwürfe die Menschen in einer selbst erschaffenen Welt hormonellen und bioelektrischen Ungleichgewichts. Der Preis für Vorwürfe ist hoch, für Männer wie für Frauen.

## Was Frauen tun können

Weibliche Intuition ist nicht nur ein Märchen alter Frauen, sie ist eine reale, intelligente, innere Kraft, die immer deutlicher und zuverlässiger zur Verfügung steht, wenn man sie konsequent nutzt. Ganz allgemein scheinen Frauen oft einen leichteren Zugang zu ihrer Intuition zu haben, wodurch sie eher den Gesamtzusammenhang sehen können. Das soll nicht heißen, daß Männer nicht intuitiv sind oder daß Frauen neue Sichtweisen immer schneller erfassen. Jede und jeder kann Intuition entwikkeln. Frauen sind vielleicht im Vorteil, weil ihre nährende Seite sie in bestimmten Bereichen sensibler macht.

Wenn man die eigene Intuition entwickelt, wird man auch einfühlsamer, authentischer und verständnisvoller, was vor allem in einem von Männern beherrschten Umfeld die Effektivität erhöht. Authentische Stärke und Effektivität entstehen dann, wenn man in seinem ganzen System Kohärenz entwickelt und besonders die Intelligenz und Kraft des Herzens nutzt. Zu einem negativen Gegenschlag im Zusammenhang mit Macht kommt es, wenn die Macht von einem starken Ego aus angetrieben wird, ohne daß das Herz die Absicht steuert. Mit anderen Worten, es dürfte produktiver sein, anders beruflich weiterzukommen als mit „roher Gewalt". Wenn Sie etwas mit aller Gewalt durchsetzen und dabei Grenzen durchbrechen, müssen Sie sich wahrscheinlich noch um die Scherben kümmern.

Das ganze System zu stärken heißt zu lernen, wie man das Herz und den Verstand in ein kreatives Joint-venture bringen kann. Die Herzintelligenz sorgt für ausgewogene Stärke und läßt die eigene Individualität (die leidenschaftliche Verwirklichung der eigenen Grundwerte zu Themen wie Geschlechterrollen, Arbeitssituation, Familie, Gesundheit oder zu sozialen Fragen) ‚online' gehen. Die Kraft des Herzens ist der Kanal dafür, daß sich Geist und Intelligenz in jedem Lebensbereich manifestieren können.

Frauen täten gut daran, ihre natürliche Intuition und Einfühlsamkeit bei ihrem Umgang mit Männern am Arbeitsplatz und für das Betriebsklima stärker zu nutzen. Es geht dabei nicht ‚nur' um Gleichberechtigung, sondern vielmehr um Intelligenz, Ausgewogenheit, Gelassenheit und Entschlossenheit am Arbeitsplatz. Die Stärke und Intelligenz einer ausgeglichenen Frau sind beeindruckend und sollten gewürdigt und respektiert werden. Nur allzuoft verlieren Männer die Achtung vor Frauen, wenn diese versuchen, aggressiv zu konkurrieren. Es kann für Frauen frustrierend sein, bestehende Ungleichheit wahrzunehmen. Die Rolle der Frau in der Gesellschaft muß sich faktisch ändern. Doch Frauen sollten darauf achten, daß ihre Frustration sie nicht von manchen ihrer natürlichen Fähigkeiten abschneidet; denn ihre eigenen Ressourcen verleihen ihnen Stärke, einen recht leichten Zugang zu ihrer Intuition und zu ihrem fürsorglichen und einfühlsamen Wesen.

Wer die Inner Quality Management-Methoden anwendet, entwickelt Kohärenz und Herzintelligenz; sie befreien auch den Geist, in dem kohärente Männer und Frauen leben. Ausgewogenheit ist der Schlüssel dazu. Es ist wichtig, daß Frauen respektiert und leistungsstark werden, ohne ihre weiblichen Qualitäten zu verlieren. Beide Geschlechter bemühen sich, viel zu erreichen, erreichen das aber oft nicht, weil sie allein ihren Verstand aktivieren, ohne das Herz. Es tritt dann nur das unkontrollierte Ego auf den Plan, die nötige Sensibilität und der gegenseitige Respekt entfallen. Frauen teilen zwar die Gefühllosigkeit des männlichen Egos nicht, müssen aber aufpassen, es nicht in ihrem Streben nach Gleichheit zu kopieren. Gleichheit ohne „Qualität" bedeutet Erschöpfung und Streß. Dann ist das Ergebnis nicht eine wirkliche Errungenschaft. Was nützt Gleichheit, wenn Ausgeglichenheit, Erfüllung und Gesundheit auf der Strecke bleiben? In dem Fall wäre Leben nur *Überleben*, aber nicht wirklich *Leben*.

Streben Sie eine Gleichheit an, die von Ausgewogenheit und Reife geprägt ist! Die Zeiten ändern sich, und die Rolle der Frau im Wirtschaftsleben verändert sich sehr rasch zum Positiven. Manchmal sieht das zwar nicht ganz so aus, aber haben Sie Geduld. Wenden Sie sich an Ihr Herz, wenn Sie geschlechtsspezifische Probleme am Arbeitsplatz feststellen, und lassen Sie sich in Ihrem Handeln von Ihrer intuitiven Intelligenz leiten. Sie erreichen Gleichheit schneller, wenn Sie auf dem Weg dahin Ihr Herz nutzen; außerdem bewahren Sie so Ihren inneren Frieden.

## Das Gleichgewicht des Herzens anstreben

Ausgewogenheit fehlt der Gesellschaft am Anfang des neuen Jahrtausends als Leitgedanke. Vieles an den Arbeitsplätzen ist eindeutig aus dem Gleichgewicht. Unsere Sichtweise von uns selbst, vom anderen Geschlecht und von anderen Kulturen ist eng und rigide und schränkt uns selbst ein. Unkontrollierte mentale und emotionale Reaktionen haben zu festzementierten Denkweisen geführt, die sich zu dem entwickelten, was wir *Geisteshaltung* nennen. Die männliche und weibliche Intelligenz kommt erst dann ganz zum Vorschein, wenn diese Haltung nachläßt. Wenn Frauen eine solche Geisteshaltung haben – sie haben ein festes Ziel vor Augen und bemühen sich oder kämpfen darum, es zu erreichen –, wiederholen sie die männliche, dominante Handlungsweise. Sie setzt Männern und Frauen gleichermaßen zu.

## Der Standpunkt des Herzens

Die kohärente Frau, die ihre Kraft aus sich selbst schöpft, lernt, unüberlegte, energieraubende Einstellungen zu umgehen. Sie will vermeiden, die gleichen energieraubenden Kämpfe der letzten 30 Jahre zu wiederholen, denn sie will etwas Bleibendes schaffen. Sie erkennt, daß dieses Handeln intelligenter und effizienter ist. Der Standpunkt des Herzens ermöglicht eine neue Dimension der Stärke und Erneuerung, denn von ihm aus werden Grundwerte verwirklicht. Unüberlegtes mentales und emotionales Reagieren, das den „Lärm" in einem sowieso lauten System nur verstärkt, läßt sie außen vor. Das bewußte Vorhaben des Herzens ist der erste Schritt; er geht von der intuitiven Verbindung und dem Gleichgewicht zwischen Verstand und Herz aus und gibt beiden mehr Gewicht. Ein kohärenter Standpunkt des Herzens ändert vielleicht keine Weltpolitik und keine männlichen Einstellungen; auch werden Gesetze nicht über Nacht geändert, ebensowenig wie sich die Gesellschaft schnell zu ändern vermag – aber auch Männer haben heute einen neuen Zugang, nämlich durch ein respektvolles Innehalten, Hinschauen und Zuhören. Es ist schwierig, gegen kohärente Intelligenz zu argumentieren.

Wir haben festgestellt, daß man mit Hilfe intuitiver Intelligenz geschlechtsspezifischen Fragen konstruktiv begegnen kann. Wir beiden Autoren glauben als Männer nicht, daß die Frauen versuchen, das Steuer zu *übernehmen*, sondern wir sehen, daß sie uns Männer auffordern, zu *rutschen*, damit beide fahren und den Weg zeigen können. Wir engagieren uns für die Verwirklichung einer Gleichstellung, die die unterschiedlichen Stärken beider Geschlechter respektiert. Unserer Erfahrung nach will die überwältigende Mehrheit der Frauen Mitspielerin sein, nicht Eroberer – sie wollen nicht an allem einen *gleichen* Anteil haben. Dies braucht auf das männliche Ego nicht bedrohlich zu wirken. Männer und Frauen sind nötig, um ein intelligentes, kohärentes Ganzes zu schaffen. Das nährende Einfühlungsvermögen der Frauen ermöglicht, daß sie Stärke und Intelligenz einsetzen können, um im Leben anderer Menschen und in der Welt einen Wandel herbeizuführen. Männer sind oft mehr in Strukturen und Pläne vertieft; sie sind nicht nur machthungrige Faulenzer. Männer lernen, ebenso wie Frauen, Kohärenz und Ausgewogenheit zu entwickeln. Für Männer besteht die Herausforderung darin, eine neue Reife zu entwickeln und dabei eine uralte Annehmlichkeit loszulassen – die Macht, mit der sie die Gesellschaft beherrscht haben. Kluge Spieler sind an ihrer Fähigkeit zu erkennen, die Stärken des männlichen und weiblichen Potentials zur Verbesserung des Ganzen ausgewogen zu nutzen. Die Globalisierung und das Internet sind nur wenige Beispiele für diesen unaufhaltsamen Trend zur Ausgewogenheit. Das ist das neue Paradigma, aus dem die wirklichen Lösungen hervorgehen.

## Das innere Gleichgewicht zwischen männlichen und weiblichen Anteilen

Wie in einem elektrischen Stromkreis ein Plus- und ein Minuspol vorhanden sind, so sind auch in jedem Menschen männliche und weibliche Anteile vorhanden. Wenn diese Pole im Inneren ausgeglichen sind, gewinnen wir innere Stärke, die uns als Individuum Kraft gibt und uns nichts von unserer Männlichkeit oder Weiblichkeit nimmt.

- Als typisch männlich gelten Eigenschaften wie Aggression, Stärke, Kraft, Mut.
- Als typisch weiblich gelten Eigenschaften wie das Nährende, Fürsorge, Einfühlungsvermögen, Empfänglichsein.

Auch das Herz hat männliche und weibliche Eigenschaften. Das „weiche Herz“ ist rezeptiv, nährend und feminin in seiner Polarität. Das „starke Herz“ ist mutig, bestimmt und maskulin in seiner Polarität. Für kohärente Stärke brauchen eine Frau, ein Mann, ein Unternehmen ein Gleichgewicht zwischen beiden Polaritäten. Harmonie („Entrainment“) ist der

Zustand, wenn der männliche und der weibliche Pol im Inneren „gleich ticken“. Wenn Sie Ihren inneren männlichen und ihren weiblichen Pol ausgleichen, verbessert sich Ihre bioelektrische Verfassung und damit Ihre Effektivität. Einige Frauen haben das Bedürfnis, aggressiver zu werden, um von Männern respektiert zu werden – besonders am Arbeitsplatz. Oft wissen sie nicht, wie sie ihre Durchsetzungsfähigkeit mit ihrer nährenden Seite in Einklang bringen können. Der Frauenbewegung ging es darum, die männliche Seite der Frauen mit der weiblichen ins Gleichgewicht zu bringen. Die kleinere, aber an die große Glocke gehängte Männerbewegung war vor allem ein Streben der Männer, die nährende Seite in ihnen zu entwickeln und sich das *Fühlen* zu erlauben. Das Ziel beider Bewegungen war die eigene Stärkung. Doch wenn der oder die einzelne nicht im Gleichgewicht ist, ruft eine Stärkung nur ‚Kurzschluß‘ hervor; Streß, Ärger, Wut und Vorwürfe an das andere Geschlecht sind oft das Ergebnis. Wenn das neue Bemühen der Frauen nur auf den alten Weg begrenzt bleibt und versucht, die Mann-Frau-Thematik anzugehen, dann hält das nur bestehenden Ärger, Separatismus und unkonstruktiven Wettbewerb aufrecht. Ein ausgewogener, mitfühlender Ansatz führt zu einem Gleichgewicht, zu Respekt und kreativen Möglichkeiten für das Ganze. Die Mann-Frau-Probleme detailliert in der Öffentlichkeit zu diskutieren, ist ein Anfang. Oft wissen Männer gar nicht genau, wie einschüchternd und quälend manche ihrer Kommentare und Gesten für Frauen sind. Viele Männer, die selbst in ihrem Leben emotional mißbraucht wurden, bemühen sich auf ihre Weise um ein Gleichgewicht.

Wenn Männer und Frauen die IQM-Methoden anwenden, stellt sich ihr mental-emotionales Gleichgewicht wieder ein. Das konnten wir so in Interventionen mit zahlreichen Klienten feststellen. Wenn Sie üben, sowohl am Arbeitsplatz als auch zu Hause intelligent und aus Ihrem Herzen heraus zu leben, werden Sie feststellen, wie Sie Ihre Energie ins Gleichgewicht bringen und umschalten können und wie Sie im jeweiligen Augenblick angemessen reagieren. Wenn geschlechtsspezifische Probleme auftauchen, schalten Sie Ihre Aufmerksamkeit von verständlichen, spontanen, emotionalen Reaktionen um auf die intuitive Intelligenz des Herzens. Konzentrieren Sie sich auf Ihr Herz, und lassen Sie sich von Ihrer Intuition leiten, damit Sie effektiv und intelligent mit jedem Problem umgehen können.

## Den Wettbewerb zwischen Frauen und Männern verringern

Wenn das Ego, die selbstbezogene Haltung, nicht durch die eigene Intuition ausgeglichen und kontrolliert wird, kann es zu einem ernsten Problem werden. Die Intuition des Herzens erzeugt eine ausgleichende Energie dazu. Durch sie kann das Ego klug kanalisiert und beibehalten werden, ohne daß es zu Handlungen führt, die Müdigkeit und Burnout verursachen. Dieser Prozeß des Ausgleichens ist der neue Trick, den wir lernen können, um uns zu regenerieren und um erfüllt zu sein. Andernfalls schwillt das Ego, sobald es stimuliert wird, und verbrennt die Energie in unserem System schneller als wir uns regenerieren und erneuern können. Im allgemeinen wird die Stimulation durch das Ego mit Glück und Erfolg assoziiert. Doch eine ständige Stimulation, die nicht von der *nährenden Kraft des Herzens ausgeglichen wird*, führt zu einem hohen Maß an Burnout. Dann fragt man sich im nachhinein, was bloß geschehen ist, seitdem man sich in einer Glückssträhne wähnte. Die Energie, die verbraucht wird und notwendig ist, um einander zu überbieten, besonders im Kampf zwischen den Geschlechtern, zahlt sich nicht wirklich aus – sie rächt sich aber stark.

Ein unkontrolliertes Ego ruft ein ähnliches Stimulationsszenario hervor wie Drogenabhängigkeit, es entwickelt sich nur langsamer. Viele Frauen und Männer sind von Überreizen abhängig und beschreiben und rechtfertigen sie als Leistung oder lebenswichtiges Bedürfnis. Doch auch dieser Zustand führt auf einem scheinbar angenehmen Weg in die Erschöpfung. In dem unbemerkten Ehrgeiz, für sich allein nach Erfüllung zu streben, liegt die eigentliche Ursache vieler Probleme von Männern und Frauen – die eigentlich auf der Suche nach Glück und Ganzheit sind. Entscheidend dafür, gleichzeitig die Stimulation durch das Ego *und* Ausgeglichenheit zu erleben, ist, die Stärke und die nährende Kraft der Herzintelligenz zu entdecken. Dies führt zu innerem Frieden und zu äußerem Wohlstand.

Viele Unternehmen sind extrem wettbewerbs- und leistungsorientiert. Angestellte nutzen dann – geradezu hilflos – die Antriebskraft ihres Egos hilflos und bewegen sich dabei weg von ihrer eigenen Mitte. Das führt zu mentalem und emotionalem Energieverlust. Männer haben dies jahrelang getan und so die von Männern beherrschte Gesellschaft geschaffen. Auch Staaten haben dies getan und dadurch zum Ungleichgewicht zwischen Armen und Reichen in der Welt beigetragen. Im Namen des Fortschritts und der Gleichberechtigung sind auch zahlreiche Frauen in diesem Sinne ehrgeiziger geworden. Der daraus resultierende mentale und emotionale Energieverlust wirkt sich auf den Körper wie eine Sikkerblutung aus und öffnet allen möglichen Erkrankungen Tür und Tor. Als Folge davon wird das Leben oft zum Klischee – nach außen hin hält man eine schwungvolle Fassade aufrecht, ohne aber in der Lage zu sein, die Tiefe des Lebens zu empfinden.

## Die nächsten Schritte

Warum befinden wir uns in diesem Zustand? Warum fühlen sich Männer so bedroht? Welche Richtung schlagen wir *jetzt* ein? Es geht nicht um die gläserne Decke, die leicht einbricht (amerikanische Bezeichnung für das Ende der Karriereleiter für Frauen), die gleiche Bezahlung für gleiche Arbeit, die sexuelle Belästigung oder andere Probleme, die die Gleichheit belasten, sondern auch um Männer, die in einem Teufelskreis gefangen sind und innere Stärke durch die Brille äußerer Ausbeutung betrachten (diese Haltung zahlt sich nicht aus, obwohl sie kurzfristig vielen Männern äußerst vorteilhaft erscheint). Wenn Frauen sich an die Intelligenz und Stärke ihrer Grundwerte halten, können sie ganz leicht eine Magnetwirkung erzeugen, die Fairneß und Gleichheit anzieht. Diese neue Stärke erzeugt ein Energiefeld, das neuen Respekt und einen fairen Austausch zwischen Männern und Frauen in ihren Interaktionen und in der Politik zur Folge hat. Wir sind davon überzeugt, daß diese Herangehensweise viel schneller zum Ziel führt als das Umsichwerfen mit Schlagworten. Wir wollen es noch einmal ganz klar sagen: Die politischen Änderungen und die offenen Fragen müssen dringend angegangen werden – doch zu Lösungen findet man viel schneller, wenn all das mit Herzintelligenz gespeist wird. Unternehmen müssen sich ihres inneren Ungleichgewichts bewußt werden und dazu beitragen, daß Kohärenz entwickelt werden kann. Gleichzeitig sind Männer und Frauen in Unternehmen ihr ganzes Leben lang dafür verantwortlich, in sich selbst das Gleichgewicht zu suchen oder aufrechtzuerhalten.

Am Beginn des neuen Jahrtausends lassen sich die Herausforderungen des Gleichgewichts zwischen Männern und Frauen folgendermaßen zusammenfassen:

- Im persönlichen Leben hat jeder von uns die Gelegenheit – und die Verantwortung – ein ausgewogeneres Verhältnis zwischen den männlichen und weiblichen Anteilen im eigenen Inneren herzustellen (dies bildet die Grundlage für den Respekt anderen gegenüber). Das erfordert, latente und schlummernde Qualitäten zu stärken und allzu hervortretende Eigenschaften, die Vitalität rauben und uns von anderen entfremden, zurückzunehmen.

- Im persönlichen Leben können wir die Prinzipien kohärenter Kommunikation anwenden. Dadurch können wir die Unterschiede zwischen Männern und Frauen (ebenso wie die multikulturellen Unterschiede) verstehen und respektieren. Es ist an der Zeit, Menschen, die anders sind als wir selbst, mit größerer Reife zu begegnen. Dies erwarten wir von anderen uns gegenüber auch.
- Unternehmen haben die Pflicht, inkohärente Bereiche aufzudecken; und zwar inkohärent in bezug auf geschlechtsspezifische Fragen und auf die Ausgewogenheit zwischen Arbeit und Privatleben. Vor allem müssen Unternehmensleitungen erkennen, was in ihrem Betrieb wirklich abläuft.
- Ausgewogenheit wird künftig das herrschende Prinzip für die Denkweise und das Handeln in Unternehmen sein, um ungesunden Wettbewerb, Ausschluß und Ungerechtigkeit zu reduzieren.

Viele Unternehmen erkennen die Wichtigkeit solcher Fragen noch nicht oder nehmen vielleicht an, damit hätte man „hier“ keine Probleme. Doch durch gründliches Nachdenken könnten die Entscheidungsträger erkennen, daß selbst leistungsstarke Weltklasseteams vor Herausforderungen stehen, die zwar subtil, doch sehr tiefgehend sein können. Eine Stabilität von heute kann morgen erschreckend gefährdet sein. Die mögliche sprunghafte Steigerung der Kreativität, Zusammenarbeit und Effektivität, die bereits bescheidene Verbesserungen in der Kohärenz zwischen männlichen und weiblichen Polen oder Anteilen mit sich bringen könnten, sind eindeutig der Mühe wert.

## Anmerkungen

1. Seth Lublove, „Damned If You Do, Damned If You Don't“, in: *Forbes* (15. Dezember 1997).
2. Karl H. Pribram und Deborah Rozman, „Early Childhood Development and Learning: What New Research on the Heart and Brain Tells Us About Our Youngest Children“, Vortrag gehalten bei der *White House Conference on Early Childhood Development and Learning* (dt. etwa „Konferenz über Entwicklung und Lernen in der frühen Kindheit“), San Franzisko 1997.
3. Janet C. Wylie, *Chances and Choices: How Women Can Succeed in Today's Knowledge-Based Businesses*. Vienna, VA, USA: EBW Press, 1996.

4. Zitiert in dem Reuters-Artikel „Language Regions of Brain Are Larger in Women“, aus einer Studie von Jenny Harasty, in: *Archives of Neurology* 54 (1997), S. 171–176.
5. „Common Sense About Feeling Tense“, in: *Heart at Work Program*, American Heart Association, 1995.
6. Wylie, *Chances and Choices*.

# 4. Dynamik

# Strategien und Erneuerung

1. Ausgewogenheit ist der Leitgedanke für sich selbst erneuernde Unternehmen.
2. Folgende Führungsqualitäten werden als entscheidendes strategisches Muß betrachtet:
   - Mit Hilfe des Modells der harmonischen Systeme („Entrained systems") können effektive *Teams* gebildet werden.
   - *Coaching* garantiert die fortwährende Erneuerung und ein dauerhaftes Wachstum kohärenter Unternehmen.
3. Komplexe Entscheidungsfindung und Projektplanung erfordern das Denken in großen Zusammenhängen.
4. Kohärente Menschen und kohärente Prozesse führen zu *Kreativität* und *Innovation*.

# Kapitel 12
# Ein kohärentes Unternehmen leiten

Die Methoden des Inner Quality Management wirken sich auf den einzelnen, auf Teams und auf das ganze Unternehmen erneuernd aus. Hervorragende Organisationen verhalten sich wie sich selbst erneuernde Systeme, die sich ständig innerlich und äußerlich nähren. Sie sind den feinen und den tiefgreifenden Veränderungen innerhalb und außerhalb des Unternehmens gegenüber sehr wachsam und können sich auf intelligente Weise an sie anpassen. In einer Zeit nie gekannter Beschleunigung ist dies ein strategisches Muß für Erfolg.

Üblicherweise wird der Begriff *Strategie* verwendet, um eine klare Vision und umfassende Pläne zu beschreiben, die entwickelt wurden, um bestimmte betriebliche oder persönliche Ziele zu erreichen. Das Problem heutzutage ist, daß strategisches Denken sehr schnell überholt ist. Vielmehr sind genau für die heute erforderliche Innovation und Flexibilität umfangreiche Strategien kontraproduktiv, die ausschließlich auf analytischem Denken oder auf Konkurrenzanalysen beruhen. Viele große Unternehmen verbinden Strategien heute nur mit kurzfristigem Profitdenken – was für die Existenzfähigkeit eines Unternehmens äußerst schädlich ist. Wenn diese Herangehensweise zur alles bestimmenden Denkweise wird, dann ist das Planen wichtiger als die Orientierung auf Interessengruppen – Kunden, Mitarbeiter, Händler und die Gesellschaft. Künftig wird die Strategie nur als ein Faktor betrachtet werden – wenn auch als wichtiger –, der die Existenzfähigkeit gewährleistet; die individuelle und betriebliche Kohärenz bilden die Grundlage dafür. Wir sind überzeugt, daß *das entscheidende strategische Muß*, wenn man im 21. Jahrhundert erfolgreich sein will, darin besteht, Anpassungsfähigkeit, Kohärenz und Herzensqualitäten auf allen Organisationsebenen zu entwickeln. Dazu paßt das erste Thema der 4. Dynamik:

*Ausgewogenheit* ist der Leitgedanke für sich selbst erneuernde Unternehmen.

Ein Gleichgewicht zwischen allen vier Komponenten des IQM – psychisches Selbstmanagement, kohärente Kommunikation, verbessertes Betriebsklima sowie Strategien und Erneuerung – kann sicherstellen, daß ein Unternehmen widerstandsfähig, beweglich und immer innovativ ist. Ausgewogenheit bedeutet in diesem Zusammenhang nicht, daß das Unternehmen stagniert oder stillsteht. Ausgewogenheit bedeutet vielmehr, daß man das Unternehmen selbst und seine Umgebung aufmerksam und flexibel wahrnimmt und gegensteuert, wenn es vom Kurs abkommt. Ein Unternehmen kann sich nur so weit erneuern, wie die Individuen in ihm sich erneuern und wie sie dazu ermuntert und dafür belohnt werden.

## Die Service-Gewinn-Kette

Das erste Thema der vierten Dynamik wird unterstützt durch die Ergebnisse einiger auffallender Untersuchungen in Organisationen. Wie also erneuern sich leistungsstarke Unternehmen ständig selbst? Muster solcher Erneuerungen in Unternehmen wurden erstmals 1994 beschrieben, als James Heskett, W. Earl Strasser und Leonard A. Schlesinger an der *Harvard University Graduate School of Business Administration* von einer bahnbrechenden Untersuchung zu einer Idee sprachen, die *Service-Gewinn-Kette*[1] genannt wird. Diese Service-Gewinn-Kette (Abb. 12.1) wurde aus den Analysen erfolgreicher Dienstleistungsunternehmen entwickelt, darunter *Southwest Airlines*, *Wal-Mart*, *Intuit Corporation*, *Taco Bell* und *MCI*. Sie stellt einen eindeutigen Zusammenhang zwischen Rentabilität, Kundentreue, Zufriedenheit der Angestellten, Loyalität und Produktivität her. Die Verbindungsglieder in dieser Kette sind folgende:

- *Profit und Wachstum* werden in erster Linie durch die Kundentreue angeregt.
- *Loyalität* ist ein direktes Ergebnis der Kundenzufriedenheit.
- Die *Kundenzufriedenheit* wird größtenteils vom Wert der Serviceleistungen beeinflußt, die den Kunden geboten werden.
- Den *Wert* machen zufriedene, loyale und produktive Angestellte aus.
- Die *Produktivität* ist zum großen Teil das Ergebnis von zufriedenen Angestellten.
- Die *Zufriedenheit der Angestellten* wiederum resultiert aus qualitativ hochwertigen Unterstützungsleistungen und -maßnahmen – der inneren Qualität eines Unternehmens, durch die die Angestellten den Kunden Ergebnisse bieten können.

- Die *innere Qualität* eines Unternehmens resultiert aus der *Führung*, die versteht, daß die Mitarbeiter, die ‚an vorderster Front' arbeiten, und Kunden das Hauptaugenmerk der Geschäftsleitung sein müssen.

*Abbildung 12.1: Die Service-Gewinn-Kette (siehe Heskett u. a. 1997).*

Das Modell des IQM zur betrieblichen Kohärenz paßt gut zu dieser Studie. Das Fehlen oder Vorhandensein des psychischen Selbstmanagements, kohärenter Kommunikation, eines gesunden Betriebsklimas und von Strategien und Erneuerung ist in jedem Glied dieser Kette erkennbar. Die Service-Gewinn-Kette lenkt den Fokus der Geschäftsleitung auf zwei wichtige Ideen:

1. Tun Sie alles Erforderliche, um die Bedürfnisse der Kunden, die Sie als Zielgruppe haben, zu ermitteln und ihre Loyalität und Zufriedenheit zu gewährleisten.
2. Erreichen Sie dies, indem Sie soweit als möglich den Mitarbeitern die nötige Freiheit und Unterstützung geben, um der Kundenzielgruppe hohe Qualität zu liefern.

Kurz gesagt, sorgen Sie innerhalb des Unternehmens und in jedem ‚Kettenglied' für Kohärenz und Ausgewogenheit.

Wenn man das Modell der Service-Gewinn-Kette genauer betrachtet, fallen einige interessante Beobachtungen auf. Heskett und seine Koautoren bemerken, daß die besonderen Leistungen der angeführten Unternehmen nicht zufällig auftraten. Sie wurden auch nicht allein aufgrund eines exzellenten Plans oder Designs erzielt.

„Sie (die besonderen Leistungen) resultierten aus der außergewöhnlichen Führung einer kleinen Gruppe hervorragender Leute, die stillschweigend die Beziehungen in der Service-Gewinn-Kette verstanden und sie umsetzten, um Unternehmen zu kreieren, die in der Lage waren, die wechselnden Kundenbedürfnisse zu erkennen und sich ihnen anzupassen, und die sich darum kümmerten, daß in ihren Unternehmen eine Kultur entstand, die die Firma in künftigen Höhen und Tiefen unterstützt."[2]

*Southwest Airlines*, eine Fluggesellschaft, mit der wir übrigens gerne fliegen, konzentriert sich auf folgendes: ein hoher Standard für Kunden, die häufig relativ kurze Strecken fliegen, zu einem Preis wie dem des eigenen Autos. Die amerikanische Öffentlichkeit verbindet mit *Southwest* eine hohe Qualität, die sich in häufigen Flügen und pünktlichen Landungen widerspiegelt. Hohe Qualität bedeutet auch, daß loyale Angestellte die Kunden persönlich kennen, denn sie arbeiten schon lange genug am Schalter, um Hunderte von häufig fliegenden Passagieren namentlich zu kennen.[3] *Southwest* ist eindeutig ein äußerst kohärentes Unternehmen, das sich ganz klar auf seine Mitarbeiter und seine Kunden konzentriert.

Jeder Jazzmusiker weiß, daß für eine wunderbare Improvisation Flexibilität und Anpassungsfähigkeit nötig sind. Diese Eigenschaften wurden auch Kennzeichen der Unternehmenskultur bei *Southwest Airlines*. In einem Artikel schreibt Herb Kelleher, der eigenwillige Gründer und CEO von *Southwest*, über die Menschen in seinem Unternehmen:

„Was ist das Geheimnis dabei, ein großartiges Unternehmen aufzubauen? Wie erhält man dauerhaftes Wachstum, Gewinne und den Service in einer Branche aufrecht, die sich buchstäblich über Nacht ändern kann? Und wie erreichen Sie eine Kultur des Commitment und der Leistung, wenn schon das Erwähnen von Loyalität – auf seiten der Kunden, der Mitarbeiter und der Arbeitgeber – wie ein merkwürdiger Anachronismus erscheint? Ich kann im Grunde mit nur drei Worten antworten: *Sei du selbst*!"[4]

Was glauben Sie, wie effektiv dieser Ansatz ist, wenn die Mitarbeiterinnen und Mitarbeiter im Kundendienst nicht innerlich ausgeglichen und kohärent sind? So eine Einstellung läßt sich nicht *anordnen*. Wenn die

Unternehmenskultur den einzelnen nicht dabei unterstützt, daß es ihm gut geht an seinem Arbeitsplatz, mit den Ressourcen, seiner Autonomie, seinem Familiensinn, seinem Gefühl für Ausgewogenheit – wie können dann diese Bemühungen wirkungsvoll sein? Wenn die Unternehmenskultur die Mitarbeiter unterstützt, dann ist es immer noch Sache des einzelnen, *ob er er selbst ist oder nicht*.

In leistungsstarken Unternehmen erkennt das Management den Wert der Zusammenarbeit. Nicht zu vereinbarende Standpunkte und ungesunder Wettbewerb sind die Gegenpole genau der Eigenschaften, die bewegliche und anpassungsfähige Unternehmen der Zukunft brauchen. Der folgende Abschnitt beschäftigt sich damit, welche Führungsqualitäten ausschlaggebend sind, um solche anpassungsfähigen, authentischen und dynamischen Arbeitsbedingungen zu schaffen.

## Führungsqualitäten

Das zweite Thema in der 4. Dynamik beschreibt folgende Führungsqualitäten als entscheidend:

- Mit Hilfe des Modells der harmonischen Systeme („Entrained systems“) können effektive *Teams* gebildet werden.
- *Coaching* garantiert die fortwährende Erneuerung und ein dauerhaftes Wachstum kohärenter Unternehmen.

Heutzutage haben Manager so viel Verantwortung wie nie zuvor. Sie müssen nicht nur die sich ständig ändernde Technologie beherrschen, sich der Politik und Gesetze am Arbeitsplatz bewußt sein und die Marktsituation verfolgen, sondern sich auch um die Bedürfnisse ihrer Beschäftigten kümmern. Man erwartet von ihnen, daß sie ihre Leute unterstützen, wertschätzen, ihnen eine klare Richtung vorgeben, ohne sich in alles einzumischen, Autorität delegieren, um andere zu fördern, – und dies alles mit ihren eigenen privaten und beruflichen Prioritäten in Einklang zu bringen. Das kann entmutigend sein, um es vorsichtig auszudrücken. Mit der wachsenden betrieblichen Verantwortung gewinnt das Selbstmanagement an Bedeutung; ebenso wichtig ist, die Kommunikation zu verbessern und Inkohärenz zu neutralisieren. Die Vielfalt am Arbeitsplatz erfordert auch, auf das Klima zu achten, das Führungskräfte hervorrufen. Die Last kann überwältigend sein; doch die potentielle persönliche und berufliche Entwicklung, die die Herzintelligenz ermöglicht, kann für jede Führungskraft ein Sprungbrett hin zu mehr Effizienz und

Effektivität sein, wenn sie sich nebenbei auf die Teamentwicklung und auf die Coachingfähigkeiten konzentriert.

Eine Studie der *Cornell University's Johnson Graduate School of Management*[5] kam zu dem Schluß, daß Mitgefühl und Teamentwicklung zwei der wichtigsten Eigenschaften sind, die Führungspersönlichkeiten in den nächsten zehn Jahren brauchen, um erfolgreich zu sein. Für diese Studie wurden auch Interviews mit leitenden Angestellten der Firmen geführt, die zu den *Fortune 1000* gehören. Im Gegensatz dazu waren sich junge Betriebswirte, die eben erst ihren Abschluß gemacht haben, mit ihren erfahreneren Kollegen nicht einig über die Bedeutung sozialer Fragen. „Die Ergebnisse zeigen vielleicht, daß die Erfahrung zu einer umfassenderen Definition der unternehmerischen Verantwortung führt. Es wäre interessant, die Betriebswirtschaftsstudenten in 20 Jahren wieder zu befragen und festzustellen, ob sich ihre Positionen verändert haben."

Wir haben bereits dargestellt, daß Harmonie („Entrainment") ein natürlicher Zustand der Synchronisation ist, der überall in der Biologie zu beobachten ist – Vogelscharen, Fischschwärme, die Schrittmacherzellen in unserem Herzen, sie alle funktionieren synchron, und dies sind nur einige wenige Beispiele. Ohne den Begriff „Entrainment" zu kennen, haben wir bereits alle diese Art von Harmonie in unserem sozialen Leben oder im Beruf erlebt oder sie zumindest aus der Entfernung bewundert. Das Prinzip dabei ist, daß komplexe Systeme wie Teams kohärente Mitglieder brauchen, um als Ganzes in höherem Maß kohärent zu sein. Wenn die einzelnen Mitglieder eines Teams besser mit sich selbst umgehen, dann ist ihre Kommunikation weniger gestört und das System kommt in Harmonie. Wenn es harmonisch ist, ist der Sprung auf ein höheres Niveau an Effektivität möglich. Ohne Harmonie in unserem System vergeuden wir Energie. Ohne Kohärenz zwischen unseren Grundwerten und unserem Handeln kommt es zu einer Verzögerung im System; wir können nicht vollständig wir selbst sein.

Dasselbe gilt für Unternehmen. In unharmonischen Teams treten oft Konflikte auf, einzelne halten entscheidende Informationen zurück, und dem Team fehlt eine gemeinsame Vision. Lippenbekenntnisse sind nutzlos, denn die Ergebnisse solcher Teams sind unverkennbar. Es ist wichtig, zu der wirklichen Ursache dessen vorzudringen, was ein Team behindert, welche unausgesprochene Dynamik die Frequenzen möglicher Kohärenz blockiert, welche Ressentiments das ganze System davon abhalten, sich auf das nächsthöhere Kraft- und Effektivitätsniveau einzuklinken („Lock-in"). Perfektion ist nicht das angestrebte Ziel; es geht um die ständige Verbesserung in Verbindung mit Ausgewogenheit.

„Liebe ist die Kraft, die den Geist beflügelt und das Team zusammenhält." (Phil Jackson, in: *Sacred Hoops*)

Wenn in Teams keine Harmonie („Entrainment") herrscht, klafft zwischen den Wahrnehmungen des Kopfes und den Wünschen des Herzens eine Lücke. Ohne Herzintelligenz sieht der Kopf oft unzählige Aufgaben und Details und fühlt sich leicht überwältigt. Teams, die in ihrem Verstand feststecken, fehlen oft die mitfühlenden Eigenschaften, die begünstigen, daß man sich gegenseitig seine Arbeitslast teilt und erleichtert. Sie sehen nur die Last, die Abgabetermine, den Druck. Keine kohärente Vision kann die Dichte des gemeinsamen Elends durchdringen, bis der „Lärm" zunimmt und einen Punkt erreicht, an dem ein Riß in der Fassade auftritt. Nur allzuhäufig treten diese Risse heutzutage aufgrund von Schmerz oder einem Unglück auf – Krankheit oder Tod eines Teammitglieds, eines Kollegen in der Abteilung oder auch eines Angestellten in einer anderen Abteilung. Das wird häufig als Alarm wahrgenommen und kann eine überwältigende Wirkung haben.

Eines der größten und erfolgreichsten weltweit tätigen Unternehmen erlebte, bevor es zu uns zur Beratung kam, in einem Jahr drei Fälle von Suizid in den Reihen seiner Führungskräfte. Einer von ihnen stach sich ins Herz, so stark war sein emotionaler Schmerz. Ein anderer multinationaler Konzern erkannte, daß er sich nach zwei Suiziden unverzüglich mit dem Thema Streß und Kohärenz beschäftigen mußte; eine der beiden Selbsttötungen geschah in einem Verkaufsraum. Sie rüttelte die Angestellten auf. Man spricht heute vom „Ausrasten" – ein zynisches Klischee, um das Verhalten eines verstimmten Angestellten zu beschreiben.

Wir haben die Effektivität von Teams vieler Unternehmen vor und nach den IQM-Trainings statistisch erfaßt. Bei einem global tätigen Energieversorger sank der Prozentsatz des Teams, das angab, sich „oft oder meistens" Sorgen zu machen, von 47 % auf 7 %, die Angst ging von 33 % auf 7 % zurück und der Ärger von 20 % auf 13 % – und das in einem Zeitraum von sechs Monaten. Dasselbe Team erlebte erhebliche gesundheitliche Verbesserungen. Herzrasen ging von 47 % auf 26 % zurück, Spannungen von 40 % auf 7 %, unspezifische Symptome, die man häufig als Wehwehchen beschreibt, von 27 % auf 7 %. Vor dem Training gaben 33 % an, oft oder meistens Schlafprobleme zu haben, nach sechs Monaten waren es nur noch 7 %.

Bei einer weltweiten Elektronikfirma beschrieb ein Design-Team, daß Angst von 70 % auf 14 %, Ärger von 42 % auf 9 % und Müdigkeit von 66 % auf 23 % zurückgingen. Gleichzeitig gingen Schlaflosigkeit von 51 % auf 14 %, Spannungen von 76 % auf 16 % und Wehwehchen von 56 % auf 23 % zurück.

Wurden diese Ingenieure einfach gelehriger und passiver? Kaum. Nach der Schulung ließ der Streß im Team nach, und die einzelnen wurden als Team kohärenter. Dabei stieg die Kreativität von 68 % auf 82 %, die Effizienz schnellte von 48 % auf 80 % nach oben. 83 % der Teammitglieder gaben an, gute Ergebnisse zu erzielen, zwei Monate früher waren es hingegen nur 38 %.

Bei einer anderen einflußreichen High-Tech-Firma waren die Ergebnisse weniger drastisch, bis sie mit den Daten einer Kontrollgruppe verglichen wurden. Für diese Intervention wurden zwei Teams von Design-Ingenieuren aus derselben Abteilung der Firma ausgewählt. Das eine Team nahm an einem eintägigen IQM-Kurs teil und hatte in den folgenden drei Monaten drei kurze Follow-up-Sitzungen. Das andere Team fungierte als Kontrollgruppe und erhielt keine Interventionen. In diesem Zeitraum von drei Monaten verbesserte sich die Schlaflosigkeit von der IQM-Gruppe um 8 %; in der Kontrollgruppe hingegen stieg sie um 18 % an. In der IQM-Gruppe ging das Herzrasen um 17 % zurück, während es in der Kontrollgruppe um 10 % zunahm. Gleichzeitig setzte sich das IQM-Team neue Ziele, um nicht hinter den Rest der Abteilung zurückzufallen, und übertraf all ihre Ziele noch. Größere Produktivität, weniger Streß. Der Abteilungsleiter der Kontrollgruppe bat sofort um so ein Training für sein Team, als er erkannte, daß die Leistung seines Teams hinter der der Kontrollgruppe zurückblieb.

## Energie für Teams

IQM-Methoden können in Teamstrukturen und Teamprozesse integriert werden. So läßt sich die Negativspirale im Team stoppen und auf vielerlei Arten Harmonie entwickeln:

- Freeze-Frame, das Sofortprogramm in fünf Schritten, ist eine ausgezeichnete Methode, um die Kohärenz zu Beginn von Teambesprechungen zu erhöhen. Freeze-Frame läßt sich auch während Besprechungen einsetzen, um wieder auf den Punkt zu kommen, um nach Pausen die Richtung zu klären und um die kreativen Beiträge zu steigern.
- Mit dem „Arbeitsblatt zum Ausgleich von Positiva und Negativa" können Vorschläge, Empfehlungen oder der Verlauf der Besprechung evaluiert werden. Diese Arbeitsblätter eignen sich auch hervorragend zur Selbsteinschätzung, denn sie helfen, den eigenen Fortschritt reali-

stisch abzuwägen, den Erfolg zu feiern und aus Schwierigkeiten zu lernen.

- Die Fähigkeit des intuitiven Zuhörens kann die Grundlage für drastisch effizientere Besprechungen bilden. Hängen Sie die Schritte gut sichtbar auf und erinnern Sie die Teilnehmer daran, daß intuitives Zuhören als „Grundregel“ äußerst wirkungsvoll ist.
- Intuitives Zuhören ist in jeder Besprechung, unabhängig von der Anzahl der Teilnehmer, äußerst wirkungsvoll, denn es gewährleistet die Kohärenz einer neuen Politik oder neuer Entscheidungen. Es spart enorm viel Energie, wenn sorgfältig darauf geachtet wird, daß die Teilnehmer die Kernaussage gehört haben und sie ohne großartige Verzögerung übermittelt wird.
- Eine offene Diskussion innerhalb eines Teams über übermäßige Fürsorge eines einzelnen oder des ganzen Unternehmens kann oft hilfreich sein, Problembereiche zu erkennen, bevor sie zu „emotionalen Viren“ werden, die die Gesundheit des ganzen Unternehmens beeinträchtigen.
- Wertschätzung ist der Schlüssel dafür, daß Besprechungen bedeutend und kraftvoll sind und daß sie zu Ereignissen werden, auf die die Teilnehmer sich freuen, statt sie zu fürchten.

## Wertschätzung

Von allen Bausteinen, die effektive Teams ausmachen, ist Wertschätzung einer der Grundpfeiler. Wertschätzung impliziert, wie bereits erwähnt, einen Wertzuwachs. Alles, was geschätzt wird, gewinnt an Wert. Dies gilt für Beziehungen, die Kreativität und Fertigkeiten eines Teams ebenso wie für materielle Vermögenswerte wie Grundstücke, Aktienkapital oder das Familienauto. (Materielle Güter verlieren freilich nach dem Kauf an Wert, aber der Wertverlust verringert sich beträchtlich, wenn der Gegenstand sorgsam behandelt wird.) Viele Teams prüfen regelmäßig die Lükken in ihrer Leistung, um sich regelmäßig zu verbessern. Dieser Ansatz, sich auf das Defizit zu konzentrieren, kann eindeutig die Leistung steigern, doch zu welchem menschlichen Preis? Ein Mensch, der sich nie gut genug fühlt, dessen Leistung nie ganz dem höchsten Standard entspricht, lebt wahrscheinlich in einer Welt ständiger Angst. Diese Menschen kritisieren sich im nachhinein regelmäßig, deshalb schwankt ihre Leistung zwischen Anfangen und Aufhören, zwischen Hetze und Zögern. Es gibt keinen Fluß in ihrer Arbeit; Angst blockiert den Zugang zu stärkerer Kohärenz. Physiologisch entspricht diese Angst, wie wir wissen, dem Lärm in der Kommunikation zwischen Herz und Gehirn; er behindert die Leistungsfähigkeit und optimale Gesundheit. Die Managementtheorien der alten Schule bestehen zwar noch darauf, daß es die Angestellten im konstruktiven Sinne „hungrig" lasse, wenn man Angst und Druck bestehen läßt; doch Wertschätzung ist weit effektiver und nützt jedem Teil in der Service-Gewinn-Kette.

Damit Wertschätzung für ein Unternehmen wertvoll ist, muß sie *aufrichtig* sein. Auszeichnungen für die oder den Mitarbeiter des Monats und besondere Parkplätze sind gutgemeinte Bemühungen, den einzelnen wertzuschätzen; in vielen Fällen jedoch macht der tief verwurzelte Zynismus am Arbeitsplatz die positive Wirkung solcher Bemühungen wieder zunichte. Viele überlastete Manager lernen in Schnellkursen, ihren Mitarbeitern gegenüber Wertschätzung zu zeigen, um die Moral zu heben. Dazu ein Beispiel, von dem wir kürzlich hörten: Ein weiblicher Offizier der US-Luftwaffe, die sich in der Ausbildung befand, klagte über die Unaufrichtigkeit ihres Vorgesetzten. „Super Arbeit!" war seine permanente Reaktion auf jedes Memo oder auf jeden abgelieferten Bericht. Weil sie dieser mangelnden Aufrichtigkeit überdrüssig war, fragte sie ihre Kollegen, die denselben Vorgesetzten hatten. Dabei erfuhr sie, daß alle Berichte immer mit „Super Arbeit!" kommentiert wurden. Dieser Mangel an Ehrlichkeit hatte einen emotionalen Virus herangezüchtet, den der Vorgesetzte aufgrund seiner hohen Stellung nicht erkennen konnte. Seine Absicht aber war, Wertschätzung auszudrücken.

„Wenn im Inneren reine Aufrichtigkeit reift, sehen andere Menschen sie mit dem Herzen." (Lao Tse, 6. Jahrhundert v. Chr.)

Mangelnde Aufrichtigkeit läuft allen Bemühungen um Wertschätzung zuwider, wohingegen *Aufrichtigkeit die Wirkung von Wertschätzung multipliziert*. Aufrichtige Wertschätzung verringert das statische Element in einem Menschen oder Team und gibt allen folgenden Bemühungen einen kräftigen Schwung. Erinnern Sie sich an eine Gelegenheit, als Sie von einer Vorgesetzten, einem Kollegen oder einer Kundin aufrichtig wertgeschätzt wurden (falls es Ihnen schwerfällt, sich an eine solche Begebenheit zu erinnern, könnte die Kultur in Ihrer Firma vielleicht Herzensqualitäten brauchen). Die Wertschätzung, die Ihnen zuteil wurde, gab Ihnen Antrieb und Motivation und bestärkte Sie. Sie vermittelt selbst dann ein *Gefühl* davon, etwas vollbracht zu haben, wenn nach Abschluß eines Projekts noch Reste von Zweifeln oder Erschöpfung vorhanden sind. Es stärkt das Vertrauen und ermuntert unser Inneres, noch mehr von dem zu tun, was wertgeschätzt wurde. Manche Manager der alten

Schule glauben immer noch, Wertschätzung mache die Leute selbstgefällig und egoistisch, doch wenn Wertschätzung von Herzen kommt, ist das Gegenteil der Fall. Teams, die einander aufrichtig für ihre Bemühungen, Fertigkeiten und ihre Meinungsvielfalt wertschätzen, sind viel stärker als solche, die ständig darum wetteifern, persönlich im Rampenlicht zu stehen. Viele Teams würden zwar sagen, sie schätzten einander, doch unserer Erfahrung nach können nur wenige Tätigkeiten so viel Harmonie hervorrufen, als wenn man die Vorzüge jedes einzelnen Teammitglieds durchspricht. Aktivitäten zur Teambildung, die gemeinsame Erfahrungen erleben lassen und stark propagiert werden, können zwar für gemeinsame Erinnerungen und Spaß sorgen, doch stellen sie selten diese Art von Rapport her wie das konsequente Ausdrücken aufrichtiger Wertschätzung. Immer wieder haben wir erlebt, wie aus mittelmäßigen Teams außergewöhnliche wurden, sobald Wertschätzung das Handeln bestimmte.

## Das große und das kleine Bild

Wertschätzung ist eine wirkungsvolle Methode, um den Blickwinkel zu verändern. Wenn man in einer schwierigen Situation etwas findet, das man wertschätzen kann, verändert dies die Sichtweise rasch vom *kleinen Bild*, dem Fokus aufs Detail, zum *großen Bild*, dem größeren Zusammenhang. Wenn Sie von einem Fehler eines Mitarbeiters hören, dessen Vorgesetzter Sie sind, haben Sie die Wahl – Sie können den Betreffenden sofort wegen eines Mangels an kontroversem Denken kritisieren und die mögliche Wirkung übermäßig dramatisieren, oder Sie können die Belastungen wertschätzen, die die Leistungen vielleicht eingeschränkt haben, und dennoch das erforderliche Feedback geben. Wenn Sie das größere Bild sehen, haben Sie Verständnis für das Leben dieses Menschen, für den Streß, unter dem er steht, für die langfristige Lebensfähigkeit des Unternehmens, dafür, wie es Ihnen gerade in diesem Moment geht, und ebenso für das Problem, das anzugehen ist. Wenn Sie im „kleinen Bild" steckenbleiben, sehen Sie nur das Problem, das oft unvernünftig vergrößert erscheint. Wertschätzung stärkt Ihre Sichtweise und hält Sie im Gleichgewicht.

## Leistungserwartungen überprüfen

Hinsichtlich effektiver Teamarbeit gibt es immer wieder Menschen, die mehr leisten. Im Bereich von Sport und Wirtschaft bringen Teams, die als „Overachievers“ („Mehrleister“) bezeichnet werden, Leistungen über ihrem Niveau. Wie schaffen sie das? Unserer Meinung nach sind Overachievers synchron mit ihrem Umfeld, sich ihrer selbst wenig bewußt, in harmonischer und ausgeglichener Verfassung, so daß sie ein völlig neues Leistungsniveau erreichen. Gegenseitige Wertschätzung ist ein Kennzeichen leistungsstarker Teams. Manchmal sind äußere „glückliche“ Umstände der Katalysator; gleiches erreicht aber auch ein mitreißender Anführer, dessen anziehende Ausstrahlung die Grundwerte aller vereint und der die Teammitglieder inspiriert, über ihre alten, selbstbeschränkenden Überzeugungen oder Denkweisen hinauszugehen. Sobald die alten Denkweisen erst einmal begraben sind, ist das Team für einen Sprung auf ein erstaunliches Niveau an Effektivität, Kreativität und Stärke gerüstet. Solche Teams als „Overachievers“, „Mehrleister“, als Teams, die Leistungen über ihrem Niveau bringen, zu bezeichnen, ist nicht richtig. Diese Personen und Teams haben in Wirklichkeit einen Grad an optimiertem Potential erreicht, das durch Kohärenz möglich wurde. Was wäre, wenn die konventionelle Sichtweise des menschlichen Potentials ständig verzerrt wäre, als ob wir durch die Filter der Inkohärenz blickten?

Bei leistungsschwachen Menschen oder Teams ist genau das Gegenteil der Fall. Obwohl sie sehr talentiert und intelligent sind und das Potential haben, gelingt es ihnen nicht, die Erwartungen zu erfüllen, weil in ihnen oder in ihrer Umgebung Inkohärenz und ein Ungleichgewicht vorherrscht. Oft blockiert der unangemessene Umgang mit Emotionen das Talent und isoliert einzelne von ihren Teamkollegen. Manchmal wirkt die übertriebene Ich-Bezogenheit auf die anderen Teammitglieder so, daß das Team stagniert, verzerrte Wahrnehmungen entstehen und kohärente Effektivität untergraben wird. Solche Menschen oder Teams fallen deutlich hinter ihren möglichen Leistungsstandard zurück und erzeugen so einen neuen, unangemessenen Standard aus Enttäuschung und negativem Selbstwert.

## Service mit Herz

Die Zusammenarbeit einer Flugzeug-Crew ist ein Musterbeispiel für synchrones Handeln. Im Wettbewerb der Langstreckenflüge nach Übersee hängt die künftige Entscheidung, eine Fluggesellschaft wieder zu wählen, von der Anteilnahme und der Effizienz ab, mit der die Passagiere während des Fluges betreut werden. *Cathay Pacific Airways*, die in Hongkong ihren Heimatstützpunkt hat, galt lange Zeit als eine der führenden Luftfahrtgesellschaften von und nach Asien; dafür gewann sie zahlreiche Preise. Weil sie sich selbst von anderen qualitativ hochwertigen Fluggesellschaften unterscheiden wollte, wurde 1995 eine neue Marketing-Kampagne gestartet mit dem Motto: „Service mit Herz". Wie bei allen Marketing-Kampagnen, die einzigartigen und unvergeßlichen Service versprechen, bestand auch hier die Herausforderung darin, dieses Versprechen einzuhalten. Peter Buecking, Chef für den Kabinenservice, erkannte, daß der einzigartige, auf den Kunden zugeschnittene Service der entscheidende Punkt war, in dem sich *Cathay* von seinen Mitanbietern unterschied. Er erkannte aber auch, daß die Fähigkeit der einzelnen Crew-Mitglieder, ständig exzellenten Service anzubieten, direkt mit ihrer Fähigkeit, Streß zu reduzieren und ihr Privat- und Berufsleben in Einklang zu bringen, verbunden ist. Nach seiner Strategie sollte zuerst das Abfertigungspersonal am Flughafen die IQM-Methoden lernen, so daß die Kabinenbesatzungen ein Modell für zusätzliche Fürsorge und effizienten Service auf dem Heimatflughafen vor Augen hätten. Unter der Leitung von David Ling, dem Ausbildungsleiter, haben fast 300 Mitarbeiter das Programm absolviert. Das Eingestimmtsein im Team, die Effizienz und die Effektivität stiegen beträchtlich. 1998 erhielt die Luftlinie den *Air Transport World Passenger Service Award*, den Oscar der Luftfahrt.

## Coaching

Große Führungspersönlichkeiten sind solche, die sich trotz ihres offenkundigen persönlichen Talents, ihrer Intelligenz und Kreativität dafür entscheiden, die ihnen eigenen Fertigkeiten weiterzugeben und anderen zu helfen, präsenter zu werden. Solche Menschen wirken wie Magnete und sind inspirierend, weil sie sich entschlossen haben, ihre Talente zu verbreiten, statt sie für sich zu behalten. Man genießt an ihnen die Präsenz, die sie ausstrahlen. Ihre Kohärenz geht vom Herzen aus und steht

„über" dem Normalen; mit ihr fördern sie Talente, die Fähigkeiten anderer und alle Vorgänge, an denen sie beteiligt sind.

Doch in einer Zeit so schneller Veränderung und wachsender Intelligenz lauert sogar die Versuchung, es mit der Kohärenz ein wenig schleifen zu lassen. Einerseits ist es demoralisierend, wenn jemand, den wir bewundert haben oder der uns beraten hat – unser ‚Held' –, versagt oder eine menschliche Schwäche deutlich zeigt (wir sehnen uns danach und wollen einfach glauben, daß Kohärenz irgendwo oder in irgend jemandem immer besteht – auch in Chaos und verwirrenden Umständen). Andererseits erfüllt es uns tief, wenn wir Kohärenz bei anderen erleben können.

Dies bringt uns wieder zurück zu uns selbst. Vertrauen, Erfüllung und Inspiration können für uns durch äußere Eindrücke angezündet werden, doch das Feuer müssen wir dann selbst Tag für Tag schüren. Wir müssen unsere persönlichen Unzulänglichkeiten und den unbewußten Energieverlust (durch unsere Art zu denken, unsere eigenen Urteile über uns selbst und die anderer über uns) erkennen. Wir müssen für uns selbst die Verantwortung übernehmen und dann die notwendigen Anpassungen vornehmen, damit wir unsere eigene Herzensintelligenz entdecken und entwickeln können, und in der Beziehung mit anderen die Fähigkeiten verfeinern, die wir mit auf den Weg bekommen haben.

Margaret Wheatley, eine hervorragende Autorin und Organisationstheoretikerin, hat eine ähnliche Sichtweise, wie kohärente Organisationen kohärent geleitet werden können:

„Wir müssen aufhören, Aufgaben zu beschreiben, und uns statt dessen auf den *Prozeß* konzentrieren. Wir müssen kapieren, wie man Beziehungen aufbaut und wie man Dinge, die wachsen und sich entwickeln, hegt. Wir alle brauchen die Fähigkeit, besser zuzuhören, besser zu kommunizieren und Gruppen besser zu bestärken, weil dies die Talente sind, die zu starken Beziehungen verhelfen. Es ist hinlänglich bekannt, daß die Zeit des markigen Individuums vorüber und durch die Ära des Teamplayers ersetzt ist. Doch das ist nur der Anfang. Die Welt der Quanten hat das Konzept des unverbundenen Individuums zunichte gemacht. (...) Diejenigen, die aus Zwang oder aus einer Geringschätzung der anderen Person heraus Beziehungen eingehen, erzeugen eine negative Energie. Diejenigen, die anderen gegenüber offen sind und in anderen deren Fülle sehen, erzeugen eine positive Kraft. Zuneigung kann in Unternehmen die stärkste Kraftquelle sein, die uns zur Verfügung steht."[6]

Die meisten Manager und Managerinnen haben allein durch ihr Leben und ihre Berufserfahrung so viel zu geben, daß jedes Unternehmen davon profitiert. Die Zeit, die man darauf verwendet, Menschen in ihren Verhaltensweisen, Einstellungen und Fähigkeiten zu coachen, weil man weiß, daß dies zu guten Ergebnissen führt, ist ausgesprochen sinnvoll genutzte Zeit. Es kann schwierig sein, den Wert dieser Zeit zu verstehen, wenn die Zeit als solche zu hoch im Kurs steht.

Ein Unternehmen, das Coaching einsetzt, ist *Thorlo*, ein erstklassiger Sockenhersteller. *Thorlo* produziert spezielle Strümpfe für Aktivitäten aller Art – Walking, Wandern, Trekking, Laufen, Tennis, Basketball und was weiß ich noch alles. *Thorlos* patentiertes Design und der innovative Einsatz von Materialien haben zu einem fanatisch treuen Kundenstamm geführt (wir gehören auch dazu!). Ihre Socken sind einfach so bequem, daß man durch das gute Fußgefühl rasch verwöhnt ist. Diese Produkte liegen sehr hoch im Preis, doch die meisten Kunden haben das Gefühl, daß der Wert bei weitem den Preis übersteigt. Sie haben auch eine faszinierende Unternehmenskultur. Ihr Standort ist mitten in North Carolina, in der Textilhochburg in der Nähe von Charlotte; dort hat die Firma mit ihren 350 Mitarbeitern eine Kultur geschaffen, in der Coaching auf allen Unternehmensebenen aktiv praktiziert wird. Der *Thorlo*-Chef, Jim Throneburg[7], erkannte, daß ständiges Coaching erforderlich ist, um ein langlebiges Unternehmen aufzubauen, in dem die Grundwerte alles durchdringen. Throneburg übernahm die Teamprozesse schon früh und erkannte schnell, daß das Team sich ohne Coaching, das den Transfer von Wissen und von Weisheit in geeigneter Weise sicherstellt, abstrampeln würde. Er nahm sich das nicht halbherzig vor: Vier Stunden pro Woche – zehn Prozent der bezahlten Arbeitszeit der Angestellten – werden auf Teambildung und das Entwickeln von Kohärenz in jedem Bereich der *Thorlo*-Unternehmenskultur verwendet. Jedes der gut 40 Teams hat wechselnde Coaches, die darin „gecoached" sind, ihre Funktion eindeutig, aber ohne übermäßige Dominanz zu erfüllen.

Mehrere Aspekte der Unternehmenskultur von *Thorlo* sind auffallend und bestätigen die Beobachtungen anderer hier zitierter Autoren. Eine Reihe starker, unerschütterlicher Grundwerte bilden das Herzstück der Unternehmenskultur. Menschen – Angestellte und Kunden – spielen eindeutig eine wichtige Rolle. Ein weiterer Schlüssel besteht darin, die Angestellten zu unterstützen, flexibel und anpassungsfähig zu werden. Es wurde sogar ein internes Curriculum für persönliche und berufliche Entwicklung entwickelt; für Unternehmen mit weniger als 500 Mitarbeitern ist so etwas ungewöhnlich. IQM-Methoden wurden angeboten, damit die Angestellten ein Gefühl für das Gleichgewicht zwischen Privat- und Berufsleben entwickeln. Trotz aller progressiver Politik und dem menschenfreundlichen Klima steht die Firma vor enormen Herausforderungen: Die

Patente für Kernprodukte laufen in den nächsten Jahren aus. Dann ist es für die Unternehmenskultur um so wichtiger, möglichst innovativ, kreativ und widerstandsfähig zu sein. Diese Firma hat sich besonders dem Coaching-Modell stark verschrieben und wendet es sehr strukturiert an – doch das Prinzip, Angestellten Mentoren an die Seite zu stellen und ihnen zu mehr Kohärenz zu verhelfen, ist das Kennzeichen aller großartigen Unternehmen.

## Kohärenz in der Armee

Auch die amerikanische Armee gilt als Beispiel für angewandte Kohärenz. Zwar haben das Ende des Kalten Krieges und ein sinkender Verteidigungsetat eine Vertrauenskrise in der US-Armee ausgelöst – auch in der Privatwirtschaft gab es im Zusammenhang mit dem Downsizing viele Probleme –, aber an vielen Stellen gibt es noch Wichtiges über Führung zu lernen. Patrick L. Townsend und Joan E. Gebhardt wiesen auf die Kohärenz in der Armee im Zusammenhang mit ihren drei Führungsprinzipien hin: „Die erste Priorität besteht darin, die Mission auszuführen; die zweite, auf die Menschen zu achten; und die dritte, neue Führungskräfte hervorzubringen.“ Jede dieser drei miteinander zusammenhängenden Prioritäten müsse kohärent sein.[8] Wenn man in nur einer davon inkohärent sei und sich nicht genügend darauf konzentriere, schwäche man die anderen beiden dramatisch und gefährde den Erfolg der Mission. Townsend und Gebhardt stellen dann ihren Kollegen in den Firmen nachdrücklich einige Fragen:

> „Kann man das Gleiche auch über ein ziviles Unternehmen sagen? Ist dort jeder nicht nur der Mission verpflichtet, sondern auch seinen Kollegen? Fragen Sie die meisten Zivilisten über ihre zweite Priorität am Arbeitsplatz und die Antwort ist wahrscheinlich die Sorge um das eigene berufliche Weiterkommen. Die Leute in der Armee sind keine Engel; ihnen liegt ihre Karriere ebenso am Herzen wie allen anderen. Doch sie wissen, daß das Weiterkommen ein Nebenprodukt des Erfolgs ist, wenn sie die Führungspriorität erfüllen, und kein Ziel an sich.“

Führungskräfte merken zunehmend, daß eben die Talente, die sie in die höheren Etagen des Unternehmens katapultierten, nicht unbedingt die sind, die sie dort halten. Es ist auch richtig, daß jede neue erreichte Ebene eine umfassendere, globalere Sichtweise erfordert. Die meisten Unternehmen operieren in unerforschtem Gebiet, und die Herausforderung, sich selbst ständig zu erneuern, wird immer entscheidender. Die dargestellten IQM-Methoden, Prozesse und Fragebögen bieten Firmen die Möglichkeit, die Gesundheit des Unternehmens wachsam und fürsorglich im Auge zu behalten.

Doch wer macht genau diesen Job für die gehobenen Führungskräfte? Diese arbeiten oft isoliert und sind vom Tagesgeschäft entfernt; sie machen nicht mehr die Jobs, bei denen man die Ärmel hochkrempelt und die die Arbeit zum Vergnügen machen; sie stellen fest, daß ihre Sichtweisen und Einstellungen schal und abgeschnitten sind. Zunehmend werden für diese Führungskräfte Coaches von außen geholt, die dann private Beratungen im Hinblick auf berufliches Wachstum und Strategien durchführen, die für eine neue Vitalität erforderlich sind. Coaching ist nur eine weitere Möglichkeit, die Herzintelligenz zu aktivieren und zu transferieren. Es ist ein fürsorglicher und entscheidender Ansatz für die Erneuerung eines Unternehmens, egal ob man nun Teams in einer Fabrik oder eine Führungskraft coacht, deren Leistung zu wünschen übrig läßt.

Effektivität von Teams wird künftig eindeutig eine Voraussetzung sein, im Wettbewerb zu bestehen. Es wird erwartet, daß Herz und Verstand übereinstimmen. Die Welt geht unaufhaltsam auf Zusammenarbeit und Kooperation zu – und das Mind- und HEART MAPPING® ist dabei eine praktische Methode, um die Komplexität des Verstandes mit der Klarheit des Herzens zu verbinden.

## HEART MAPPING®

Ein weiteres Kernthema der vierten Dynamik ist folgendes:

**Komplexe Entscheidungsfindung und Projektplanung erfordern das Denken in großen Zusammenhängen.**

Mind Mapping wurde in den 60er Jahren von Pädagogen entwickelt, in der Hoffnung, beide Gehirnhälften zu einem kohärenten Ganzen zusammenzuführen, was dann zu kreativen und innovativen Durchbrüchen führen soll. Für komplexes Planen und zur Entscheidungsfindung ist Mind Mapping ein äußerst kreativer Ansatz. In diese gut erforschte Technik integrierten wir die Herzintelligenz. Zuerst wird ein herkömmliches Mind Map erstellt (wie in Abb. 12.2); dann wenden die Beteiligten das FREEZE-FRAME-Sofortprogramm an, reflektieren ihre Grundwerte, fragen sich, wie sie diese Werte integrieren können und wie sie sich während des Projekts, das sie gerade aufzeichnen, fühlen wollen. Dann wird ein zweites Map (das Heart Map, wie in Abb. 12.2) erstellt, das bewußt taktischer und pragmatischer gehalten ist. Die Kombination dieser zwei Maps von Verstand und Herz läßt eine anziehende, kohärente Vision des weiteren Vorgehens zu. Sie stellt eine praktische Methode für Einzelpersonen oder Teams dar; mit ihr können sie die Kernfragen aus einer umfassenderen Perspektive betrachten. Die so auftauchenden Perspektiven sind von ihrer Strategie her vernünftig und nicht nur von der Taktik bestimmt.

Bei Mind Maps tauchen normalerweise Ideen darüber auf, *was* eine Gruppe oder eine Person tun muß. Die Ideen sind sehr handlungsorientiert, theoretisch und bereits bekannt. Das ist gut, denn so kann die Person oder Gruppe, die das Mind Map erstellt, ganz klar all die bekannten Punkte, die Verbindungen zwischen den Themen und mögliche Redundanzen erkennen. Manchmal sind die produzierten Ideen entweder bereits umgesetzt, mit oder ohne Erfolg, oder zu theoretisch, um irgendwelche konkreten Veränderungen herbeizuführen. Wenn man sich allein auf die Ideen aus einem Mind Map konzentriert, dann führt dies, wie die Erfahrung zeigte, nicht zu den gewünschten erheblichen Verbesserungen; auch lassen sie die menschliche Dynamik und das Gleichgewicht des Teams außer acht. Aus diesem Grund verleiht ein Heart Map diesem Vorgehen viel mehr Tiefe.

Das Heart Map bringt normalerweise eine Reihe völlig anderer Ideen hervor als das Mind Map, wie sich am folgenden Beispiel leicht sehen läßt. Die Ideen beziehen sich mehr darauf, *wie* sich Gruppen ändern müssen – das Gefühl oder Klima, das ein Team entwickeln will – statt einfach darauf, was die Gruppe tun muß. Die Ideen orientieren sich stärker an den Menschen, sind pragmatischer, haben mehr Qualität und sind weniger theoretisch. Wenn die Gruppe sich in die gewünschte Richtung verbessern will, muß sie die menschlichen Eigenschaften beachten, die im Heart Map auftauchen. So können die guten theoretischen Ideen aus dem Mind Map zu einer tragfähigen Wirklichkeit werden.

Wenn die Aufgabe, für die ein Plan (ein Map) erstellt werden soll, besonders umfangreich oder komplex ist, ist es oft nötig, für die wichtigsten Punkte eigene Maps zu erstellen. In einer HEART MAPPING-Gruppensitzung geschieht dies, indem eine Teilgruppe die Aufgabe übernimmt, für diesen Bereich ein Heart Map zu erstellen. Der letzte und entscheidende Schritt von HEART MAPPING besteht darin, aus den beiden Maps einen Handlungsplan zu entwickeln. Dazu muß man wieder von den Maps zurücktreten, um die erforderliche Zeit, die Ressourcen und das Personal zu bedenken und um spezielle Zeitlinien festzusetzen. Der gesamte Prozeß des HEART MAPPING ähnelt zwar anderen Planungsprozessen, doch die Betonung kohärenter Kommunikation und die Herzintelligenz bieten viel umfassendere Informationen als die meisten herkömmlichen Planungsmethoden.

## HEART MAPPING verbessert Teamarbeit

Alan Watkins und Chris Sawicki leiteten ein europäisches Team einer weltweiten Elektronikfirma. Dieses Team wollte mit Hilfe von Mind- und HEART MAPPING seine Fähigkeit, als Team zu arbeiten, verbessern. Folgende Ideen tauchten beim Mind Mapping der ganzen Gruppe auf:

1. eine effektive Führung haben
2. gemeinsame Ziele entwickeln, Ziele und Zeitpläne setzen sowie ein Gefühl für Dringlichkeit entwickeln
3. die richtige Zusammenstellung und Verschiedenheit der Teammitglieder gewährleisten
4. den Teammitarbeitern ihre spezielle Verantwortung übertragen
5. für die gebildeten Teams sorgen
6. die Ressourcen benennen, die den Teams zur Verfügung stehen
7. Besprechungen effektiver abhalten; auf den Zeitplan und den Besprechungsort achten
8. die Kommunikation verbessern
9. feststellen, welches die wichtigste Information ist, die mitgeteilt werden soll
10. für alle im Team Auszeichnungen festsetzen
11. Win-win-Lösungen anstreben
12. kompetent und klar sein
13. den Teammitarbeitern vertrauen
14. Ergebnisse liefern
15. den Erfolg feiern und Spaß haben.

Die Ideen, die von der ganzen Gruppe in einem HEART MAPPING (nach einer vierminütigen FREEZE-FRAME-Herzintelligenzübung) zusammengetragen wurden:

1. Freundschaft und Kameradschaft fördern
2. Wertschätzung und Verständnis höher bewerten
3. einander helfen; einander coachen
4. das Zusammengehörigkeitsgefühl fördern
5. zusammen lernen und sich entwickeln

6. die Harmonie fördern
7. Offenheit belohnen
8. auf die „Chemie“ im Team achten
9. öfter feiern und stärker auf eine gute Atmosphäre achten
10. „Herz und Seele“ des Teams entdecken und aus ihnen heraus arbeiten.

In diesem Beispiel stimmen zwar diverse Aspekte beider Maps überein, aber es besteht ein qualitativer Unterschied. Das Mind Map ist taktischer und theoretischer; das Heart Map orientiert sich stärker an der Gemeinschaft und den Menschen. Die Kombination der beiden ergibt eine kraftvolle Vision für bessere Teamarbeit. Sechs Monate nach diesem Durchgang erzielte das Team erheblich bessere Ergebnisse.

Ein Projektteam der Firma *National Semiconductor* nutzte diesen Prozeß erfolgreich als Teil eines Seminars für crossfunktionale Teams, bei dem IQM-Methoden angewandt wurden. Die Teilnehmer arbeiteten bei der Firma *National* und bei fünf anderen Gesellschaften, die mit ihnen an einem größeren weltweiten Projekt arbeiteten. Der Standard vor Ort in den verschiedenen Ländern mußte in den Plan integriert werden, was die technische Komplexität des Projekts erhöhte. Das crossfunktionale Team war auf drei Kontinente verteilt, deshalb waren auch die Besprechungstermine eine recht große Herausforderung. Während des Seminars erstellten Kleingruppen Heart Maps von wichtigen Teilen des Projekts und stellten diese als Feedback dem ganzen Team vor. (Alle Mitglieder des Teams hatten das FREEZE-FRAME-Sofortprogramm, intuitives Zuhören und die Konzepte zu Wertschätzung und übertriebener Fürsorge vor dem Beginn der HEART MAPPING-Sitzung gelernt.) In einer fünfstündigen Sitzung wurden mehr als 30 Seiten Handlungspläne aus den Mind- und Heart Maps entwickelt (siehe Abb. 12.2 a und b). Nach Angaben des Teams hätte es Monate gedauert, diese fertigzustellen. Ebenso wichtig wie diese greifbaren Ergebnisse waren der Spaß und die Effizienz des Prozesses. Einige Monate später wunderte sich das Team immer noch darüber, wie viel effektiver und mit wie wenig Streß es arbeiten konnte. Die Message ist wieder einmal klar: Sorgen Sie erst für Kohärenz beim einzelnen und im Team, dann stellen sich äußerst effiziente Ergebnisse ein.

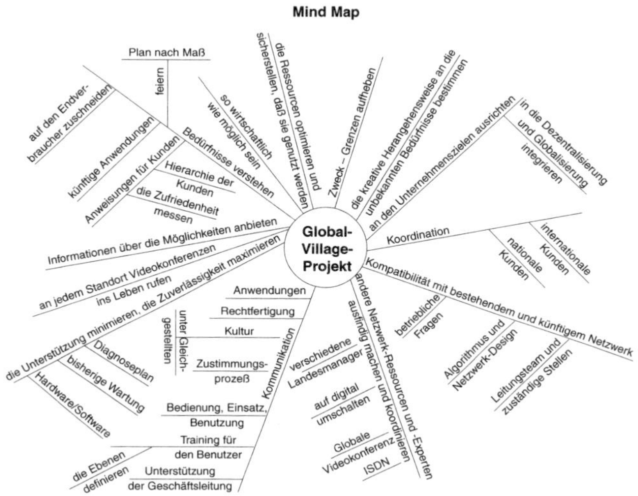


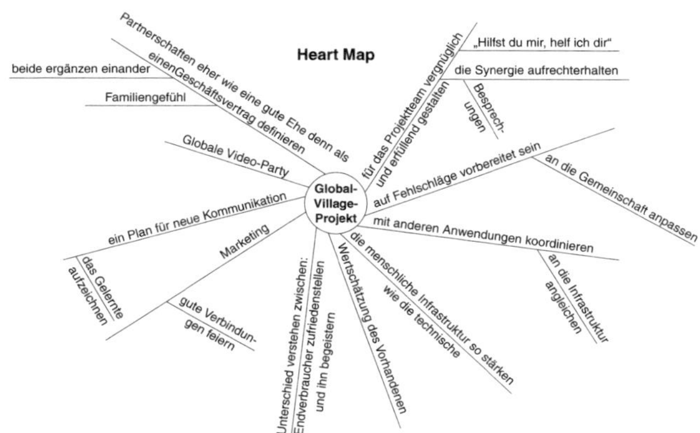


*Abbildung 12.2 a: Zu Beginn der Sitzung wurden Mind- und Heart Maps erstellt, um einen Überblick über das gesamte Projekt zu bekommen. Aus diesen Maps entwickelten Teilgruppen genauere Maps und Aktionspläne (siehe Abb. 12.2 b). Diese wiederum führten zu zahlreichen Plänen für die erfolgreiche Umsetzung des Projekts.*

Inner Quality Management

# Heart Map-Handlungsplan

**Name des Projekts:** Weltweites Videoprojekt

**Ziele:** Betriebsstandort

den Endverbraucher begeistern (nicht nur zufriedenstellen)

| Zieldatum | Std. | Aufgaben – Handeln | Wer | erledigt |
|---|---|---|---|---|
| 1. März | | die Bedürfnisse verstehen | Stuart, Mike, Judith | |
| 1. März | | die anderen Netzwerk-Ressourcen identifizieren und koordinieren | Mike, Gabe, Bruce P. | |
| fortlaufend | | Ressourcen optimieren – die menschliche Infrastruktur ebenso stärken wie die technische | | alle |
| 10. März | | derzeitiges mit künftigem Netzwerk vergleichen | Mike, Gabe, Stuart, Gene, Judith, Kathy | |
| 1. März | | Koordination: Partnerschaften wie eine gute Ehe definieren, nicht wie Geschäftsverträge; Familiengefühl | alle | |
| 15. März | | einen Plan für neue Kommunikation erstellen | Leitungs-team | |
| verschieden | | Videokonferenz an jedem Standort | Leitungs-team | |
| fortlaufend | | Wertschätzung des Vorhandenen | Leitungs-team | |
| 15. März | | die anderen Anwendungen koordinieren | Mike, Kathy E., Stuart, Judith | |
| immer | | das Projekt für das Team vergnüglich und erfüllend gestalten, weltweite Videoparty | alle | |
| Einzelheiten werden noch bekannt-gegeben | | Projektparty; die gute Verbindung untereinander feiern | Mike, Bruce P., Stuart, Judith | |
| fortlaufend | | Zufriedenheit des Endverbrauchers | alle | |
| | | | | |
| | | **Tag der Fertigstellung:** | | |

*Abbildung 12.2 b: Handlungsplan zu den Mind- und Heart Maps.*

## Die Anwendung von HEART MAPPING

HEART MAPPING kann sehr vielseitig und wirkungsvoll eingesetzt werden, denn es macht Spaß, ist überraschend effizient und erfordert, aus der Routine zurückzutreten und sich ein umfassenderes Bild zu machen. Besonders im Rahmen einer Gruppe ist es entscheidend, daß der Prozeß *nichtbewertend* verläuft und die Prinzipien kohärenter Kommunikation die Grundlage bilden. Dies bedeutet, *alle* potentiellen Ideen zu ermuntern und zu notieren, nicht nur die, die nachdrücklich zum Ausdruck gebracht werden. Es erfordert auch, zunächst über die Ideen nicht zu debattieren, weil man durch das HEART MAPPING die Kohärenz im Team fördert. Es ist wesentlich, alle Sichtweisen anzuhören, um das am meisten umfassende und effektive Ergebnis zu erzielen und um kreative Ideen auftauchen zu lassen, die sonst untergehen könnten. Wichtig ist auch, daß der „Facilitator" (der Moderator) nichts verändert oder keine Neigung für ein bestimmtes Thema zeigt, sondern nur den Prozeß leitet und alle möglichen Ideen aufzeichnet.

Wir wenden in unserem Unternehmen und in unserer Organisation selbst HEART MAPPING regelmäßig in Teams an, wenn wir ein Brainstorming über unsere Produkte machen. Alle möglichen Ideen, Kundenbedürfnisse, Probleme des Marktes, Überlegungen zum Preis und so weiter werden notiert, um so ein erstes Bild von den Parametern des Produkts zu bekommen. In diesem Stadium ist es am besten, nicht linear und der Reihe nach vorzugehen, um nicht in den herkömmlichen Denkmustern zu dieser Idee steckenzubleiben.

HEART MAPPING ist auch eine exzellente Methode zur Entwicklung des Kundenstamms, um die Kundenzufriedenheit zu erhöhen und um den Stand eines Projekt einzuschätzen. Besonders wirkungsvoll ist HEART MAPPING, um persönliche Prioritäten zu setzen. Um die Prioritäten für einen Monat (oder jeden anderen festgesetzten Zeitraum) zu setzen, erstellen Sie ein Mind Map all der dringenden Aufgaben, die in diesem Monat erledigt werden sollen. Seien Sie besonders gründlich und nehmen Sie vor allem die Punkte, die man gern umgeht, vor denen Sie Angst haben oder die knifflig und komplex sind, auf. Durchlaufen Sie die fünf Schritte von FREEZE-FRAME, während Sie das Mind Map erstellen, und fragen Sie sich, welche anderen Themen Sie noch nicht notiert haben. Wenn Sie damit fertig sind, wenden Sie FREEZE-FRAME wieder an und fragen Sie Ihr Herz, was am wichtigsten, am dringlichsten ist, was unbedingt erledigt werden muß. Erstellen Sie aufgrund der Antworten Ihres Herzens ein Heart Map. Fahren Sie mit FREEZE-FRAME fort und stellen Sie sicher, daß *Ausgewogenheit* im Zentrum Ihrer Aktivitäten steht. Zu diesem Zeitpunkt geht es nicht darum, sich wieder in den

Details zu verrennen und sich schon allein von der Fülle der Arbeit, die Sie tun könnten, lähmen zu lassen. Erstellen Sie dann aus beiden Maps einen Handlungsplan, in dem die Grundwerte aus Ihrem Heart Map den Plan bestimmen.

Heart Mapping stellt eine weitere Möglichkeit dar, Ihre ganze Intelligenz anzusprechen, statt sich nur auf den linearen, analytischen Ansatz zu verlassen oder nur auf vordergründige Bedürfnisse einzugehen. Es eröffnet neue kreative Möglichkeiten, wo einst Lärm vorherrschte.

## Anmerkungen

1. James L. Heskett, W. Earl Sasser und Leonard Schlesinger, *The Service-Profit Chain: How Leading Companies Link Profit and Growth to Loyalty, Satisfaction, and Value*. New York: The Free Press, 1997.
2. Ibid., S. 237.
3. Ibid., S. 238.
4. Herb Kelleher, „A Culture of Commitment“, in: *Leader to Leader*, Nr. 4 (Frühling 1997), S. 20.
5. „Executive Survey: Compassion Is Important for Future Business Leaders“, in: *Cornell Chronicle* 28, Nr. 10 (24. Oktober 1996). Zur *Cornell University Johnson Graduate School of Management* siehe auch www.gsm.cornell.edu/Newideas/leadershipsurvey2.html.
6. Margaret J. Wheatley, *Leadership and the New Science: Learning about Organization from an Orderly Universe*. San Franzisko: Berrett-Koehler, 1992, S. 38–39; dt. *Quantensprung der Führungskunst: leadership and the new science; die neuen Denkmodelle der Naturwissenschaften revolutionieren die Management-Praxis*. Reinbek bei Hamburg: Rowohlt, 1997.
7. Jim Throneburg, Vorsitzender von *Thorlo*, hat bei uns in Kalifornien an einigen HeartMath – HerzIntelligenz-Programmen teilgenommen. Wir führten auch bei der Firma in North Carolina Fortbildungen und Beratungen durch.
8. Patrick L. Townsend und Joan E. Gebhardt, „The Three Priorities of Leadership“, in: *Leader to Leader*, Nr. 4 (Frühling 1997), S. 13.

# Kapitel 13
# Eine Quantum-Zukunft erschaffen

Das Modell des Inner Quality Management geht davon aus, daß heute und künftig exzellente Leistungen auf die vier integrierten dynamischen Elemente zurückzuführen sind. Wir haben zahlreiche Fakten und gut belegte Untersuchungen vorgestellt, die als Warnsignal fungieren sollen, daß die Themen Streß, menschliche Leistungsfähigkeit und das Betriebsklima entscheidende Parameter in Firmen werden müssen – sie sind nicht nur Mittagstischthemen für wohlmeinende Leute aus dem Personalrat. Die vier dynamischen Elemente stellen zwar ein zusammenhängendes Paket dar, das jedes Unternehmen, jede Organisation, jede Einrichtung anwenden kann, doch wir sind nicht so naiv anzunehmen, daß das Leben immer so nett und wohlgeordnet verläuft. Eben die Unvorhersagbarkeit und die Beschleunigung, die in Unternehmen heute gespürt werden, hat uns ja dazu getrieben, die IQM-Methoden zu entwickeln.

Wirtschaftlicher Erfolg ist eine Wissenschaft für sich – und auch diese Wissenschaft braucht Herz, um sinnvoll zu sein. Die hier vorgestellten wissenschaftlichen Untersuchungen und Ergebnisse beruhen nicht auf Dogmen oder starren Prinzipien, sondern auf Kohärenz und der jedem zugänglichen Intelligenz, die Flexibilität und Anpassungsfähigkeit ermöglicht. Die vier dynamischen Elemente enthalten nicht Regeln, die es einzuhalten gilt; sie sind vielmehr Frequenzen, in die es sich „einzuklinken" und die es in die Unternehmenskultur zu integrieren gilt. Die Wahrnehmung jedes einzelnen Lesers, jeder einzelnen Leserin bestimmt in hohem Maß, wie diese Ideen und Methoden in einem Unternehmen lebendig werden.

## Die Zukunft erschaffen

Das Thema, wie kraftvoll Wahrnehmung ist, durchzieht dieses ganze Buch. Zu unseren Lebzeiten ebenso wie viele Generationen vor uns haben sich die Ansichten der Menschen über Intelligenz, Kraft, zweifellos auch über Zeit und die Art unserer Erfüllung radikal gewandelt. Weil die Menge an Informationen explosionsartig zunahm, haben die Gelehrten unter uns versucht, zwischen ansonsten getrennten Wissensgebieten Brücken zu schlagen und Verbindungen zu erkennen. Die Gesetze der Chaostheorie und der Quantenphysik werden an Wirtschaftsschulen diskutiert, biomedizinische Daten beeinflussen die unternehmerischen Einstellungskriterien, und unsere Arbeitnehmerfortbildungen und psychologischen Untersuchungen spielen eine Rolle bei der Gestaltung von Arbeitsplätzen.

Man scheint immer auf der sicheren Seite zu sein, wenn man sagt: „Ich habe davon noch gar nichts mitgekriegt." Jede Generation betrachtet ihre Durchbrüche im Vergleich zu früheren als aufregend, und heute dürften Veränderungen schneller stattfinden als je zuvor in der Geschichte. Die Überzeugung, daß die neueste bahnbrechende Erkenntnis eine endgültige Antwort sei, ist verlockend. Doch wir tun gut daran, uns zu erinnern, daß bei jeder Erkenntnis eine Reihe weiterer weitreichender Erkenntnisse auf unsere Erforschung wartet. Jahrhundertelang waren die Menschen zutiefst davon überzeugt, daß die Erde eine Scheibe sei – und ihre Beobachtung bestätigte diese Überzeugung. Spätere Beobachtungen überzeugten die Menschen davon, daß die Erde der Mittelpunkt des Universums sei, um das die Sonne kreise. Heutige Betrachtungsmöglichkeiten an beiden Enden des Spektrums – vom Hubble-Teleskop, das vorher nie gesehene Welten enthüllt, bis hin zu den theoretischen Betrachtungen der subatomaren Teilchen – erweitern die Grenzen unserer Beobachtungsfähigkeit. Wir behaupten, die Sichtweise der Herzintelligenz bildet die nächste Dimension, das Leben zu sehen und mit ihm zu interagieren.

Heute steht eine neue Intelligenz zur Verfügung, die viel von der vergangenen Verwirrung und dem gegenwärtigen Chaos in Kohärenz bringen kann. Jedes Zeitalter der Menschheitsgeschichte ist gekennzeichnet durch enormes Anwachsen der menschlichen Intelligenz, aber die Fehler und Verzerrungen aufgrund der Interaktion zwischen Menschen haben den Eindruck hinterlassen, daß diese Intelligenz recht beschränkt ist. Global auf dem Planeten haben wir Menschen enorme Fortschritte erzielt in punkto Technologie, persönliche Annehmlichkeiten, Verfügbarkeit von Informationen, Transportmittel und vielen anderen Dingen. Der

Lebensstandard ist in vielen Teilen der Welt gestiegen, doch grundlegende soziale Beziehungen stecken noch tief in einem Stadium der Unreife und der Widersprüchlichkeiten.

Durch die geschichtliche Brille betrachtet kann nichts, was wir jetzt wissen, weder als endgültig angesehen werden, noch als das letzte Wort oder gar nur als Möglichkeit, sich auf dem Wissen auszuruhen. Auf der Suche nach Sinn und Bedeutsamkeit werden die Antworten ironischerweise oft abstruser und grundlegender. Teilchenphysiker entwickeln Namen für Teilchen wie Quarks und Mesons; Astronomen theoretisieren über die Existenz von MACHOs (massive, kompakte Holo-Objekte), die kein Licht aussenden. Die Computerwelt und die meisten Unternehmenskulturen sind voll lustiger Akronyme und neuer Wörter oder aber voller alter Wörter mit neuen Bedeutungen. Bei vielen Entdeckungen herrscht heute Ratlosigkeit – es scheint, daß die wirklichen Antworten, nach denen wir suchen, gleichsam einfacher wie paradoxer sind als wir uns das vorgestellt haben.

Ein Mythos der Hindus erzählt davon, daß die Götter versuchten, sich zu entscheiden, wo sie das Geheimnis des Lebens verstecken sollten. Ein Gott schlug vor: „Laßt es uns in den Bergen verstecken." Aber ein anderer Gott erwiderte: „Nein, in den Bergen werden sie nachschauen." Da sagte ein weiterer Gott: „Laßt es uns im Himmel verstecken." Aber auch dieser Vorschlag wurde mit den Worten abgelehnt: „Nein, da schauen sie nach." Da sagte der weiseste unter ihnen: „Laßt es uns im Herzen eines jeden Menschen verstecken; da werden sie nie hinschauen."

Menschen haben den Drang, sich selbst zu organisieren – von unserer Identitätsbildung angefangen bis zu der Art, wie wir auf unsere Umwelt einwirken (wie wir unser Bett machen, unsere Zähne putzen, unsere Papiere ordnen und Strategien oder Urlaubspläne entwickeln). Wir versuchen mit der Gegenwart zurechtzukommen und haben dabei die Zukunft im Kopf. Wenn wir unseren mechanischen Denkgewohnheiten und emotionalen Programmen, die in der Vergangenheit stimmten, vertrauen, kommen wir leidlich zurecht. Was aber übersehen wir dabei? Welche feinen Signale unserer Intelligenz können wir vor lauter Geschäftigkeit gar nicht hören?

Kreativität und Innovation sind zentral für all unser Tun. Darwin entdeckte spontane genetische Veränderungen, welche Anpassungsfähigkeit und Wettbewerbsvorteile und damit Überlebensfähigkeit ermöglichten. Diese Mutationen treten erwiesenermaßen in unregelmäßigen Sprüngen auf und sind kein Fortschritt, der in kleinen kontinuierlichen Schritten geschieht. Wenn einem Vogel eine zusätzliche Feder wächst, beeinflußt dies sein Flugvermögen nicht sonderlich; viele Federn hingegen würden schon eine deutliche Veränderung herbeiführen. In der Welt der Physik ändern Elektronen ihren Orbitalzustand in diskontinuierlichen Sprüngen;

dabei nehmen sie ein bestimmtes Quantum von Energie auf oder geben es ab. Die Veränderungen in Unternehmen können ebenso plötzlich auftreten.

Unserer Meinung nach ist Kohärenz das zugrundeliegende Prinzip, das zu Quantensprüngen in eine künftige Effektivität hinein verhilft. Aus dem „Nichts" heraus wird dann ein neues Unternehmen herausragen. Diejenigen Unternehmen werden bestehen können, die auf unerschütterlichen Grundwerten basieren; denn genau diese bilden das Betriebssystem für Kohärenz. Wenn solche Unternehmen jeweils an die Grenzen ihrer derzeitigen Kohärenz stoßen, kommt es aufgrund der sich selbst erneuernden Kreativität zu Innovationen. Wenn Schwierigkeiten auftreten, werden diese Unternehmen nicht emotional überreagieren, sondern sich mit Hilfe intelligenter Kohärenz so organisieren, daß sie mit den Gegebenheiten umgehen können. Das ist echte Innovation. Diese ständige Fähigkeit zur Innovation rührt von einer essentiellen Flexibilität und Kohärenz her. Sie prägt die Gesundheit des einzelnen und des Unternehmens in jeder Hinsicht.

Früher konnten wir eine Person oder ein System gegen Innovation aufbringen, ebenso wie wir Furcht als Motivation benutzen und auf ihre Erfolge verweisen konnten. Mit der neuen Intelligenz aber werden diese alten Methoden als völlig ineffizient betrachtet werden, als energieraubendes Agieren. Die Natur strebt nicht nach Chaos; sie organisiert sich intelligent, um ihr Überleben trotz bestehendem Chaos sicherzustellen. Kohärenz läßt jeden einzelnen in einer chaotischen Welt Energie sparen.

Innovation ist wie eine Stichflamme, sie ist ein unregelmäßiger Sprung der Intelligenz, in immer wieder neuer Weise eingesetzt. Innovation ist glatt oder statisch; es gibt keine allgemeingültige *beste* Art. Was zählt, sind Lösungen vor Ort, die funktionieren. In persönlicher Hinsicht bedeutet dies, „präsent" zu sein und die ganze Intelligenz zur Verfügung zu haben, um mit jeder einzigartigen Situation umzugehen.

## Quantum-Management

Für Manager wird es notwendig und unumgänglich werden, ganz präsent zu sein – aufmerksam, wach und in einer neutralen Verfassung. In der Vergangenheit zu leben oder sich um die Zukunft zu sorgen, verschwendet Energie und Ressourcen. Kein Unternehmen kann lange überleben, wenn ihm die Vergangenheit oder Zukunftsängste zusetzen.

Die gängige Literatur vermittelt uns den Glauben, *Quantum* bedeute Großes. In Wirklichkeit ist Quantum ein elementarer Baustein, der zu klein ist, um wirklich gemessen werden zu können. Kleines, selbst verschwindend Kleines, ist nicht unbedeutend. Ja, das Paradoxon mag gerade darin bestehen, daß eine mögliche Wirkung um so kraftvoller ist, je kleiner etwas zu sein scheint. Größe ist nicht alles: Riesige Sterne explodieren und werden zu Supernovae oder enden als schwarze Löcher. Riesige Firmen, Bürokratien und Weltreiche wurden gezwungen, sich zu verkleinern oder gar aufzulösen. Die Firma *AT&T*, die zentrale Planwirtschaft der Sowjetunion und das Britische Empire sind einige bekannte Beispiele dafür.

*Quantum-Management heißt, die ganze Intelligenz zu nutzen, und mit jedem elementaren Baustein – in diesem Augenblick – effektiv umzugehen*. Unternehmen werden gezwungen sein, Lösungen vor Ort zu finden – und zwar *jetzt* –, die in einer Zeit wachsender Komplexität, wachsenden Chaos und Stresses funktionieren. Die Herausforderung besteht darin, zu Kohärenz und innerer Ruhe zu gelangen. Beides ist notwendig, um die tiefere Ordnung wahrzunehmen, die in dem scheinbaren Chaos eingebettet ist. Wer unangemessen mit seinen Emotionen umgeht, ist Meister darin, Unbehagen in Elend zu verwandeln. Wenn ein Unternehmen anpassungsfähig und überlebensfähig sein will, ist es entscheidend, diese tiefere Ordnung zu finden. Die Leitung eines Unternehmens muß die Veränderung entdecken, managen und sie in eine Richtung lenken – und zwar mit Anpassungsstrategien, die der und die einzelne lernt. Zu entscheidenden Strategien findet man, sobald alle zur Verfügung stehende Intelligenz und das sich selbst organisierende Potential der Beschäftigten genutzt wird. Wenn es gilt, sich auf eine neue Zukunft einzustellen, können die vier dynamischen Elemente des IQM als mitwachsende, flexible „Straßenkarte“ dienen, mit der die Herausforderungen klug zu bewältigen sind.

Selbstsicherheit wird künftig ein Kennzeichen von Führungspersönlichkeiten und außergewöhnlichen Unternehmen sein. Selbstsicherheit des einzelnen oder eines Systems führt zu einem hohen Maß an Kohärenz. Im kohärenten Sinne selbstsichere Führungskräfte oder Organisationen können Macht und Autorität „nach unten“ weitergeben und Zentren der Innovation und Exzellenz auf allen betrieblichen Ebenen entwickeln.

Die schwedische Firma *Skandia* ist ein weltweit tätiges Unternehmen für Finanzdienstleistungen und Versicherungen. Um das Humankapital zu würdigen und zu messen, nutzt *Skandia* innovative Technologien; sie hat deshalb auch Zentren gegründet, in denen neue Technologien erforscht werden, die für ihre Zukunft entscheidend sein könnten. Noch wichtiger erscheint aber folgendes: Die Firma hat, als ihre Unternehmungen,

Produktangebote und Personalangelegenheiten immer vielfältiger und komplexer wurden, ein zentrales Büro eingerichtet, das sicherstellt, die betrieblichen Grundwerte effektiv weiterzugeben. Selbstorganisation findet auf der lokalen Ebene statt, aber *Skandia* stellt sicher, daß sie sich kohärent und mit Herzintelligenz entfaltet.[1]

Quantum-Management beinhaltet auch folgendes: Menschen und Systeme entwickeln sich, indem sie auf Veränderungen reagieren; diese Entwicklung zu lenken ist Aufgabe des Quantum-Managements. Seine Aufgabe ist auch, „genetische“ Anpassungen in der Blaupause vorzunehmen (also in der ‚Anlage‘, wie das Unternehmen sich selbst sieht und wie es sich verändert), um die Entwicklung neuer Fähigkeiten zu ermöglichen. Diese Anpassungen werden in unregelmäßigen Sprüngen vorgenommen. Quantum-Management stellt sicher, daß das Kleine und Unbedeutende nicht übersehen wird; es ist auch dann noch klar, wenn einzelne mental oder emotional zu schnell weitersausen und die Bedeutung eines Ereignisses nicht verstehen. Quantum-Management gewährleistet, daß der einzelne oder das Thema nicht zu klein bewertet wird und der allgemeinen Aufmerksamkeit entgehen könnte. Dieses Management erfordert, *Aufmerksamkeit* zu schenken – Aufmerksamkeit, die ausgewogen und kohärent ist und mit unseren Grundwerten übereinstimmt. Dann wird es zu Quantensprüngen kommen. Mit ihm kann ein Unternehmen auf dem Markt in seiner Nische bleiben, dort wachsen und gleichzeitig seine Bedeutung wahren. Quantum-Management erfordert die individuelle und systemische Fähigkeit, in eine bestimmte Richtung zu lenken – spiralförmig nach oben in Richtung Selbsterneuerung. Bei einem solchen Prozeß lassen sich sogar Änderungen im in der DNS angelegten Potential eines Menschen nachweisen. Ebenso tun sich in diesem Prozeß im Unternehmen neue Möglichkeiten an Marktpotential sowie an menschlichem und innovativem Potential auf. Der Schlüssel dafür ist, uns aus der bestehenden Schwere und Dichte in uns selbst und in unseren Unternehmen herauszuziehen.

## Erstellen Sie Ihren eigenen Plan

Sie haben im Folgenden die Gelegenheit, den Gewinn, den Sie durch die Lektüre dieses Buches machen können, noch zu erhöhen, Ihren eigenen Plan zu erstellen und die Methoden und gewonnenen Erkenntnisse anzuwenden. Was ist Ihr Ziel? Welche Fragen haben Ihr persönliches Gleichgewicht oder Ihre Vorstellungen über Laufbahn und die Rentabilität des

Unternehmens, in dem Sie arbeiten, aufgerührt? Im Anhang finden Sie ein Glossar mit Definitionen der wichtigsten Konzepte und Methoden dieses Buches; aber wir stellen an dieser Stelle die Methoden noch einmal kurz zusammen.

- Psychisches Selbstmanagement
  - das FREEZE-FRAME-Sofortprogramm in fünf Schritten
  - das Arbeitsblatt zum Ausgleich von Positiva und Negativa
  - der neutrale Zustand
  - mit Zeit und Erwartungen umgehen
- Kohärente Kommunikation
  - intuitives Zuhören
  - authentischer Dialog
- Das Betriebsklima verbessern
  - Anteilnahme und übertriebene Fürsorge unterscheiden
  - Selbstfürsorge
  - Fragebogen zur betrieblichen Kohärenz
  - den emotionalen Virus aufspüren
  - die HEART LOCK-IN-Herzübung
- Strategien und Erneuerung
  - HEART MAPPING
  - Arbeitsblatt zum Ausgleich von Positiva und Negativa
  - Coaching
  - Teamarbeit

Denken Sie nun an Ihre tägliche, wöchentliche oder monatliche Routine. Wie viel Zeit des Tages verbringen Sie am Telefon, in Besprechungen, mit Planungen, auf Reisen und damit, auf Anrufe und E-Mails zu reagieren? Welche der hier vorgestellten Konzepte und Methoden scheinen sich am leichtesten in Ihren Zeitplan einfügen zu lassen? Welche erscheinen als Herausforderung, deren Nutzen den Einsatz lohnend machen? Erstellen Sie ein Mind Map all der möglichen Arten, wie Sie die Methoden aus der vorangehenden Liste integrieren und anwenden können. Erstellen Sie dann ein Heart Map der lohnendsten Aktivitäten – derjenigen, die Ihren Grundwerten am stärksten entsprechen. Nehmen Sie in diese Maps die Notwendigkeit mit auf, sich mit Menschen zu treffen, um Konflikte zu lösen und eine kohärentere Kommunikation zu entwickeln. Denken Sie daran, sich besonders darauf zu konzentrieren, mehr Ausgeglichenheit und Kohärenz *in sich selbst* zu entwickeln. Der vorletzte Schritt besteht darin, einen Handlungsplan für die Methoden aufzustellen, die anzuwenden Sie sich innerlich verpflichten. Der letzte Schritt ist das Handeln.

## Präsenz

Als Nebenprodukt der Inner Quality Management-Prozesse entwickelt sich Ihre persönliche Präsenz. Präsenz ist in einer Welt der 20-Sekunden-Werbebotschaften, der ständigen Stimulation und der nagenden Angst eine seltene Eigenschaft. Was macht Präsenz aus? Sie ist zweifellos keine intellektuelle Fähigkeit. Sicher kennen wir das alle: Jemand langweilte uns in einem Gespräch mit seiner vermeintlichen, intellektuellen Überlegenheit – offensichtlich hatte er sich über die Realität des Alltags erhoben und war nur noch in einer eigenen konzeptuellen Welt zu Hause, die er selbst erschaffen hatte. Ein anderes Beispiel: Im Bereich der darstellenden Künste sind zwar viele sehr *talentiert*, aber nur wenige sind wirklich präsent. Könnte Präsenz eine vom Herzen ausgehende Kohärenz in der Welt der persönlichen Anziehungskraft sein? Präsente Menschen strahlen eine kaum zu beschreibende Qualität aus; sie sind „da", überraschend aufmerksam und unabgelenkt. Fülle, Zentriertheit und Ganzheit gehen von ihnen aus. Wir genießen es, in ihrer Nähe zu sein und sie zu erleben. Präsenz kann entwickelt werden und ist die natürliche Ausstrahlung innerer Sicherheit. Vieles kann einem Menschen und Unternehmen die Präsenz rauben:

- ungelöste Konflikte
- nicht nach den Grundwerten seines Herzens leben
- mentale Prozesse, die außer Kontrolle geraten, und die man nicht in den Griff bekommt
- Urteile über sich und andere.

Präsenz ist zweifellos greifbarer als wir wissen; wahrscheinlich wird man sie eines Tages messen können, zum Beispiel als magnetisches Präsenzfeld. Doch auch bevor die Wissenschaft das Existieren von Präsenz bestätigen wird, sind wir uns bewußt, daß sie existiert

- in dem Geschäft, in das wir häufig gehen, weil es eine unverkennbare Wärme ausstrahlt
- in großen Schauspielern und Schauspielerinnen, deren Filme wir nie versäumen, weil wir uns ihrer ständigen Präsenz, ihres Charismas und ihrer Ausstrahlung bewußt sind
- in dem Mentor und der Referentin, die allein schon durch das persönliche Auftreten die Dynamik im Raum erhöhen
- in einer Fluglinie, die mitfühlend und offen mit einer Flugzeugkatastrophe umgeht.

Mangelnde Präsenz nehmen wir wahr

- in dem Nachrichtensprecher, der nur die Neuigkeiten abliest und der aktuellen Katastrophengeschichte keine Menschlichkeit mitgibt
- in der Mitarbeiterbesprechung, die durch häufige Unterbrechungen, Gespräche am Rande und widersprechende Meinungen gekennzeichnet ist.

## Eine Geschichte über Einstein

Es dauerte zwar viele Jahre, bis Einsteins radikale Theorien Teil der herrschenden Wissenschaft wurde, doch schließlich wurde er als der größte Physiker des 20. Jahrhunderts anerkannt. Auf der Höhe seines Ruhmes stellte ein katholischer Priester des Vatikans einen entscheidenden Lehrsatz von Einsteins Ansicht des „Universums im stabilen Zustand" in Frage. Ohne viel Federlesens schickte Einstein den Priester weg und prangerte öffentlich seine geringen Mathematikkenntnisse an. Zu dieser Zeit herrschte noch die Überzeugung, daß wir in der einzigen Galaxie im Universum leben. Doch mit den faszinierenden Bildern des großen Astronomen Hubble stellte sich ein ganz anderes Bild des Universums dar. Die Wolken, die Wissenschaftler wie Einstein für Teile unseres eigenen Sonnensystems hielten, sind in Wirklichkeit riesige andere Galaxien, die sich mit unglaublicher Geschwindigkeit von uns entfernen. Die Schönheit dieser Bilder raubte Einstein den Atem. Er entschuldigte sich öffentlich bei dem Priester und änderte seine Sichtweise über die kosmische Realität dabei dramatisch.

Wie viele Führungspersönlichkeiten und Visionäre können sich ebenso offen zeigen wie Einstein und nicht nur ihre eigenen Fehler zugeben, sondern auch die neue Entdeckung feiern? Diese Offenheit der Wahrheit gegenüber lag Einsteins zurückhaltender, etwas zerzaustet Präsenz zugrunde und war eines der größten Geschenke von ihm an die Welt.

Künftig werden wir immer mehr danach streben, mit eben den Unternehmen Geschäfte zu machen, bei denen wir Präsenz spüren. Wir werden nur für Chefs und Chefinnen arbeiten wollen, die Präsenz respektieren. Wir werden uns unseres tiefsten Wunsches äußerst bewußt sein, unsere eigene Präsenz zu entwickeln. Präsenz wird ein wichtiges Merkmal sein, um treffsicher zu entscheiden, ob wir uns im Klima eines Betriebs und in Teams, in denen wir arbeiten, als Menschen willkommen und verstanden fühlen. Präsenz erzeugt und erhöht Kohärenz.

Es gibt einen neuen intelligenten Impuls, der nicht aufzuhalten ist, selbst wenn er angesichts von viel Chaos und Unzufriedenheit vielleicht unentwickelt und zerbrechlich erscheint: Unternehmen der Zukunft werden das Herz ihrer Organisation entdecken müssen. Unternehmen, die sich auf Herzensqualitäten stützen, ermuntern und unterstützen die Selbstentwicklung und das Selbstmanagement all ihrer Beschäftigten. Sie streben danach, Intelligenz zu maximieren, nicht, indem sie ihre Leute zwingen, mehr zu tun, sondern indem sie sie hegen, unterstützen und sie im positiven Sinne herausfordern. Sie betrachten die mentale, emotionale und körperliche Gesundheit der Beschäftigten als entscheidend für die Produktivität und die langfristige Überlebensfähigkeit des Unternehmens und nicht nur als Thema für die, denen es an einer starken Konstitution fehlt. Sie betrachten Kommunikation als lebendigen Informationsfluß, der vitalisieren und regenerieren kann. Sie kontrollieren die Zuträglichkeit und Effektivität aller Kommunikationsmethoden. Damit wollen sie nicht in die Privatsphäre eindringen, sondern sie tun dies, weil sie erkannt haben, daß der Informationsfluß selbst als Nahrung dient. Sie verstehen und verbessern das Betriebsklima, nicht nur, weil das gut, nett oder richtig ist; sie können sich gar nicht vorstellen, anders zu handeln. Sie verstehen, daß die ungezügelte Anhäufung von Wissen nur ein schwacher Ersatz für gewachsene Reife und Vernunft ist. Wissen ohne Herz ist eine Last; Weisheit hingegen regeneriert. Und diese Unternehmen setzen Prozesse in Gang, die sowohl den einzelnen als auch die Organisation erneuern und vitalisieren und so den Bedürfnissen aller dienen. Für all diese intelligenten Bemühungen werden sie mit ungekannten innovativen Durchbrüchen, mit Kundenloyalität und persönlicher Erfüllung belohnt. Sie sind vom Chaos zur Kohärenz gelangt.

## Anmerkung

1. Leif Edvinsson und Michael S. Malone, *Intellectual Capital: Realizing Your Company's True Value by Finding Its Hidden Brainpower.* New York: HarperCollins, 1997, S. 49.

# Anhang
# Fallstudien aus Unternehmen

Das HEARTMATH – HERZINTELLIGENZ-System wurde in zahlreichen Unternehmen, staatlichen Stellen und militärischen Anlagen in den Vereinigten Staaten, Kanada, Europa und Asien durch IQM-Ausbildungs- und Forschungsprogramme eingeführt. In diesem Anhang sind die Höhepunkte verschiedener solcher Interventionen zusammengefaßt. In allen Fällen wurden die IQM-Methoden über einen Zeitraum von mehreren Monaten in dem jeweiligen Unternehmen angeboten. (Ausführliche Berichte über diese und andere Interventionen bei Klienten erhalten Sie beim HeartMath-Institut: http://www.heartmath.com.)

## Eine weltweit tätige Ölfirma (europäisches Leitungsteam)

Schätzungen darüber, was Streß die britische Wirtschaft kostet, schwanken zwischen 3,7 und 11 Billionen englische Pfund jährlich. Die britische *International Labor Organization* schätzt, daß sich die Unproduktivität aufgrund von Streß auf bis zu 10 % des Bruttosozialprodukts beläuft.

Vor zwei Jahren führten das *Institute for Personnel Development* (IPD) und das *Institute of Occupational Health* unter rund 2000 Personalchefs eine gemeinsame Umfrage durch. Nach dieser Umfrage nimmt Streß den ersten Platz auf der Liste der Untersuchungen zur Gesundheit am Arbeitsplatz ein. Eine Befragung von 200 Personalchefs während einer Konferenz (*Sedgwick Noble Lowndes HR Konferenz*) im Jahr 1998 ergab, daß 66 % Streß als Bereich werteten, der ein besonderes Budget benötige, obwohl nur 2 % der Firmen der Befragten über Methoden verfügten, mit Streß umzugehen. Während des *Trade Union Congress* (TUC) wurden 1998 7000 Beamte des Amtes für Gesundheit und Sicherheit zum Thema

Streß befragt: Mehr als zwei Drittel gaben Streß als ihr größtes Anliegen an.

1994 führte das *Ashridge Management College* eine Umfrage unter 400 Managern aller Ebenen durch. Man kam zu folgenden Ergebnissen: 77 % bezeichneten ihre Arbeit als Streßquelle, 63 % sagten, ihr Berufsleben liege mit ihrem Privatleben im Konflikt, und fast 50 % hatten Angst um ihren Arbeitsplatz, waren desillusioniert über mangelnde Aufstiegsmöglichkeiten und arbeiteten regelmäßig mehr als 60 Stunden pro Woche.

Der Personalrat einer Ölfirma berichtete von zunehmendem Streß innerhalb der Firma. Er betonte auch, daß Streß „eindeutig ein wirtschaftliches Problem" sei und daß eine Initiative gegen Streß eine „natürliche erweiterte Aufgabe der Firma sein muß, um die Sicherheit ihrer Beschäftigten zu gewährleisten". Der leitende Betriebsarzt betonte, daß Produktionsleiter „für die Gesundheit ihrer Belegschaft verantwortlich" seien.

Als Ergebnis dieser Statistiken startete die Ölfirma über 18 Monate hinweg eine Reihe von Pilotprojekten, um zu ermitteln, wie der Gesundheitszustand und das Wohlbefinden der Belegschaft verbessert werden könne. Die sieben Einzelstudien wurden mit über 150 Angestellten durchgeführt. Unter der Leitung von Dr. Alan Watkins und Chris Sawicki der Firma *Hunter-Kane* wurden 150 Angestellte in den Methoden des Inner Quality Management ausgebildet.

## Studiengestaltung

Die genannte Studie gibt die Ergebnisse des IQM-Programms wieder, das das europäische Leitungsteam mit den Zuständigkeitsbereichen Gesundheit, Sicherheit und Umwelt absolvierte. Zu Beginn des IQM-Programms füllten alle Teilnehmer Beurteilungsbögen zur persönlichen und betrieblichen Qualität aus (*Personal and Organizational Quality Assessment*; POQA). Sechs Wochen nach dem IQM-Programm taten sie dies wieder.

## Die Ergebnisse des POQA

Das POQA umfaßt 80 Punkte, die in ihren Abstufungen 12 Bereiche repräsentieren. Auf jede Frage gibt es fünf mögliche Antworten: fast nie, selten, manchmal, oft, meistens; oder alternativ: starke Ablehnung, Ablehnung, neutral, etwas Zustimmung, starke Zustimmung. Die wichtigsten Ergebnisse sind in den Tabellen A 1 bis A 8 wiedergegeben.

| | Ausgangswert | Nach sechs Wochen |
|---|---|---|
| Ich fühle mich unwohl | 30 % | 11 % |
| Ich bin verärgert | 10 % | 0 % |
| Ich bin trübsinnig | 10 % | 0 % |
| Ich habe oft Schuldgefühle | 10 % | 0 % |
| Ich bin unglücklich | 0 % | 0 % |
| Ich bin deprimiert | 0 % | 0 % |
| Ich bin traurig | 0 % | 0 % |
| Ich bin sauer | 0 % | 0 % |

*Tabelle A 1: Emotionale Streßsymptome (oft oder meistens)*

| | Ausgangswert | Nach sechs Wochen |
|---|---|---|
| Ich fühle mich angespannt | 50 % | 22 % |
| Ich habe unspezifische Wehwehchen | 50 % | 11 % |
| Ich leide unter Schlaflosigkeit | 30 % | 11 % |
| Ich habe Herzklopfen | 20 % | 0 % |
| Ich fühle mich wohl | 70 % | 89 % |

*Tabelle A 2: Körperliche Streßsymptome (oft oder meistens)*

| | Ausgangswert | Nach sechs Wochen |
|---|---|---|
| Ich bin konzentriert | 70 % | 100 % |
| Ich habe einen klaren Kopf | 70 % | 100 % |
| Ich fühle mich gut versorgt | 50 % | 78 % |
| Ich habe inneren Frieden | 60 % | 78 % |
| Ich fühle mich entspannt | 50 % | 78 % |
| Ich bin zufrieden | 60 % | 78 % |
| Ich fühle mich ruhig | 80 % | 89 % |
| Ich bin voller Energie | 80 % | 89 % |
| Ich fühle mich lebendig | 80 % | 100 % |
| Ich fühle mich gesund | 90 % | 100 % |
| Ich bin glücklich | 70 % | 89 % |
| Ich kann anderen vergeben | 80 % | 89 % |
| Für andere zu sorgen raubt mir Energie | 30 % | 22 % |

*Tabelle A 3: Positive Wahrnehmungen (oft oder meistens)*

| | Ausgangswert | Nach sechs Wochen |
|---|---|---|
| Wir hören einander zu | 50 % | 89 % |
| Wir kommunizieren gut | 60 % | 78 % |
| Unsere Besprechungen sind gut organisiert | 30 % | 44 % |
| Ich höre Kollegen aufmerksam zu | 90 % | 89 % |
| Ich verstehe andere | 90 % | 100 % |

*Tabelle A 4: Kommunikation (etwas Zustimmung/starke Zustimmung)*

| | Ausgangswert | Nach sechs Wochen |
|---|---|---|
| Meine Ziele decken sich mit denen der Firma | 60 % | 78 % |
| Ich kenne meine beruflichen Ziele sehr genau | 40 % | 44 % |

*Tabelle A 5: Ziele (etwas Zustimmung/starke Zustimmung)*

| | Ausgangswert | Nach sechs Wochen |
|---|---|---|
| Bei meiner Arbeit erziele ich exzellente Ergebnisse | 70 % | 89 % |
| Ich bin effizient | 80 % | 100 % |
| Ich erreiche meine Ziele am Arbeitsplatz | 80 % | 100 % |
| Ich bin kreativ | 80 % | 89 % |

*Tabelle A 6: Produktivität (etwas Zustimmung/starke Zustimmung)*

| | Ausgangswert | Nach sechs Wochen |
|---|---|---|
| Ich bin zufrieden mit meinem Aufgabenbereich | 50 % | 89 % |
| Mir gefällt meine Arbeit | 60 % | 89 % |
| Mir geht es gut mit meiner Arbeit | 70 % | 89 % |
| Konflikt zwischen Privatleben und Beruf | 70 % | 56 % |
| Am liebsten würde ich meinen Arbeitsplatz kündigen | 20 % | 11 % |

*Tabelle A 7: Zufriedenheit am Arbeitsplatz (etwas Zustimmung/starke Zustimmung)*

| | Ausgangswert | Nach sechs Wochen |
|---|---|---|
| Ich lasse mich von der Logik leiten | 80 % | 100 % |
| Ich lasse mich von meiner Intuition leiten | 60 % | 67 % |

*Tabelle A 8: Entscheidungsfindung (etwas Zustimmung/starke Zustimmung)*

# Eine weltweit tätige Technologiefirma

Eine der größten und gewinnbringendsten Technologiefirmen der Welt erkannte, daß es für künftiges Wachstum und für eine dauerhafte Marktführung strategisch entscheidend war, Angestellte, besonders Ingenieure, zu behalten sowie eine hohe Produktivität beizubehalten. 30 Ingenieure und Mitarbeiter eines Designteams, die an der Entwicklung einer entscheidenden nächsten Generation von Computerchips arbeiten, nahmen an einer dreimonatigen IQM-Intervention teil. Eine Kontrollgruppe von 30 Ingenieuren und Mitarbeitern aus der gleichen Abteilung wurde als Vergleich herangezogen.

Die Tabellen A 9 und A 10 geben den Prozentsatz der Befragten an, die auf Fragen zu persönlichem Streß und der persönlichen Einstellung mit „fast nie oder selten“ antworteten, und den Prozentsatz der Befragten, die „oft oder meistens“ antworteten. Die Spalten bezeichnen den Ausgangswert vor dem Training und die Ergebnisse nach dem Training (vier Monate später). Achten Sie besonders auf die drastischen Veränderungen bei der Häufigkeit, sich ruhig, freudig, erschöpft und entspannt zu fühlen und bei dem Punkt Schlaflosigkeit.

| Ich bin/ich fühle mich | Ausgangswert | Nach vier Monaten |
|---|---|---|
| geistig wach | 21 % | 15 % |
| zufrieden | 14 % | 5 % |
| ruhig | 28 % | 0 % |
| freudig | 11 % | 0 % |

*Tabelle A 9: Innere Haltung bei persönlichem Streß (fast nie oder selten)*

| Ich bin/ich fühle mich | Ausgangswert | Nach vier Monaten |
|---|---|---|
| unwohl | 17 % | 0 % |
| erschöpft | 59 % | 25 % |
| voll Energie | 48 % | 61 % |
| entspannt | 34 % | 60 % |
| deprimiert | 17 % | 0 % |
| schlaflos | 21 % | 5 % |

*Tabelle A 10: Innere Haltung bei persönlichem Streß (oft oder meistens)*

Die Tabellen A 11 und A 12 über die Effektivität am Arbeitsplatz wurden von einem Prozentsatz von Befragten beantwortet, die entweder nicht oder überhaupt nicht zustimmen oder etwas oder stark zustimmen konnten. Aufgeführt sind sowohl die Ausgangswerte als auch die Werte nach der Ausbildung. Der Auftraggeber der Studie freute sich besonders über die Verbesserung bei den Antworten auf „Unsere Besprechungen sind gut organisiert" und „Am liebsten würde ich meinen Arbeitsplatz kündigen". In diesem Unternehmen können sich die Kosten dafür, einen einzigen Ingenieur auszutauschen, auf sicherlich 75.000 bis 100.000 US-Dollar belaufen.

| | Ausgangswert | Nach vier Monaten |
|---|---|---|
| Die Kommunikation zwischen meinem Vorgesetzten und mir ist gut | 14 % | 5 % |
| Ich bin kreativ bei der Arbeit | 14 % | 0 % |
| Konflikt zwischen persönlichen und geschäftlichen Prioritäten | 48 % | 56 % |
| Ich erziele hervorragende Ergebnisse | 10 % | 0 % |

*Tabelle A 11: Effektivität am Arbeitsplatz (Ablehnung/starke Ablehnung)*

| | Ausgangswert | Nach vier Monaten |
|---|---|---|
| Unsere Besprechungen sind gut organisiert | 31 % | 50 % |
| Am liebsten würde ich meinen Arbeitsplatz kündigen | 28 % | 16 % |

*Tabelle A 12: Effektivität am Arbeitsplatz (etwas Zustimmung/starke Zustimmung)*

# Kalifornische Behörde (1. Beispiel)

Die *Legal Support Services Division* (Justizverwaltung) einer großen Regierungsbehörde in Kalifornien unterstützt die Arbeit von mehr als 600 Anwälten im ganzen Bundesstaat. Die Angestellten der Justizverwaltung arbeiten unter beträchtlichem Streß und Zeitdruck. Kalifornien hat als der bevölkerungsreichste Bundesstaat der ganzen Nation die meisten zivilen und strafrechtlichen Fälle. Zehntausende von Fällen in unterschiedlichen Verfahrensstadien erfordern sorgfältige Bearbeitung, Entwicklung, Planung, Terminierung, Kontrolle und Gerichtsprotokolle in jedem Stadium des Verfahrens. Fehlende, ungenaue oder unvollständige Dokumente oder Unterlagen und mangelnde Genauigkeit in irgendeinem Verfahrensstadium können den hohen Standard und die notwendige Sorgfalt des Prozeßablaufes beeinträchtigen und nach Ansicht des Gerichts die Rechtsstaatlichkeit aushöhlen. Ein großer Teil dieses Berges logistischer Details im alltäglichen Umgang mit Fällen und die Verantwortung für Termineinhaltung und Genauigkeit wird von der Justizverwaltung übernommen.

Aus der Justizverwaltung nahmen im Herbst 1997 in Los Angeles, San Diego, San Franzisko und Sacramento 161 Angestellte an einem Inner Quality Management-Programm teil. Jeder Teilnehmer absolvierte eine eintägige Ausbildung und ein halbtätiges Follow-up ungefähr 30 Tage nach der ersten Ausbildung. Die POQA wurde vor dem ersten Ausbildungstag und 30–45 Tage nach dem Follow-up durchgeführt.

In verschiedenen Bereichen waren statistisch signifikante Veränderungen bei den Gefühlen der Teilnehmer festzustellen. Neben dem Bereich Effektivität am Arbeitsplatz, dargestellt in Tabelle A 13, zeigten sich auch in anderen Bereichen positive Veränderungen. **Die Sterne geben das Maß an statistischer Signifikanz an; je mehr Sterne, desto signifikanter.**

| Statistisch signifikante Zunahmen | Statistisch signifikante Abnahmen |
|---|---|
| Soziale Unterstützung*** | Traurigkeit*** |
| Innerer Friede*** | Müdigkeit*** |
| Fröhlichkeit*** | Depression*** |
| Körperliche Energie*** | Angst*** |
| Körperliche Gesundheit** | Ärger*** |
| Produktivität* | Anspannung*** |
| Die Ausgewogenheit zwischen Arbeit und Privatleben* | Verdauungsbeschwerden*** |
| | Körperliche Schmerzen*** |
| Zufriedenheit mit der Arbeit* | Schlaflosigkeit*** |
| Geistige Klarheit* | Übermäßige Fürsorge** |

*Tabelle A 13: Effektivität am Arbeitsplatz*

**Bemerkenswerte Details**: Die Tabellen A 14 bis A 16 geben den Prozentsatz von Befragten wieder, die positiv auf diese Erhebung zur Effektivität am Arbeitsplatz antworteten.

| Ich bin/ich fühle mich | **Ausgangswert** | **Nach sechs Wochen** |
|---|---|---|
| geistig wach | 81 % | 85 % |
| zufrieden | 56 % | 73 % |
| freudig | 73 % | 82 % |
| voll Energie | 48 % | 61 % |
| entspannt | 40 % | 60 % |
| deprimiert | 12 % | 3 % |

*Tabelle A 14: Persönliche Einstellung (oft oder meistens)*

| | **Ausgangswert** | **Nach sechs Wochen** |
|---|---|---|
| Ich bin kreativ bei der Arbeit | 61 % | 72 % |
| Konflikte bestehen zwischen persönlichen und geschäftlichen Prioritäten | 29 % | 21 % |
| Ich erziele hervorragende Ergebnisse | 80 % | 88 % |

*Tabelle A 15: Produktivität (etwas Zustimmung/starke Zustimmung)*

| | **Ausgangswert** | **Nach sechs Wochen** |
|---|---|---|
| Die Kommunikation zwischen meinem Vorgesetzten und mir ist gut | 13 % | 8 % |

*Tabelle A 16: Kommunikation (etwas Zustimmung/starke Zustimmung)*

## Kalifornische Behörde (2. Beispiel)

Von einer anderen kalifornischen Behörde absolvierten 118 Arbeitnehmer den POQA-Vortest am 9. und 12. September 1997, vor ihrer IQM-Ausbildung. Die Angestellten wurden in zwei Gruppen eingeteilt, eine Versuchsgruppe und eine wartende Kontrollgruppe. Das HeartMath-Institut führte für die Versuchsgruppe (in drei Gruppen von ungefähr je 20 Leuten) ein IQM-Wellness-Training durch.

## Vergleich mit den anderen Angestellten

Das PQOA wurde von mehr als 600 Angestellten aus zehn Organisationen ausgefüllt, die einen repräsentativen Querschnitt in bezug auf Alter, Geschlecht und Stellung am Arbeitsplatz bildeten. Die Punktzahlen der Angestellten der Behörde wurden mit einer Mustergruppe verglichen. Der Vergleich mit den Normwerten (Norm = 50 %) ist nur eine Methode und Möglichkeit, die Daten zu analysieren. Vor diesem Training lagen die Teilnehmer der Versuchsgruppe

- über dem Normwert bei: allgemeiner negativer Gemütsbewegung, Traurigkeit, Ärger, Leid, Herzrasen, Müdigkeit, Schlaflosigkeit, Angst, körperlichen Schmerzen, Verdauungsbeschwerden, sozialer Unterstützung und Zufriedenheit am Arbeitsplatz
- unter dem Normwert bei: innerem Frieden, Vitalität, mentaler Klarheit, Klarheit über die Ziele und Produktivität
- am Normwert bei: Depression, positiver Gemütsbewegung und kommunikativer Effektivität.

Vor diesem Training lagen die Teilnehmer der wartenden Kontrollgruppe

- über dem Normwert bei: allgemeiner negativer Gemütsbewegung, Depression, Ärger, Leid, positiver Gemütsbewegung, kommunikativer Effektivität, Schlaflosigkeit, Verdauungsbeschwerden und sozialer Unterstützung
- unter dem Normwert bei: innerem Frieden, Klarheit der Ziele, Herzrasen und Produktivität
- am Normwert bei: Traurigkeit, Müdigkeit, Vitalität, geistiger Klarheit, Zufriedenheit am Arbeitsplatz, Angst und körperlichen Schmerzen.

Die Tabellen A 17 und A 18 zeigen die statistisch signifikanten Veränderungen, die im Anschluß an das Training auftraten. (**Folgende Signifikanzgrade gelten: * bedeutet $p = 0{,}05$; ** bedeutet $p = 0{,}01$; *** bedeutet $p = 0{,}001$. Je mehr Sterne, desto signifikanter.**) Andere Faktoren bezeichnen Richtungsänderungen, aber keine statistisch signifikanten Veränderungen, darunter positive Gemütsbewegung, mentale Klarheit, Warmherzigkeit, fürsorgliche Einstellung und Ausgewogenheit zwischen Beruf und Privatleben.

| | Kontrolle | Ziel | Grad |
|---|---|---|---|
| Allgemeine negative Gemütsbewegung | −9 % | −22 % | *** |
| Depression | −4 % | −26 % | *** |
| Müdigkeit | −3 % | −24 % | *** |
| Innerer Friede | 2 % | 23 % | *** |
| Schlaflosigkeit | −5 % | −24 % | *** |
| Vitalität | −1 % | 10 % | ** |
| Ärger | −10 % | −20 % | * |
| Leid | −12 % | −21 % | * |
| Traurigkeit | −7 % | −22 % | * |
| Klarheit der Ziele | 4 % | 9 % | * |
| Produktivität | −2 % | 4 % | * |
| Angst | −9 % | −21 % | * |
| Herzrasen | 4 % | −19 % | * |

*Tabelle A 17: Die Ergebnisse der Versuchsgruppe nach dem Training*

| | Ergebnis | Grad |
|---|---|---|
| Allgemeine negative Gemütsbewegung | −17 % | *** |
| Ärger | −17 % | *** |
| Leid | −17 % | *** |
| Depression | −18 % | *** |
| Traurigkeit | −14 % | *** |
| Müdigkeit | −12 % | *** |
| Innerer Friede | 9 % | *** |
| Soziale Unterstützung | 10 % | *** |
| Angst | −18 % | *** |
| Verdauungsbeschwerden | −14 % | *** |
| Zufriedenheit am Arbeitsplatz | 7 % | * |
| Klarheit der Ziele | 7 % | * |
| Schlaflosigkeit | −13 % | * |
| Körperliche Schmerzen | −10 % | * |

*Tabelle A 18: Die Ergebnisse der wartenden Kontrollgruppe nach dem Training*

## Darstellung der Daten vor dem Training, nach dem Training und längere Zeit nach dem Training

Abbildung A 1 zeigt die Veränderungen in drei Bereichen: Müdigkeit, Produktivität und Zufriedenheit. Die Daten wurden vor dem Training der Versuchs- und der wartenden Kontrollgruppe erhoben, zwei Wochen nach dem Training der Versuchsgruppe (die wartende Kontrollgruppe hatte noch kein Training) und wieder neun Wochen später, das heißt zwei Wochen nach dem Training der wartenden Kontrollgruppe.

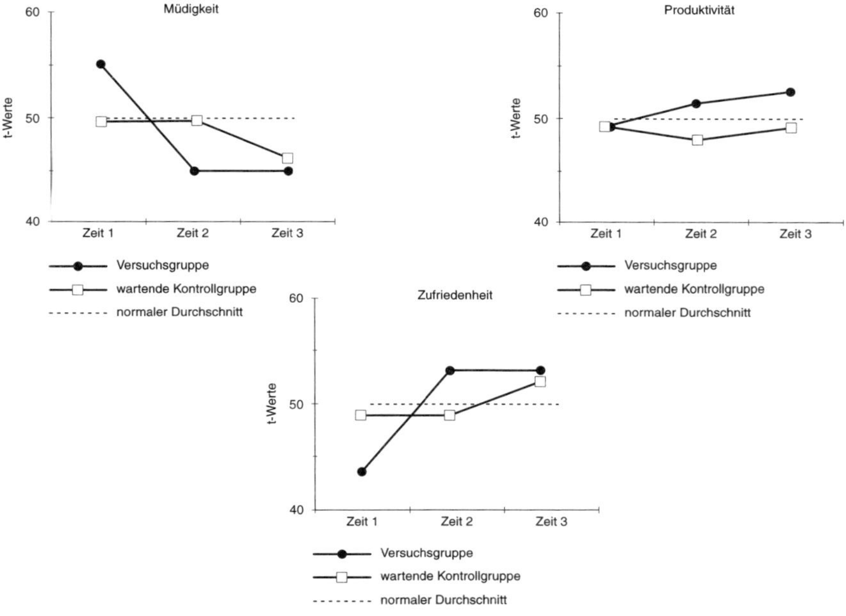


*Abbildung A 1: Veränderungen in drei Bereichen*

Die folgende Tabelle A 19 zeigt die zwei und neun Wochen nach dem Training ermittelten Daten der Versuchsgruppe; sie zeigen, daß der Lerneffekt über diesen Zeitraum anhält.

| Bereich | Nach zwei Wochen | Grad | Nach neun Wochen | Grad |
|---|---|---|---|---|
| Allgemeine negative Gemütsbewegung | –23 % | * | –25 % | * |
| Ärger | –21 % | * | –23 % | * |
| Leid | –22 % | * | –27 % | * |
| Depression | –28 % | * | –23 % | * |
| Traurigkeit | –24 % | * | –26 % | * |
| Müdigkeit | –26 % | * | –25 % | * |
| Positive Gemütsbewegung | 5 % | * | 3 % | |
| Innerer Friede | –23 % | * | 25 % | * |
| Vitalität | 11 % | * | 13 % | * |
| Soziale Unterstützung | 11 % | * | 11 % | * |
| Mentale Klarheit | 3 % | | 5 % | |
| Zufriedenheit am Arbeitsplatz | 6 % | | 9 % | * |
| Klarheit der Ziele | 10 % | * | 10 % | * |
| Produktivität | 4 % | * | 5 % | * |
| Kommunikative Effektivität | 6 % | * | 6 % | * |
| Schlaflosigkeit | –26 % | * | –26 % | * |
| Angst | –23 % | * | –28 % | * |
| Körperliche Schmerzen | –19 % | * | –22 % | * |
| Verdauungsbeschwerden | –15 % | * | –24 % | * |
| Herzrasen | –21 % | * | –18 % | * |

*Tabelle A 19: Die Ergebnisse der Versuchsgruppe nach der Ausbildung*

**Blutdruck-Studie**

Bei 11 der 106 Versuchspersonen, bei denen das erste Stadium von Bluthochdruck bei ihren Blutdruckwerten festzustellen war, ging der Blutdruck bei vier von sechs Personen mit hohem diastolischen Blutdruck in den Normbereich zurück, ebenso bei sechs von acht Personen mit hohem systolischen Blutdruck. Eine statistische Analyse ließ sich aufgrund der geringen Zahl von Versuchspersonen mit Bluthochdruck nicht durchführen.

## Eine Consultingfirma, die die US-Regierung berät

15 Mitarbeiter einer großen Consultingfirma schlossen den POQA-Vortest am 27. Oktober 1997 vor der Ausbildung ab. Die Teilnehmer erhiel-

ten ein zweitägiges IQM-Ausbildungsprogramm und wurden aufgefordert, die Methoden und Techniken im nächsten Monat zu üben. Zwölf Teilnehmer nahmen am Nachtest teil, der Ende Dezember 1997 stattfand. Analysiert wurden zwölf miteinander vergleichbare Paare von Daten vor und nach der Ausbildung. Vor dem Training lagen die Teilnehmer

- unter dem Normwert bei folgenden positiven Aspekten: positive Gemütsbewegung, innerer Friede, Klarheit der Ziele und Produktivität
- unter dem Normwert bei folgenden negativen Aspekten: Ärger, Leid, Depression, Traurigkeit, Müdigkeit, Angst, körperliche Schmerzen, Verdauungsbeschwerden und Herzrasen
- über den Normwerten bei Vitalität und geistiger Klarheit
- im Normbereich bei sozialer Unterstützung, kommunikativer Effektivität, Zufriedenheit am Arbeitsplatz und Schlaflosigkeit.

Tabelle A 20 zeigt statistisch signifikante (* **bedeutet** $p = 0{,}5$ **und** ** **bedeutet** $p = 0{,}1$**; je mehr Sterne, desto signifikanter**) Veränderungen nach dem Training. Andere Faktoren zeigten positive Richtungsänderungen, aber keine statistisch signifikanten Veränderungen. Dies war der Fall bei positive Gemütsbewegung, innerem Frieden, Ärger, Leid, Müdigkeit, kommunikativer Effektivität, Zufriedenheit am Arbeitsplatz und Schlaflosigkeit.

| **Bereich** | **Ergebnis** | **Grad** |
|---|---:|---:|
| Depression | –19 % | * |
| Klarheit der Ziele | 18 % | * |
| Produktivität | 9 % | ** |

*Tabelle A 20: Trainingsergebnisse*

Bei einer so kleinen Gruppe waren positive Richtungsänderungen, die in einer größeren Gruppe statistisch signifikant hätten werden können, nicht signifikant.

## Zwei-Eimer-Analyse

Daten lassen sich unterschiedlich analysieren. Die statistisch bevorzugte Methode besteht darin, den Gruppendurchschnitt zu ermitteln und die Veränderung zwischen vor und nach dem Training zu betrachten. Doch durch dieses Ermitteln des Durchschnitts werden manche signifikanten Veränderungen innerhalb der Gruppe verschleiert. Deshalb werden die Daten unterteilt in die oberen zwei „Eimer“ und mit drei anderen „Eimern“ verglichen. So werden die Veränderungen in einigen Untergruppen deutlicher; außerdem spiegelt dieses Vorgehen die Tatsache wider, daß die Menschen im Extrembereich der Skala diejenigen sind, die die ganze Gruppe am stärksten beeinflussen.

Die Teilnehmer beantworteten Multiple-choice-Fragen, jeweils fünf Antworten wurden angeboten. Diese Antworten wurden in zwei „Eimer“ aufgeteilt. Ein Beispiel: fast nie, selten, manchmal, oft, meistens; dies sind fünf mögliche Antworten auf die Frage, wie oft sich jemand müde fühlt. Die oberen Eimer wären dann fast nie und selten; die unteren zwei Eimer wären oft und meistens.

Ein vollständiger Bericht über diese Art von Analyse ist beim Heart-Math-Institut zu erhalten. Die Tabellen A 21 bis A 25 zeigen einige Highlights.

| | Ausgangswert | Nach dem Training |
|---|---|---|
| Ich erreiche meine Ziele bei der Arbeit | 75 % | 92 % |
| Ich bin produktiv bei der Arbeit | 75 % | 92 % |
| Ich bin effizient bei der Arbeit | 55 % | 83 % |
| Meine Arbeit liefert hervorragende Ergebnisse | 67 % | 92 % |
| Ich habe (oft/meistens) das Gefühl, einen klaren Kopf zu haben | 83 % | 92 % |
| Ich bin (oft/meistens) konzentriert | 67 % | 92 % |

*Tabelle A 21: Leistung (etwas Zustimmung/starke Zustimmung)*

| | Ausgangswert | Nach dem Training |
|---|---|---|
| Die Unternehmensziele sind mir klar | 42 % | 75 % |
| Ich verstehe die Prioritäten meines Arbeitsbereiches | 83 % | 100 % |
| Meine beruflichen Ziele sind sehr spezifisch | 17 % | 58 % |
| Meine Ziele decken sich mit den Unternehmenszielen | 33 % | 58 % |

*Tabelle A 22: Klarheit der Ziele (etwas Zustimmung/starke Zustimmung)*

| | Ausgangswert | Nach dem Training |
|---|---|---|
| Wir hören einander am Arbeitsplatz aufmerksam zu | 33 % | 58 % |
| Die Kommunikation zwischen meinem Vorgesetzten und mir ist gut | 58 % | 75 % |
| Die Leute fühlen sich frei, ihre Meinung zu äußern | 67 % | 83 % |
| Ich höre meinen Kollegen aufmerksam zu | 75 % | 100 % |
| Ich kommuniziere mit Vorgesetzten, wenn nötig | 92 % | 100 % |
| Ich fühle, daß man an mir Anteil nimmt | 50 % | 58 % |
| Ich fühle mich wertgeschätzt | 67 % | 75 % |

*Tabelle A 23: Beziehungen am Arbeitsplatz (etwas Zustimmung/starke Zustimmung)*

| | Ausgangswert | Nach dem Training |
|---|---|---|
| Ich fühle mich erschöpft | 9 % | 0 % |
| Ich fühle mich körperlich fit | 42 % | 58 % |
| Ich leide unter Schlaflosigkeit | 17 % | 8 % |
| Ich leide unter körperlichen Schmerzen | 33 % | 25 % |

*Tabelle A 24: Körperliche Streßsymptome (oft/meistens)*

| | Ausgangswert | Nach dem Training |
|---|---|---|
| Ich bin unglücklich | 8 % | 0 % |
| Ich bin deprimiert | 8 % | 0 % |
| Ich fühle mich besorgt | 8 % | 0 % |
| Ich bin verärgert | 17 % | 8 % |
| Ich fühle mich ängstlich | 17 % | 8 % |
| Ich empfinde inneren Frieden | 42 % | 67 % |
| Ich fühle mich entspannt | 42 % | 75 % |
| Ich bin fröhlich | 50 % | 75 % |
| Ich bin glücklich | 58 % | 75 % |
| Ich bin fürsorglich | 42 % | 58 % |

*Tabelle A 25: Emotionaler Streß (oft/meistens)*

# Die Ergebnisse eines Fragebogens zur organisationellen Kohärenz in einer großen US-Regierungsbehörde

Mit der Methode der Umfrage zur betrieblichen Kohärenz, wie in Kapitel 9 beschrieben, können Unternehmen und Einrichtungen die Bereiche betrieblicher Inkohärenz feststellen und mit Hilfe der IQM-Methoden effektive Lösungen entwickeln. Es folgen die Ergebnisse, die vor und nach dem Training einer großen US-Regierungsbehörde erfaßt wurden – die Behörde wandte diesen Fragebogen in Verbindung mit einer IQM-Intervention an. Die prozentuale Veränderung bei jeder Frage der Liste ist in den Tabellen A 26 bis A 31 wiedergegeben.

- Die Spalte mit dem Ausgangswert gibt den Prozentsatz der Befragten wieder, die glaubten, daß der jeweilige Punkt dringend verbessert werden müsse.
- Die Spalte „Nach dem Training" gibt den Prozentsatz der Befragten wieder, die immer noch der Meinung waren, der Punkt müsse verbessert werden.
- Eine negative Zahl in der Spalte „Veränderung" gibt die Verbesserung in diesem Punkt an.

| | **Ausgangswert** | **Nach dem Training** | **Veränderung** |
|---|---|---|---|
| Die Geschäftsleitung kümmert sich gut um die Kunden | 30 % | 0 % | –100 % |
| Die Geschäftsleitung kümmert sich gut um ihre Belegschaft | 45 % | 25 % | –44 % |
| Die Geschäftsleitung kümmert sich gut um die Finanzen | 30 % | 0 % | –100 % |
| Ihr Vorgesetzter kümmert sich gut um Ihre Kunden | 11 % | 0 % | –100 % |
| Ihr Vorgesetzter kümmert sich gut um Sie und Ihr Team | 39 % | 8 % | –79 % |
| Ihr Vorgesetzter kümmert sich auch gut um die Finanzen | 25 % | 0 % | –100 % |
| Meine Kollegen und ich kümmern uns gut um unsere Kunden | 10 % | 8 % | –20 % |
| Meine Kollegen und ich kümmern uns gut umeinander | 10 % | 17 % | 70 % |
| Meine Kollegen und ich kümmern uns gut um die Finanzen | 16 % | 8 % | –50 % |

| | Ausgangswert | Nach dem Training | Veränderung |
|---|---|---|---|
| Ihre Mitarbeiter mit Kundenkontakt kümmern sich gut um ihre Kunden | 16 % | 0 % | –100 % |
| Ihre Mitarbeiter mit Kundenkontakt kümmern sich gut um ihre Kollegen | 25 % | 8 % | –68 % |
| Ihre Mitarbeiter mit Kundenkontakt kümmern sich gut um die Finanzen des Unternehmens | 21 % | 0 % | –100 % |

*Tabelle A 26: Wer kümmert sich wie um Aufgabenbereiche*

| | Ausgangswert | Nach dem Training | Veränderung |
|---|---|---|---|
| Das Gefühl haben, Teil dieser Organisation zu sein | 25 % | 17 % | –32 % |
| Lohnende Arbeit tun | 20 % | 8 % | –60 % |
| Einem großartigen Team angehören | 20 % | 0 % | –100 % |
| Vertrauen zur eigenen Arbeit haben | 5 % | 0 % | –100 % |
| Sich frei fühlen, seine Meinung äußern zu können, ohne Angst vor Repressalien | 53 % | 8 % | –85 % |
| Das Gefühl, die eigenen Arbeitsanforderungen bewältigen zu können | 20 % | 8 % | –60 % |
| Im Unternehmen Anteilnahme erfahren | 47 % | 25 % | –47 % |
| Durch den Vorgesetzten Anteilnahme erfahren | 42 % | 17 % | –60 % |

*Tabelle A 27: Wohlbefinden am Arbeitsplatz*

| | Ausgangswert | Nach dem Training | Veränderung |
|---|---|---|---|
| Ihre Beziehung zur Geschäftsleitung der Organisation | 21 % | 8 % | −62 % |
| Ihre Beziehung zu Ihrem Vorgesetzten | 30 % | 17 % | −43 % |
| Ihre Beziehung zu Ihren Kollegen vom Außendienst | 15 % | 0 % | −100 % |
| Ihre Beziehung zu Ihren Kunden | 15 % | 0 % | −100 % |
| Ihre Beziehung zu Kollegen in anderen Abteilungen | 0 % | 0 % | 0 % |
| Ihre Beziehung zu Kollegen in Ihrer Abteilung oder in Ihrem Team | 10 % | 0 % | −100 % |
| Ihre Beziehung zu Kollegen des anderen Geschlechts | 0 % | 0 % | 0 % |

*Tabelle A 28: Beziehungen am Arbeitsplatz*

| | Ausgangswert | Nach dem Training | Veränderung |
|---|---|---|---|
| Eine Geschäftsleitung, die jeden fair behandelt | 55 % | 33 % | –40 % |
| Eine Geschäftsleitung, die Ihnen klar mitteilt, was sie von Ihnen erwartet | 32 % | 33 % | 3 % |
| Eine Geschäftsleitung, die vernünftige Forderungen an Sie stellt | 32 % | 17 % | –47 % |
| Eine Geschäftsleitung, die an Ihrem Wohlergehen bei der Arbeit interessiert ist | 45 % | 25 % | –44 % |
| Eine Geschäftsleitung, die an Ihrem Wohlergehen auch außerhalb des Arbeitsplatzes interessiert ist | 45 % | 27 % | –40 % |
| Eine Geschäftsleitung, die Männer und Frauen gleichermaßen achtet | 47 % | 25 % | –47 % |
| Eine Geschäftsleitung, die für Ihre Anregungen offen ist | 50 % | 25 % | –50 % |
| Eine Geschäftsleitung, die Sie in Entscheidungen, die Sie betreffen, mit einbezieht | 65 % | 50 % | –23 % |
| Eine Geschäftsleitung, die Ihren Beitrag wertschätzt | 32 % | 33 % | 3 % |
| Eine Geschäftsleitung, die gewillt ist, Ihren möglichen Beschwerden Gehör zu schenken | 45 % | 25 % | –44 % |
| Eine Geschäftsleitung, die ihr Möglichstes für die Organisation tut | 35 % | 25 % | –29 % |
| Eine Geschäftsleitung, die Ihnen die Freiheit läßt, ungestört Ihren Beitrag zu leisten | 35 % | 25 % | –29 % |
| Eine Geschäftsleitung, die Ihnen vertraut | 45 % | 45 % | 0 % |

*Tabelle A 29: Menschen führen*

| | Ausgangswert | Nach dem Training | Veränderung |
|---|---|---|---|
| Ihr Gehalt oder Lohn | 75 % | 67 % | –11 % |
| Ihre Sondervergütungen | 30 % | 9 % | –70 % |
| Ihre Arbeitsplatzausstattung | 25 % | 36 % | 44 % |
| Ihr Arbeitspensum | 15 % | 18 % | 20 % |
| Ihre Aufstiegschancen | 50 % | 45 % | –10 % |
| Ihre Fortbildungs- und Entwicklungsmöglichkeiten | 50 % | 33 % | –34 % |
| Die gesellschaftlichen Veranstaltungen am Arbeitsplatz | 21 % | 25 % | 19 % |
| Die Kommunikation am Arbeitsplatz | 47 % | 17 % | –64 % |
| Die Personalpolitik | 50 % | 33 % | –34 % |
| Der Kundenservice | 20 % | 17 % | –15 % |
| Die Budgetierung | 37 % | 33 % | –11 % |
| Die Würdigung von Leistungen | 35 % | 33 % | –6 % |
| Die Art, wie Mitarbeiter, die eine hohe Leistung bringen, anerkannt werden | 65 % | 50 % | –23 % |
| Die Art, wie mit Mitarbeitern, die schwache Leistungen bringen, umgegangen wird | 55 % | 58 % | 5 % |
| Die Ressourcen, die Ihnen für Ihre Arbeit zur Verfügung gestellt werden | 35 % | 17 % | –51 % |
| Der Ruf Ihres Unternehmens | 15 % | 0 % | –100 % |
| Die langfristigen Perspektiven Ihrer Firma | 20 % | 0 % | –100 % |

*Tabelle A 30: Die Organisation leiten*

| | Ausgangswert | Nach dem Training | Veränderung |
|---|---|---|---|
| Mein Vorgesetzter unterstützt meine Arbeit | 30 % | 17 % | –43 % |
| Mein Vorgesetzter ist sich sehr klar darüber, welchen Beitrag er oder sie von mir will | 30 % | 8 % | –73 % |
| Ich weiß, daß mein Beitrag für mein Team bedeutend ist | 15 % | 8 % | –47 % |
| Mein Vorgesetzter erkennt meinen Beitrag ohne weiteres an | 37 % | 17 % | –54 % |
| Mein Vorgesetzter schätzt es, wenn ich am Arbeitsplatz offen meine Meinung äußere | 37 % | 25 % | –32 % |
| Meine Arbeit ist eine Herausforderung | 26 % | 17 % | –35 % |

*Tabelle A 31: Das Betriebsklima*

# Glossar

**Amygdala (Mandelkern):** Das wichtige subkortikale Gehirnzentrum, das die verhaltensbedingten, neuralen, immunologischen und hormonellen Reaktionen auf Bedrohungen aus der Umwelt koordiniert. Der Mandelkern fungiert auch als Speicher der emotionalen Erinnerungen innerhalb des Gehirns. Er hat die Aufgabe, die aus der Umgebung wahrgenommen ankommenden Signale mit den emotionalen Erinnerungen zu vergleichen. So trifft die Amygdala unmittelbare Entscheidungen über das Maß an Bedrohung ankommender sensorischer Information. Durch seine umfangreichen Verbindungen zum Hypothalamus und anderen Zentren des vegetativen Nervensystems kann der Mandelkern das vegetative Nervensystem und die emotionalen Reaktionen in Gang setzen, bevor die höheren Gehirnzentren die sensorischen Informationen erhalten.

**Anteilnahme (Fürsorge):** Anteilnehmen geht von einer inneren Einstellung aus; auch das Gefühl, jemandem etwas Gutes zukommen zu lassen, kann Auslöser sein. Es geschieht, ohne ein Ziel vor Augen zu haben. Wirkliche Fürsorge wirkt sowohl auf den Gebenden als auch auf den Nehmenden verjüngend.

**Arbeitsblatt zum Ausgleich von Positiva und Negativa:** Eine IQM-Methode, um die positiven und negativen Aspekte eines beliebigen Projekts, einer anstehenden Entscheidung, der Leistung eines Angestellten einzuschätzen. Für vielfältige andere Verwendungszwecke zu gebrauchen. Das Arbeitsblatt zum Ausgleich von Positiva und Negativa kann in Kombination mit dem FREEZE-FRAME-Sofortprogramm zu überraschenden Einsichten und zu Klarheit bei persönlichen und beruflichen Problemen führen.

**Ausgewogenheit:** Stabilität und Gleichgewicht oder auch die gleichmäßige Verteilung des Gewichts auf einer waagrechten Achse. Der Begriff bezeichnet auch die mentale oder emotionale Stabilität.

**Autonomes (vegetatives) Nervensystem:** Der Teil des Nervensystems, der die meisten der unwillkürlichen Körperfunktionen reguliert, wie zum Beispiel die durchschnittliche Herzfrequenz, die Peristaltik des

Verdauungstraktes und die Sekretion vieler Drüsen. Es besteht aus zwei Ästen (dem Sympathikus und dem Parasympathikus) und reguliert über 90 % der Körperfunktionen. Herz, Gehirn, Immun- und Hormonsystem sowie Atmungs- und Verdauungstrakt werden durch dieses Netzwerk von Nerven verbunden.

**Barorezeptoren** *siehe System der Barorezeptoren.*

**Betriebliche Inkohärenz:** Ein Zustand, der aus sich angesammeltem inneren Lärm, Aufruhr, Druck und Konflikten zwischen Individuen in einer Organisation resultiert. Betriebliche Inkohärenz ist gekennzeichnet durch verzerrte Wahrnehmung, ein hohes Maß an blindem emotionalem Reagieren, einer verminderten Effizienz, Kooperation und Produktivität.

**Chaos:** Starke Unordnung oder Verwirrung; Inkohärenz. Kommt vom griechischen Wort *chaos* und bedeutet „ungeformte Urmasse der Welt". Dieser ungeordnete Zustand soll vor dem geordneten Universum existiert haben, so glaubte man.

**DHEA:** Ein wichtiges Hormon, das von den Nebennieren produziert wird und als Vitalitätshormon bekannt ist, weil es den Alterungsprozeß verlangsamt. Als natürlicher Gegenspieler zu den Glukokortikoiden im Körper, wie Kortisol, macht DHEA viele der ungünstigen physiologischen Auswirkungen von exzessivem Streß rückgängig. Es ist die Vorstufe der Sexualhormone Östrogen und Testosteron. Seine Aufgaben bestehen unter anderem darin, das Immunsystem zu stimulieren, den Cholesterolspiegel zu senken und das Zusammenspiel der Knochen und Muskeln zu fördern. Niedrige DHEA-Konzentrationen wurden bei Patienten mit vielen ernsten Erkrankungen festgestellt.

**DNS:** Ein komplexes Molekül, das in jeder Zelle des Körpers vorkommt und die genetische Information oder Blaupause trägt, die die ererbten Merkmale eines Menschen ausmacht. Als essentieller Bestandteil allen Lebens besteht es aus zwei langen Kernsäureketten, die zu einer Doppelhelixstruktur verdrillt sind. Die DNS ist der Hauptbestandteil der Chromosomen.

**Elektromagnetisches Signal:** In der Physik beschreibt dieser Begriff eine Welle, die sich durch den Raum oder eine Materie bewegt. Die Welle wird durch das oszillierende elektrische und magnetische Feld hervorgerufen. Dieses Feld wiederum wird durch die oszillierende elektrische Ladung erzeugt. Im menschlichen Körper ist das Herz die stärkste Quelle elektromagnetischer Energie.

**Emotion:** Ein intensives Gefühl. Jede beliebige komplexe Reaktion, die sowohl mental als auch körperlich zum Ausdruck kommt, wie Liebe, Freude, Sorge oder Ärger. Die emotionale Energie ist neutral; sie verknüpft sich mit positiven oder negativen Gedanken und erzeugt so *Emotionen.*

**Emotionaler Virus:** Eine Metapher, die das Ergebnis des unangemessenen Umgangs mit Emotionen in einem Unternehmen beschreibt. Der Virus gedeiht in dem Zwischenraum zwischen unseren Erwartungen und der Realität, die wir wahrnehmen. Das innere Ungleichgewicht, das ein emotionaler Virus hervorruft, sorgt so lange für Verwirrung und Blockade, bis das Ungleichgewicht aufgelöst wird. Das Konzept des emotionalen Virus ist Teil der im Buch dargestellten 3. Dynamik „Das Betriebsklima verbessern".

**Entrainment** *siehe Harmonie.*

**Epinephrine:** Ein Nebennierenhormon, das das Herz stimuliert und die Kraft und Ausdauer der Muskeln erhöht. Ferner verengt es die Blutgefäße und erhöht den Blutdruck. Auch als Adrenalin bekannt.

**Erkenntnis:** Die Fähigkeit, das innere Wesen oder die zugrundeliegende Wahrheit zu sehen und das wirkliche Wesen einer Sache zu erfassen; ein klares Verständnis oder ein Bewußtsein.

**FREEZE-FRAME-Sofortprogramm:** (FREEZE-FRAME: dt. etwa „den gewohnten Rahmen einfrieren".) Eine Hauptmethode des HEARTMATH – HERZINTELLIGENZ-Systems, das in der 1. Dynamik „Psychisches Selbstmanagement" dargestellt wird; sie besteht darin, ganz bewußt seine mentale und emotionale Reaktion auf äußere oder innere Ereignisse von diesen zu entkoppeln. Das Zentrum der Aufmerksamkeit wird dann vom Verstand und den Emotionen weg auf die Herzgegend umgeschaltet, während man sich auf eine positive Emotion wie Liebe oder Wertschätzung konzentriert. Diese Methode dient dazu, Streß zu verhindern und loszulassen, indem sie ineffiziente Reaktionen im Augenblick des Stresses stoppt und die Aussicht auf neue, intuitive Erkenntnisse eröffnet. Der FREEZE-FRAME-Fünfschritt kann in zahlreichen Situationen angewandt werden, zum Beispiel für kreatives Denken, Innovation und Planung, aber auch, um allgemein Gesundheit und Wohlbefinden zu verbessern.

**Frequenz:** Die Häufigkeit, mit der sich jede Tätigkeit, Begebenheit oder jedes Ereignis in einem bestimmten Zeitraum wiederholt. In der Physik bezeichnet Frequenz die Anzahl wiederkehrender Oszillationen, Vibrationen oder Wellen in einer Zeiteinheit. Üblicherweise wird sie in Zyklen pro Sekunde angegeben. Menschliche Intelligenz stellt sich in einer großen Bandbreite von Frequenzen dar.

**Frequenzkopplung** *siehe Harmonie.*

**Fürsorge** *siehe Anteilnahme.*

**Großhirnrinde:** Der am höchsten entwickelte Teil des Gehirns, der alle menschlichen Fähigkeiten höherer Ordnung wie Sprache, Kreativität und Problemlösung steuert. Die Großhirnrinde entwickelt, wie andere Zentren des Gehirns auch, das ganze Leben lang ständig neue neurale Verbindungen oder Netzwerke.

**Harmonie (Frequenzkopplung/Entrainment):** Ein Phänomen, das überall in der Natur zu beobachten ist. Danach gleichen sich Systeme oder Organismen, die ein wiederkehrendes Verhalten zeigen, einander an und oszillieren mit derselben Frequenz und Phase. Ein bekanntes Beispiel für diese Erscheinung ist die Synchronisation zweier oder mehrerer Standuhren, die nahe nebeneinander stehen. Bei Menschen ist diese Harmonie oder Frequenzkopplung der verschiedenen unterschiedlichen Körpersysteme mit der Hauptfrequenz des Herzrhythmus oft während positiver emotionaler Zustände zu beobachten. In diesem Zustand arbeitet der Körper höchst effizient, deshalb geht dieser Zustand mit erhöhter Klarheit, größerem Schwung und innerem Frieden einher. Harmonische Teams sind Teams, deren Frequenzen gekoppelt sind; sie arbeiten mit einem höheren Maß an Synchronisation, Effizienz und kohärenter Kommunikation.

**Harmonie zwischen Herz und Gehirn:** Ein Zustand, in dem Gehirnwellen mit sehr niedriger Frequenz und der Herzrhythmus aneinander gekoppelt sind. Dieses Phänomen wird mit einer deutlich veränderten Wahrnehmung und mit erhöhter intuitiver Bewußtheit assoziiert.

HEARTMATH – HERZINTELLIGENZ *siehe Herzintelligenz.*

**Herz:** Bei Wirbeltieren ein Hohlmuskelorgan, das durch seine rhythmische An- und Entspannung das Blut durch den Körper zirkulieren läßt. Es oszilliert rhythmisch und ist der zentrale und stärkste Energieerzeuger. Ein komplexes, sich selbst organisierendes System, das Informationen verarbeitet und über sein eigenes funktionelles kleines ‚Gehirn‘ verfügt, das ständig über die Nervenbahnen, über Hormone und über seinen Rhythmus und Druck Botschaften an das Gehirn sendet.

**Herz-Kreislauf-System:** Das System des menschlichen Körpers, das aus Herz und Blutgefäßen besteht.

**Herzfrequenzvariabilität (HFV):** Die normalen, zwischen den Herzschlägen auftretenden Veränderungen des Herzrhythmus. Die Analyse der HFV ist eine wichtige Methode, um die Funktion und die Ausgewogenheit des vegetativen Nervensystems zu beurteilen. Die HFV gilt als maßgeblicher Indikator des Alterungsprozesses und der allgemeinen und kardialen Gesundheit.

**Herzintelligenz:** Ein Begriff, der geprägt wurde, um das Konzept auszudrücken, daß das Herz ein intelligentes System ist, das sowohl die Emotionen als auch das Denken ins Gleichgewicht und in Kohärenz zu bringen vermag. Ist von der Methode die Rede, schreiben wir HEARTMATH – HERZINTELLIGENZ.

**Hologramm:** Ein dreidimensionales, aus Licht erzeugtes Abbild, das das Interferenzmuster von zwei interagierenden Laserstrahlen photographisch aufzeichnet. Holo bedeutet ganz oder vollständig. Gramm bezeichnet etwas Geschriebenes, eine Zeichnung oder die Darstellung eines Bildes.

**Holographisches Prinzip:** Für ein Hologramm ist charakteristisch, daß jeder Teil des Bildes die gesamte Information enthält, die man braucht, um das Ganze herzustellen. Dieses holographische Prinzip, daß jeder Teil das Ganze enthält, spiegelt sich in der Zellstruktur des menschlichen Körpers wider. Denn jede Zelle enthält die Informationen, die nötig sind, um ein Duplikat des ganzen Organismus herzustellen.

**Hormonsystem:** Ein Hormon ist eine Substanz, die von lebenden Zellen produziert wird. Es zirkuliert in den Körperflüssigkeiten und ruft eine spezifische Wirkung in den Zellen hervor, die von seinem Ausgangspunkt entfernt sind. Das Hormonsystem besteht aus den zahlreichen Hormonen, die im Körper agieren und interagieren und auf diese Weise viele Stoffwechselfunktionen im ganzen Körper regulieren. Ebenso regulieren Hormone die Zellen, Organe und Gewebe, die Hormone produzieren.

**Immunsystem:** Ein integriertes System im Körper, das aus Organen, Geweben, Zellen und Zellprodukten (wie Antikörpern) besteht. Es unterscheidet in unserem Körper „selbst" von „nicht-selbst" und neutralisiert mögliche krankmachende Organismen oder Substanzen. Man kann auch in der Wirtschaft von einem „Immunsystem" eines Unternehmens sprechen; es beruht auf den innersten Werten, die die persönliche Erfüllung und das persönliche Wohlbefinden fördern und die die emotionalen Viren eliminieren, die die betriebliche Effektivität und Kohärenz durchdringen und zerstören können.

**Inkohärenz** *siehe Betriebliche Inkohärenz.*

**Inner Quality Management (IQM):** Das IQM integriert die innovative biomedizinische Forschung mit praktischen Methoden und Strategien zur Steigerung der betrieblichen Effektivität, der Kreativität, Innovation und erhöhten Produktivität. Alle in diesem Buch vorgestellten Methoden gehören zum Paket des IQM.

**Innere Kohärenz:** Ein tiefer Zustand des psychischen Selbstmanagements, in dem man körperlich, mental und emotional mehr Ordnung und Harmonie entwickelt. In diesem Zustand funktionieren das Herz-Kreislauf-, das Immun-, das Hormon- und das Nervensystem effizienter. Der Zustand der inneren Kohärenz wird mit einem weniger blinden, emotionalen Reagieren und mit einer stärkeren geistigen Klarheit, Kreativität, Anpassungsfähigkeit und Flexibilität in Verbindung gebracht.

**Intuition:** Intelligenz und Verständnis, die die logischen, linearen Prozesse umgehen. Die Fähigkeit, unmittelbar, quasi instinktiv zu wissen, ohne bewußtes und logisches Denken. Das reine, nicht angelernte, auf Schlußfolgerungen beruhende Wissen mit einer scharfsinnigen und schnellen Einsicht; gesunder Menschenverstand.

**Intuitive Intelligenz:** Eine Art von Intelligenz, die sich von kognitiven Prozessen unterscheidet. Die intuitive Intelligenz entsteht, wenn man sich konsequent an die eigene Intuition wendet. Die Forschung zeigt, daß die Fähigkeit des Menschen, den Herausforderungen des Lebens geschmeidig und anmutig zu begegnen, nicht auf Wissen, Logik oder Vernunft allein beruht, sondern auch die Fähigkeit mit einschließt, intuitiv zu entscheiden. Die Forschung am HeartMath-Institut läßt vermuten, daß Menschen ein höheres Maß an nutzbarer, intuitiver Intelligenz entwickeln können, wenn sie es einmal gelernt haben und es praktizieren.

**Intuitives Zuhören:** Eine Art der Kommunikation, bei der man dem Gegenüber mit einer neutralen und emotional ausgeglichenen inneren Einstellung aufmerksam zuhört. Mit dieser Kommunikationstechnik können wir leichter das Wesentliche einer Unterhaltung verstehen und oft zusätzliche subtile Ebenen der mitgeteilten Information erfassen.

**Kardiale Kohärenz:** Eine Form der Herzfunktion, in der der Herzrhythmus und die elektrischen Signale des Herzens außerordentlich geordnet sind. Die Forschung am HeartMath-Institut hat gezeigt, daß positive Emotionen wie Liebe, Fürsorge und Wertschätzung die Kohärenz des Herzschlagmusters erhöhen. In einem Zustand kardialer Kohärenz schwingen sich die Muster der Gehirnwellen, so hat sich gezeigt, auf die Muster der Herzfrequenzvariabilität ein (*Herzfrequenzvariabilität siehe dort*). Die Ausgeglichenheit des Nervensystems und die Immunfunktion werden verbessert und die Körperfunktionen laufen harmonischer und effizienter ab.

**Kohärente Kommunikation:** Kommunikation zwischen Individuen, die lückenlos, fokussiert und frei von Denkblockaden ist. Informationen kohärent mitzuteilen ist der Schlüssel für wirtschaftliche Effektivität und eine wichtige Möglichkeit zur Streßreduktion. Kohärente Kommunikation ist das zweite dynamische Element des Inner Quality Management (IQM). Es umfaßt, zuerst zu einem Verständnis zu gelangen, zuzuhören, ohne zu bewerten, auf das Wesentliche zu hören und einen authentischen Dialog zu führen.

**Kohärenz:** Eine logische Verbundenheit, innere Ordnung oder Harmonie zwischen den Teilen eines Systems. Der Begriff kann auch die Tendenz zu stärkerer Ordnung im Informationsgehalt eines Systems oder den Informationsfluß zwischen Systemen bezeichnen. In der Physik werden zwei oder mehr Wellenformen als kohärent bezeichnet, die phasengekoppelt sind, so daß ihre Energie zusammenwirkt. Kohärenz kann auch bei einer einzigen Wellenform auftreten. In diesem Fall bezeichnet sie eine geordnete oder sich verstärkende Verteilung des Energiegehalts. In letzter Zeit wächst das Interesse der Wissenschaft an der Kohärenz in lebenden Systemen. In einem kohärenten System geht praktisch keine Energie verloren, weil die Teile miteinander synchron sind. In Unternehmen können bei erhöhter Kohärenz neue Dimensionen von Kreativität,

Kooperation, Produktivität und Qualität auf allen Ebenen erreicht werden. *Siehe auch Innere Kohärenz, Kardiale Kohärenz, Harmonie.*

**Kortikale Hemmung:** Eine Desynchronisation der Großhirnaktivität oder eine verminderte Großhirnaktivität. Sie resultiert, so wird angenommen, aus einem ungleichmäßigen Herzrhythmus und daraus folgenden ebenfalls ungleichmäßigen Nervensignalen, die das Herz bei Streß und negativen emotionalen Zuständen an das Gehirn sendet. Dieser Zustand kann sich in der Fähigkeit äußern, weniger effiziente Entscheidungen zu treffen, kann zu mangelhaften oder kurzsichtigen Entscheidungen führen, zu ineffektiver oder impulsiver Kommunikation und zu schlechterer Körperkoordination.

**Kortisol:** Ein Hormon, das die Nebennieren in Streßsituationen produzieren und das gemeinhin als das „Streßhormon" bekannt ist. Kortisol ist zwar ein ausgesprochen wichtiges Hormon, doch große Mengen können dem Körper schaden und Gehirnzellen im Hippocampus (einer Gehirnregion, die mit Lernen und Erinnerung assoziiert wird) zerstören.

**Limbisches System:** Eine Gruppe kortikaler und subkortikaler Gehirnstrukturen, die mit dem emotionalen Verarbeiten und bestimmten Aspekten der Erinnerung zu tun haben. Diese Strukturen umfassen unter anderem die Hirnanhangdrüse, den Thalamus, den Hippocampus und den Mandelkern.

**Nervensystem:** Das System aus Zellen, Geweben und Organen, das die Reaktionen des Körpers auf innere und äußere Reize koordiniert und reguliert. Bei Wirbeltieren besteht das Nervensystem aus dem Gehirn und dem Rückenmark, den Nerven, Ganglien und Nervenzentren in den Rezeptoren und Effektoren.

**Neurale Schaltkreise:** Nervenbahnen, die aus miteinander verbundenen Neuronen im Gehirn und Körper bestehen. Durch sie werden spezielle Informationen verarbeitet. Die Forschung hat gezeigt, daß sich viele dieser Nervenverbindungen in der frühen Kindheit bilden und auf unseren Erfahrungen und der Art von Stimulation beruhen, die wir erleben. Ebenso können auch später im Leben unterschiedliche neurale Schaltkreise entweder verstärkt werden oder sich zurückbilden, je nachdem, wie häufig wir sie nutzen. Bestimmte Verschaltungen bilden sich durch wiederholtes Verhalten und werden dadurch verstärkt. Auf diese Weise können sowohl körperliche als auch emotionale Reaktionen in unserem System fest „verdrahtet" („gebahnt") werden und automatisch ablaufen.

**Neuron:** Jede beliebige Zelle des Nervensystems, die aus einem kernhaltigen Zellkörper mit einem oder mehr Dendriten und einem einzigen Axon besteht. Neuronen sind die grundlegenden strukturellen und funktionellen Einheiten des Nervengewebes.

**Neutral:** In der Physik bedeutet neutral, eine elektrische Nulladung zu haben. Bei Maschinen bezeichnet neutral eine Position, in der die Gänge ausgekuppelt sind. Bei Menschen ist der neutrale Zustand ein Zustand, in dem wir uns bewußt von unseren automatischen mentalen und emotionalen Reaktionen auf eine Situation oder ein Problem gelöst haben, um eine umfassendere Sichtweise zu gewinnen.

**Parasympathikus:** Der Ast des vegetativen Nervensystems, der die Körperfunktionen verlangsamt oder entspannt. Dieser Teil des Nervensystems entspricht den Bremsen eines Autos. Viele bekannte Erkrankungen und Störungen werden mit einer Unterfunktion des Parasympathikus in Verbindung gebracht.

**Psychisches Selbstmanagement:** Die 1. Dynamik des Inner Quality Management; der aktive Prozeß, um die eigenen automatischen mentalen und emotionalen Reaktionen auf Ereignisse oder Situationen zu reduzieren, statt ihr ahnungsloses Opfer zu sein.

**Quantentheorie:** Eine mathematische Theorie, die das Verhalten physikalischer Systeme beschreibt. Sie ist besonders nützlich, wenn man die energetischen Eigenschaften von Materie auf der subatomaren Ebene untersucht. Ein Schlüsselprinzip der Quantentheorie besagt, daß wir die Realität nicht nur beobachten, sondern daß wir auch daran beteiligt sind, wie wir unsere Realität erschaffen.

**Selbstmanagement** *siehe Psychisches Selbstmanagement.*

**Solarplexus:** Das große Nervengeflecht in der Magengegend direkt unter dem Brustbein. Sein Name ist von dem strahlenförmigen Muster der Nervenfasern abgeleitet. Dieses Nervengeflecht ist im ganzen Gewebe entlang der Speiseröhre, dem Magen, dem Dünn- und Dickdarm verteilt und wird auch das *enterale Nervensystem* oder *Bauchgehirn* genannt.

**Streß:** Druck, Anspannung oder ein Gefühl inneren Aufruhrs, was davon herrührt, wie wir Ereignisse oder Zustände wahrnehmen und auf sie reagieren. Ein Zustand negativer emotionaler Gemütsbewegung, der gewöhnlich mit Gefühlen wie Unbehagen oder Angst assoziiert wird, die wir den Umständen oder der Situation zuschreiben.

**Sympathikus:** Der Ast des vegetativen Nervensystems, der die Körperfunktionen beschleunigt und uns auf Mobilmachung und Handeln vorbereitet. Die „Kämpfe-oder-Flieh"-Reaktion auf Streß aktiviert den Sympathikus und verursacht neben vielen anderen Körperreaktionen, daß sich die Blutgefäße verengen und die Herzfrequenz steigt. Dieser Teil des Nervensystems ist mit dem Gaspedal eines Autos vergleichbar.

**Synchronisation** *siehe Harmonie.*

**System der Barorezeptoren:** Nervenrezeptoren im Herzen und in den Arterien, die auf Druckveränderungen reagieren und auf neuralem Weg das Gehirn informieren. Sie helfen so, kurzfristig den Blutdruck zu regulieren. Die neuralen Signale, die die Barorezeptoren aussenden, haben vielfältige Auswirkungen auf das Gehirn und können die Wahrnehmung in den höheren Gehirnzentren verändern.

**Übermäßige Fürsorge:** Ein Ergebnis von Fürsorge und Anteilnahme, die in ein ineffizientes Extrem gesteigert wurden; die Grenze zu Angst und Sorge hin ist überschritten. Übertriebene Fürsorge behindert die persönliche und betriebliche Widerstandsfähigkeit mit am meisten. Sie ist so selbstverständlich geworden, daß Menschen oft nicht einmal wissen, daß sie übertrieben fürsorglich handeln, weil sich ihr Verhalten als Anteilnahme ausgibt. Wenn Menschen lernen, ihre persönlichen Schwachpunkte, die durch übertriebene Fürsorge entstehen, zu erkennen und auszugleichen, hört der persönliche und betriebliche Energie- und Effektivitätsverlust auf. *Siehe auch Anteilnahme.*

**Vegetatives Nervensystem** *siehe Autonomes Nervensystem.*

**Wahrnehmung:** Prozeß oder Fähigkeit, mittels der Sinne zu verstehen; die Art, wie jemand eine Situation oder ein Ereignis betrachtet. Wie wir über ein Ereignis oder ein Problem denken, wie wir es empfinden und darauf reagieren, bestimmt, wie wir es wahrnehmen. Unser Grad an Bewußtheit bestimmt unsere erste Wahrnehmung eines Ereignisses und unsere Fähigkeit, den verfügbaren Daten einen Sinn zu verleihen. Die Forschung zeigt, daß sich unsere Wahrnehmung von Situationen erheblich verändern kann und sich umfassendere Sichtweisen und neue Möglichkeiten auftun, wenn sich Logik, Verstand und Intellekt harmonisch mit der intuitiven Herzintelligenz verbinden.

**Wertschätzung:** Eine aktive emotionale Haltung, mit der man die Qualität oder Bedeutung von jemandem oder etwas deutlich wahrnimmt oder erkennt, für den oder das man dankbar ist. Wertschätzung führt zu einem besseren physiologischen Gleichgewicht, die an der Herz-Kreislauf- und der Immunfunktion gemessen werden kann.

**Zeitliches Umschalten**: Wird hier verwendet, um die Zeit zu beschreiben, die wir sparen, wenn wir uns von einer ineffizienten mentalen oder emotionalen Reaktion lösen und eine effizientere Wahl für unser Verhalten treffen. Umschalten stoppt eine Kettenreaktion von Zeit- und Energieverschwendung und versetzt Menschen in eine neue Dimension des Zeitmanagements, in der sie Energie sparen und mehr Erfüllung erleben.

**Zelle:** Die kleinste strukturelle Einheit eines Organismus, die unabhängig funktionieren kann. Eine komplexe Einheit aus Protoplasma, das üblicherweise aus einem Kern, Zytoplasma und einer sie umschließenden Membran besteht.

**Zellulär:** Zellen enthaltend oder aus Zellen bestehend.

# Ausgewählte Bibliographie

**Autry**, James A. *Love and Profit: The Art of Caring Leadership.* New York: William Morrow and Company, 1991.

**Block**, Peter *Stewardship: Choosing Service over Self-Interest.* San Franzisko: Berrett-Koehler Publishers, 1993.

**Bracey**, Hyler, Jack Rosenblum, Aubrey Sanford und Roy Trueblood *Managing from the Heart.* New York: Dell, 1995.

**Brown**, Steven P. und Thomas V. Leigh „A New Look of Psychological Climate and Its Relationship to Job Investment, Effort and Performance“, in: *Journal of Applied Psychology* 81, Nr. 4 (1996), S. 358–368.

**Champy**, James *Reengineering Management: The Mandate for New Leadership.* New York: HarperCollins, 1995; dt. *Reengineering im Management: die Radikalkur für die Unternehmensführung.* München: Heyne, 1997.

**Childre**, Doc *Self-Empowerment: The Heart Apprach to Stress Management.* Boulder Creek, USA: Planetary Publications, 1992.

**Childre**, Doc *Freeze-Frame: One-Minute Stress Management.* Boulder Creek, USA: Planetary Publications, 1998; dt. *Die Herzintelligenz entdecken. Das Sofortprogramm in fünf Schritten.* Kirchzarten bei Freiburg: VAK Verlag, 1999.

**Childre**, Doc und Sara Paddison *HeartMath Discovery Program: Daily Readings and Self-Discovery Exercises for Creating a More Rewarding Life.* Boulder Creek, USA: Planetary Publications, 1998.

**Collins**, James C. und Jerry I. Porras *Built to Last: Successful Habits of Visionary Companies.* New York: HarperBusiness, 1994.

**Conner**, Daryl R. *Managing at the Speed of Change: How Resilient Managers Succed and Prosper Where Others Fail.* New York: Villard Books, 1993.

**Cooper**, Robert und Ayman Sawaf *Executive EQ: Emotional Intelligence in Leadership and Organizations.* New York: Grosset/Putnam, 1997; dt. *EQ: emotionale Intelligenz für Manager.* München: Heyne, 1998.

**Corbin**, Carolyn *Conquering Corporate Codependence: Lifeskills for Making It Within or Without the Corporation*. Engelwood Cliffs, USA: Prentice-Hall, 1993.

**Covey**, Stephen R. *The Seven Habits of Highly Effective People: Powerful Lessons in Personal Change*. New York: Simon and Schuster, 1989; dt. *Die sieben Wege zur Effektivität: ein Konzept zur Meisterung Ihres beruflichen und privaten Lebens*. Frankfurt/M., New York: Campus-Verlag, 1997 (4 Tonkassetten).

**Cox**, Allan *Straight Talk for Monday Morning: Creating Values, Vision, and Vitality at Work*. New York: John Wiley and Sons, 1990.

**Cox**, Allan und Julie Liesse *Redefining Corporate Soul: Linking Purpose and People*. Chicago: Irwin Professional Publishing, 1996.

**DePree**, Max *Leadership Is an Art*. New York: Dell, 1989; dt. *Die Kunst des Führens*. Frankfurt/M., New York: Campus-Verlag, 1992.

**DePree**, Max *Leadership Jazz*. New York: Dell, 1992.

**Edvinsson**, Leif und Michael S. Malone *Intellectual Capital: Realizing Your Company's True Value by Finding Its Hidden Brainpower*. New York: HarperCollins, 1997.

**Farkas**, Charles, M. und Philippe DeBacker *Maximum Leadership: The World's Leading CEOs Share Their Five Strategies for Success*. New York: Henry Holt and Company, 1996; dt. *Spitzenmanager und ihre Führungsstrategien; 160 Interviews mit Führungskräften*. Frankfurt/M., New York: Campus-Verlag, 1996.

**Frankl**, Victor *Man's Search for Meaning*. New York: Simon and Schuster, 1970.

**Galvin**, Robert W. *The Idea of Ideas*. Schaumburg, USA: Motorola University Press, 1991.

**Gerzon**, Mark *A House Divided: Six Belief Systems Struggling for America's Soul*. New York: Putnam Books, 1996.

**Gibson**, Rowan, (Hrsg.) *Rethinking the Future*. London: Nicholas Brealey Publishing, 1997; dt. *Rethinking the future: so sehen Vordenker die Zukunft von Unternehmen*. Landsberg/Lech: Verlag Moderne Industrie, 1997.

**Goleman**, Daniel *Emotional Intelligence: Why It Can Matter More than IQ*. New York: Bantam Books, 1995; dt. *Emotionale Intelligenz*. München: Deutscher Taschenbuch-Verlag, 1997.

**Hammond**, Sue Annis *Appreciating Inquiry*. Plano, USA: Kodiak Consulting, 1996.

**Hawley**, Jack *Reawakening the Spirit of Work: The Power of Dharmic Management*. San Franzisko: Berrett-Koehler Publishers, 1993.

**Helgesen**, Sally *The Web of Inclusion*. New York: Doubleday, 1995.

**Heskett**, James L., W. Earl Sasser und Leonard A. Schlesinger *The Service-Profit Chain: How Leading Companies Link Profit and Growth to Loyalty, Satisfaction, and Value*. New York: The Free Press, 1997.

**Hesselbein**, Frances, Marshall Goldsmith und Richard Beckhard *The Leader of the Future*. San Franzisko: Jossey-Bass, 1996.

**Jaworski**, Joseph *Synchronicity: The Inner Path of Leadership*. San Franszisko: Berrett-Koehler, 1996.

**Johansen**, Robert und Rob Swigart *Upsizing the Individual in the Downsized Organization: Managing in the Wake of Reengineering, Globalization, and Overwhelming Technological Change*. Reading, USA: Addison-Wesley Publishing, 1996.

**Land**, George und Beth Jarman *Breakpoint and Beyond: Mastering the Future Today*. New York: HarperBusiness, 1992.

**Lebow**, Rob *A Journey into the Heroic Environment: Eight Principles That Lead to Greater Productivity, Quality, Job Satisfaction, and Profits*. Rocklin, USA: Prima Publishing, 1996.

**McMaster**, Michael D., *The Intelligence Advantage: Organising for Complexity*. Ilse of Man, GB: Knowledge Based Development Company, Ltd., 1995

**O'Hara-Devereaux**, Mary und Robert Johansen *Global Work: Bridging Distance, Culture and Time*. San Franzisko: Jossey-Bass, 1994.

**O'Shea**, James und Charles Madigan *Dangerous Company: The Consulting Powerhouses and the Businesses They Save and Ruin*. New York: Random House, 1997; dt. *Berater mit beschränkter Haftung: Macht und Einfluß der Consulting-Firmen*. München: Heyne, 1998.

**Osborne**, David und Ted Gaebler *Reinventing Government: How the Enterpreneurial Spirit Is Transforming the Public Sector*. New York: Penguin Books, 1993; dt. *Reinventing Government: mit Unternehmergeist zum innovativen Staat*. Wien: Signum, 1997; *Der innovative Staat: mit Unternehmergeist zur Verwaltung der Zukunft*. Wiesbaden: Gabler, 1997.

**Paddison**, Sara *The Hidden Power of the Heart: Discovering an Unlimited Source of Intelligence*. Boulder Creek, USA: Planetary Publications, 1992.

**Pearce**, Joseph Chilton *Evolution's End*. San Franzisko: HarperCollins, 1992; dt. *Der nächste Schritt der Menschheit: die Entfaltung des menschlichen Potentials aus neurobiologischer Sicht*. Freiamt: Arbor-Verlag, 1994.

**Peters**, Tom *Thriving on Chaos*. New York: Harper and Row, 1987; dt. *Kreatives Chaos: die neue Management-Praxis*. Hamburg: Hoffmann und Campe, 1994.

**Peters**, Tom *The Pursuit of Wow: Every Person's Guide to Topsy-Turvy Times*. New York: Vintage Books, 1994.

**Popcorn**, Faith und Lys Marigold *Clicking: Sixteen Trends to Future Fit Your Life, Your Work, and Your Business*. New York: HarperCollins, 1996; dt. *„Clicking": der neue Popcorn-Report; Trends für unsere Zukunft; von claming bis cyberpools; neue Ideen für das Jahr 2000*. München: Heyne, 1997.

**Rechtschaffen**, Stephan *Time Shifting: Creating More Time to Enjoy Your Life*. New York: Doubleday, 1997; dt. *Du hast mehr Zeit als Du denkst: wie jeder für sich den idealen Lebensrhythmus findet*. München: Goldmann, 1998.

**Schultz**, Howard und Dori Jones Yang *Pour Your Heart into It: How Starbucks Built a Company One Cup at a Time*. New York: Hyperion, 1997.

**Srivastva**, Suresh, David L. Cooperrider u. a. *Appreciative Management and Leadership: The Power of Positive Thought and Action in Organizations*. San Franzisko: Jossey-Bass, 1990.

**Taylor**, Jim und Watts Wacker mit Howard Means *The 500 Year Delta: What Happens After What Comes Next*. New York: HarperCollins, 1997; dt. *Futopia ... oder das Globalisierungsparadies; die Welt in 500 Tagen, Wochen, Monaten, Jahren*. Wien: Signum, 1997.

**Tiller**, William A. *Science and Human Transformation: Subtle Energies, Intentionality and Consciousness*. Walnut Creek, USA: Pavior Publishing, 1997.

**Treacy**, Michael und Fred Wiersema *The Discipline of Market Leaders: Choose Your Customers, Narrow Your Focus, Dominate Your Market*. Reading, USA: Addison-Wesley, 1995; dt. *Markt-Führerschaft: Wege zur Spitze; Fokussierung – der Schlüssel zum Erfolg*. München: Heyne, 1997.

**Ulrich**, William M. und Ian S. Hayes *The Year 2000 Software Crisis: Challenge of the Century*. Upper Saddle River, USA: Prentice-Hall PTR, 1997.

**Watkins**, Alan *Mind-Body Medicine: A Clinician's Guide to Psychoneuroimmunology*. London: Churchill Livingstone, 1997.

**Wheatley**, Margaret J. *Leadership and the New Science: Learning about Organizations from an Orderly Universe*. San Franzisko: Berrett-Koehler, 1992; dt. *Quantensprung der Führungskunst: leadership and the new science; die neuen Denkmodelle der Naturwissenschaften revolutionieren die Management-Praxis*. Reinbek bei Hamburg: Rowohlt, 1997.

**Wheatley**, Margaret J. und Myron Kellner-Rogers *A Simpler Way*. San Franzisko: Berrett-Koehler Publishers, 1996.

**Wylie**, Janet C. *Chances and Choices: How Women Can Succeed in Today's Knowledge-Based Businesses*. Vienna, USA: EBW Press, 1996.

# Über die Autoren

## Doc Childre

1991 gründete Doc Childre das HeartMath-Institut (IHM), ein gemeinnütziges Forschungs- und Fortbildungszentrum, das es sich zum Ziel gesetzt hat, die Rolle des Herzens im menschlichen Organismus zu erforschen und das Herz wieder für das gesellschaftliche Leben zu entdecken. Er scharte ein talentiertes Team von Wissenschaftlern, Pädagogen und Geschäftsleuten um sich, die den Streß, dem Menschen heute ausgesetzt sind, zu ihrem Thema gemacht haben. Die HeartMath – HerzIntelligenz-Methoden helfen Menschen, systematisch zu lernen, die „Herzintelligenz" zu nutzen, um gesünder zu sein, sich wohler zu fühlen, effektiver zu kommunizieren und mehr Befriedigung im Beruf zu erleben.

Doc Childre berät Präsidenten und Vorsitzende von Einrichtungen, Organisationen und Unternehmen, wie sie Entscheidungsprozesse, Zeitmanagement und die Produktivität umfassend verbessern und gleichzeitig das persönliche Gleichgewicht und Wohlbefinden enorm steigern können. Das HeartMath – HerzIntelligenz-System bietet Einzelpersonen und Unternehmen eine praktische und wissenschaftlich verifizierte ‚Technologie', die Childre entwickelte, um Streß im Moment seines Auftretens aufzulösen, zu innerem Frieden zu finden und neue Hoffnung zu schöpfen. 1998 übertrug das IHM all seine Rechte für Ausbildungen und Beratungen der Firma *HeartMath LLC*, dessen Präsident und CEO Childre ist. In den Medien fand das HeartMath – HerzIntelligenz-System bereits vielfach große Resonanz.

Doc Childre schrieb bisher sieben weitere Bücher, die die Anwendungen des HeartMath – HerzIntelligenz-Systems beschreiben:

- *The How to Book of Teen Self-Discovery*
  (in Kalifornien als Lehrbuch zugelassen; dt. *Kopf oder Herz. Lifeguide für Teens*, VAK)
- *Self-Empowerment: The Heart Approach to Stress Management*

- *Freeze-Frame: One-Minute Stress Management*
  (dt. *Die Herzintelligenz entdecken. Das Sofortprogramm in fünf Schritten*, VAK)
- *A Parental Manual: Heart Hope for the Family*
  (dt. *Immer dem Herzen nach. Ein Ratgeber für Eltern*, VAK)
- *Cut-Thru: How to Care Without Becoming a Victim* (dt. bei VAK)
- *Teaching Children to Love: Raising Balanced Kids in Unbalanced Times*
  (dt. *Kannst du mit dem Herzen sehen? Mit Kindern die Herzintelligenz entdecken. 77 Spiele*, VAK)
- *The HeartMath Solution* (dt. bei VAK)

Außerdem ist Doc Childre auch ein anerkannter Komponist, dessen Konzept von ‚Designer-Musik' durch sein erstes Album *Heart Zones* international bekannt wurde (dt. *Heart Zones. Musik zur Förderung der Herzintelligenz,* VAK). Sein neuestes Album *Speed of Balance* wird beschrieben als „ein musikalisches Abenteuer zur emotionalen und mentalen Regeneration".

## Bruce Cryer

Bruce Cryer bringt für den Posten des Vizepräsidenten für den Bereich der weltweiten Wirtschaftsentwicklung bei der Firma *HeartMath LLC* mehr als 20 Jahre Erfahrung im Management mit; seine Schwerpunkte waren Ausbildungen zur Steigerung der Leistungsfähigkeit und zur betrieblichen Veränderung. Cryer war an der Gründung des HeartMath-Instituts beteiligt und hat die Ausbildungsprogramme zum Inner Quality Management (IQM) entscheidend mitentwickelt. Das IQM verbindet die innovative biomedizinische Forschung mit praktischen Methoden und Strategien zur Steigerung der betrieblichen Effektivität, der Kreativität, Innovation und erhöhten Produktivität.

Bruce Cryer führte die HeartMath – HerzIntelligenz-Programme erfolgreich in die Welt der Wirtschaft ein; bedeutende Projekte wurden bei Klienten wie *Motorola*, *Hewlett-Packard*, *Canadian Imperial Bank of Commerce*, *Royal Dutch Shell*, *LifeScan* (*Johnson & Johnson*) und *Cathay Pacific* durchgeführt. Er bildete auch die Lehrer aus, die nun die HeartMath – HerzIntelligenz-Methoden bei Firmen, die zu den *Fortune 500* gehören, beim amerikanischen Militär und in öffentlichen und privaten Organisationen in Kanada, Europa und Asien unterrichten.

Cryer hat mehr als 25 Bücher zu Themen der menschlichen Leistungsfähigkeit, zu Streßabbau und Pädagogik herausgegeben. Eines davon ist FREEZE-FRAME: *One-Minute Stress Management* (dt. *Die Herzintelligenz entdecken. Das Sofortprogramm in fünf Schritten*, VAK). Auch das Buch *A Parenting Manual* (dt. *Immer dem Herzen nach. Ein Ratgeber für Eltern*, VAK) hat er mit herausgegeben. Acht Jahre lang war Bruce Cryer Vizepräsident einer Firma für Biotechnologie. Hier war er aufgrund seiner umfangreichen Erfahrungen auf Führungsebene für Marketing, Ausbildung, Vertrieb, Projektplanung, Logistik und Markteinführung zuständig.

Bruce Cryer ist Dozent beim *Stanford Executive Program*; er hat Vorlesungen gehalten beim *Stanford Sloan Program*, an der *University of California*, in Berkeley an der *Haas Business School*, an der *Santa Clara University Leavey School of Business*, dem *Wharton Club of Northern California* und der *Nanyang Polytechnic University School of Business Management* in Singapur. Seine Ansichten darüber, wie eine Belegschaft kohärenter und effektiver wird, wurden in Wirtschaftskreisen wie der *Young President's Organization*, dem *Council of Growing Companies*, *The Leadership Network*, *Women for Women* in Singapur, der *Institute for the Future's Organization to Organism Conference*, der *Business Process and Workflow Conference* (1996), dem *Giga World IT Forum* (1997), der *Systems Thinking in Action*-Konferenz (1998), der *Year 2000 Conference* in New York (1998) und der *Ladies Professional Golf Association* vorgestellt. Er wurde vielfach von den Medien interviewt oder hat für Medien geschrieben. Bei Hunderten von Radio- und Fernsehsendungen überall in den USA war er zu Gast. Als früherer Schauspieler und Sänger am Broadway bringt Bruce Cryer seine herzliche und einnehmende Art überall in seine ganze Arbeit ein.

## Das HEARTMATH – HERZINTELLIGENZ-System können Sie erleben

Die Ausbildungsprogramme wurden speziell entwickelt, um Ihnen Methoden an die Hand zu geben, mit denen Sie Ihre Produktivität steigern können – durch mehr Zufriedenheit am Arbeitsplatz, klare Ziele und einen besseren Gesundheitszustand. Gleichzeitig werden Spannungen, Burnout, körperliche Streßsymptome und negative Stimmungen abgebaut. Die Methoden und Techniken sind direkt in turbulenten Situationen, bei Informationsüberlastung und bei unvorhersehbarem Streß anwendbar.

Die *HeartMath LLC* bietet Programme und Einzelveranstaltungen an, um Einzelpersonen und Unternehmen dabei zu unterstützen, das HEARTMATH – HERZINTELLIGENZ-System zu entdecken, zu nutzen und dauerhaft davon zu profitieren. Das Inner Quality Management (IQM) ist das Präsentationsprogramm für Einrichtungen, Organisationen und

Unternehmen; es besteht aus Modulen, die an die speziellen Organisationsziele individuell angepaßt werden können. In absehbarer Zeit werden auch in Deutschland Seminare abgehalten werden. Weitere Informationen zu Ausbildungen und Seminaren erhalten Sie direkt bei:
HeartMath LLC, 14700 West Park Avenue, Boulder Creek, CA 95006, USA oder im Internet unter: *http://www.heartmath.com* und *www.herz-intelligenz.de*

## Das HeartMath – HerzIntelligenz-System

Die HeartMath – HerzIntelligenz-Methoden wurden von Doc Childre entwickelt und bieten einfache und bewährte Techniken, mit denen man die eigenen mentalen und emotionalen Reaktionen auf das Leben mit Hilfe der natürlichen und weisen Intelligenz des eigenen Herzens managen kann. Informationen über Bücher, Audiokassetten, CDs und Lernprogramme, die auf deutsch erschienen sind, erhalten Sie bei:
VAK Verlags GmbH, Stichwort „Herzintelligenz",
Eschbachstraße 5, D-79199 Kirchzarten bei Freiburg,
Fax 0 76 61-98 71 99, E-Mail: vakbest@aol.com.
Informieren Sie sich auch unter: www.herzintelligenz.de.

## Die Forschungen am HeartMath-Institut

Das HeartMath-Institut (IHM) ist ein gemeinnütziges Forschungszentrum, das unser Wissen um die menschliche Intelligenz und die Rolle, die das Herz dabei spielt, revolutioniert. Die wissenschaftlichen Untersuchungen des IHM zeigen, wie das Herz die Wahrnehmung, die Verarbeitung von Informationen sowie das Gleichgewicht des Hormon- und des Immunsystems beeinflußt. Diese Untersuchungen wurden in den führenden medizinischen Fachzeitschriften wie *The American Journal of Cardiology, Stress Medicine* und *Journal of Advancement in Medicine* veröffentlicht. Auf deutsch sind die *Forschungsberichte zur HerzIntelligenz-Methode* direkt beim VAK-Verlag zu beziehen (Adresse und E-Mail siehe oben). Weitere Informationen über das HeartMath-Institut erhalten Sie unter *http://www.heartmath.org*.

**Doc Childre:**

## Heart Zones

### Musik zur Förderung der Herzintelligenz

**Reihe: HeartMath – HerzIntelligenz**

Das Institute of HeartMath hat jahrelang Untersuchungen der Gehirnwellen (EEG), des Elektrokardiogramms des Herzens (EKG), des Hautwiderstandes, der Körpertemperatur, der Atmung und des Blutdrucks bei Menschen vorgenommen, während sie Musik hörten. Die effektivste Kombination aus Tönen, Rhythmen und Zusammenklängen wurde zur Grundlage der Komposition von *Heart Zones. Die Musik zur Förderung der Herzintelligenz.*

Musik: Howard Martin (Perc.), Spieldauer 33:45 Minuten.

CD mit Booklet, 29,80 DM/27,50 sFr/220,50 öS (empf. Ladenpreis), ISBN 3-932098-52-8

MC, 19,80 DM/19,– sFr/146,50 öS (empf. Ladenpreis), ISBN 3-932098-60-9

**Doc Childre:**

## Die Herzintelligenz entdecken

### Das Sofortprogramm in fünf Schritten

**Reihe: HeartMath – HerzIntelligenz**

Stress - auch der so genannte negative Stress - gehört zum modernen Alltag. Die Auswirkungen für Herz und Gemüt sind enorm. Der Autor Childre hat eine Intelligenz entdeckt, die Soforthilfe ermöglicht: die Herzintelligenz.

Möglicherweise gehören auch Sie zu den Menschen, denen nach der Lektüre von *Die Herzintelligenz entdecken. Das Sofortprogramm in fünf Schritten* ein Stein vom Herzen fällt.

1999, 194 Seiten, 15 Abb., Paperback, 15 x 21,5 cm, 29,80 DM/27,50 sFr/218,– öS, ISBN 3-932098-49-8

**Doc Childre:**

## Immer dem Herzen nach

### Ein Ratgeber für Eltern

**Reihe: HeartMath – HerzIntelligenz**

In diesem Buch zeigt der Autor, wie Eltern ihre Kinder mit dem Herzen sehen und diese Fähigkeit auch ihren Kindern vermitteln könnnen. Seine HerzIntelligenz-Methode hilft Familien, einfühlsamere Kommunikation zu entwickeln, emotionale Schmerzen zu mindern und die zwischenmenschlichen Beziehungen zu verbessern. Mit den leicht zu erlernenden, wissenschaftlich getesteten Techniken können Eltern bei ihren Kindern Selbstwertgefühl und Selbstachtung fördern.

2000, ca. 272 Seiten, Paperback, 15 x 21,5 cm, 29,90 DM/27,50 sFr/218,– öS, ISBN 3-932098-62-5